와인홀릭'S 노트

와인홀릭'S 노트

1판 1쇄 인쇄 | 2012년 10월 17일
1판 1쇄 발행 | 2012년 10월 24일

지은이 | 김준철
기   획 | 안민혁
디자인 | 배경태
본문그림 | 정병철
표지그림 | 여수종
펴낸이 | 배규호
펴낸곳 | 책미래

출판등록 | 제2010-000289호
주   소 | 서울시 마포구 공덕동 463 현대하이엘 1728호
전   화 | 02-3471-8080
팩   스 | 02-6353-2383
이메일 | liveblue@hanmail.net

ISBN 978-89-967226-4-9 13390

와인홀릭'S 노트

김준철 지음

머리말

대학을 졸업하고 입사한 오비맥주㈜에서 마주앙의 개발을 담당
하면서 시작했던 저자의 와인 인생이 벌써 40년이 다 되어 간다.

젊어서는 한국의 마주앙 공장에서 와인을 생산하고, 미국의 포
도주 공장에서 와인 양조를 배우고, 독일의 가이젠하임 포도주 대
학에서 양조학을 공부하였다.

그리고 나이 54세에 프랑스에 가서 보르도의 CAFA와인 스쿨에
서 소믈리에 과정을 배우기도 하였다. 한국에 돌아와서는 서울에
서 와인 숍도 운영하고, 와인 바도 운영하고, 와인 수입회사도 운
영하고, 또한 1997년에 시작한 제이시 와인스쿨을 운영해 오면서
나름대로 바쁘게 살아온 인생이었다고 생각한다.

2010년 연말에 어쩌다가 페이스 북을 시작하였는데, 고맙게도
수 많은 분들이 친구가 되어 주셨다. 페이스 북은 과거에는 생각도
할 수 없었던 많은 사람들과 개인적인 소통이 가능하게 해주었다.
페이스 북의 가능성을 확인한 저자는 페이스 북을 통해서 혼자서
라도 한국에서 와인 문화가 대중화될 수 있도록 해보겠다는 생각
을 하였다.

그래서 페이스 북의 친구들과 제이시 와인스쿨의 졸업생들 또 저자의 오랜 와인 친구들에게 와인에 얽힌 재미있는 이야기와 칼럼들을 '와인 이야기'로 정리해서 1~2주에 하나씩 이메일로 발송해 왔다.

1만 명이 넘는 페이스 북 친구들에게 1~2주에 하나씩 이메일을 보내는 일이 혼자서 하기에는 상당히 힘든 일이기도 하였지만, 도움이 된다는 친구들의 답신에 고무되어서 즐거운 마음으로 나름대로 열심히 보내기 시작한 지가 벌써 2년이 다 되어간다.

그 동안 페이스 북 친구들의 요청에 의해서 오프라인에서 와인 친구 모임을 하기 시작하였는데, 어느덧 이 모임이 서울에 4개의 오프라인 친구 모임으로 늘어늘어났고 지방에서도 오프라인 모임을 하자는 요청을 많이 받고 있다.

이들 모임에서 많은 친구들이 '와인 이야기'를 책으로 출판해서 더 많은 분들도 보게 했으면 좋겠다는 의견을 내었고, 조금은 망설이다가 결국 책으로 출판하게 되었다.

많은 사람들이 '와인' 하면 '어렵고, 복잡하고, 비싸다'라는 잘못된 생각을 가지고 있다.

아무쪼록 이 책을 읽는 독자들과 와인 소비자들이 와인에 대한 거부감과 스트레스를 벗어 버리게 되길 바란다. 많은 분들이 와인은 별 것 아니라는 생각을 가지고 부담 없이 와인에 접근할 수 있게 되어 한국에서 와인이 대중화되고 와인 산업이 조속히 본 궤도에 오를 수 있었으면 하는 것이 저자의 소망이다.

이 책을 출판하는 데 여러 가지 조언을 해준 페이스 북의 친구들, 오프라인 모임의 친구들, 제이시 와인스쿨 졸업생들에게 감사드린다. 그리고 와인 인생에서 어려울 때에 늘 힘이 되어 준 오랜 친구들에게도 감사드린다. 끝으로 책이 출판되도록 세심한 배려를 해준 책미래 대표님께 다시 한 번 감사드린다.

2012년 10월
소믈리에 김준철 드림

와인 공부 때려치워, 말어!

와인을 잘 아는 전문가들이야 어려움이 없이 와인을 즐기겠지만 일반 소비자들은 "와인" 하면 "너무 복잡하고 어렵고 또 비싸다." 라는 생각을 너도나도 가지고 있다. 그러다 보니 와인이라면 거북한 존재로 생각하게 된다.

만일 누군가가 회식 자리에서 "와인 한잔 합시다." 하면 "야, 안 돼! 와인은 무슨 와인이야, 그냥 소주로 해."라고 핀잔을 받기 일쑤일 것이다.

많은 분들이 이런 말씀을 하신다.

"와인을 구입하려고 와인 숍에 가보면 웬 와인 종류는 그렇게도 많은지, 과연 어떤 것을 사야 좋은 것인지, 가격은 어느 정도이어야 적당한 것인지, 도무지 결정을 내리기가 힘들다."

"외국과 비교해서 우리나라 와인 값이 너무 비싸다고 한다."

"우리나라에 와 있는 유럽인들은 한국에서 와인을 잘 안 마신다고 한다."

"레스토랑이나 와인 바에 가서 와인을 마시면 가격이 예상보다도 더 비싸니 솔직히 자주 가기가 힘들 지경이다."

"와인이 어렵기 때문에 접근하기가 썩 내키지 않는다. 내 돈 내고 뭔 고생이냐? 신경질 나게."

정말 이해가 가는 말이다.

와인이 국내에 소개된 지도 벌써 20년이 넘어선 현 시점에서 대부분의 사람들이 아직도 와인이 복잡하고 어렵고 비싸서 마시기 어렵다는 말을 하고 있다. 이런 이야기를 접할 때마다 와인 산업의 각 주체들이 지금까지 와인을 팔기만 했지 와인 문화를 소개하는 데 소홀하지 않았나 하는 생각을 하게 된다.

와인은 이름을 외우지 않아도, 와인 맛을 몰라도 된다. 그냥 즐기면 된다. 맥주를 처음 마실 때에 먼저 공부하고 마셨던가? 소주를 처음 마실 때에 배우고 마셨던가? 아니었을 것이다. 그냥 마셨을 것이다. 마찬가지로 와인도 그냥 마시면 된다.

여자피겨 사상 최초로 그랜드슬램(동계올림픽, 세계선수권대회, 4대륙선수권대회, 그랑프리 파이널)을 달성한 김연아 선수는 피겨 스케이팅의 명실상부한 세계 챔피언이다. 그런데 그 김연아 선수도 처음부터 세계적인 선수가 되기 위해서 공부하고 스케이트장으로 가지는 않았다. 7살 때 언니따라 스케이트장에 놀러갔다가 지금의 세계 챔피언이 된 것이다.

박태환 선수가 수영을 처음 시작할 때 미리 이론적으로 다 공부한 후에 수영장에 갔던 것은 아니다. 처음에는 건강을 위해서 물에서 놀다가 재능을 보여서 나중에 체계적인 훈련을 받은 것이다.

많은 사람들이 스케이트장이나 수영장에 가지만 전문가가 되려고 공부하고 가는 사람은 진짜 선수가 되려는 몇몇 소수를 제외하고 없을 것이다. 대부분의 사람들이 친구나 가족과 즐겁게 놀기 위해서 갈 것이다.

와인도 마찬가지이다. 정말 전문가가 되려는 몇 사람 외에는 그냥 즐기면서 마시면 된다. 와인 지식이 없어도 또 와인 마시는 법을 몰라도 그냥 마시면 된다. 친구, 연인, 부부간에 분위기 있게 대화하는 데 마시는 술로서 와인이면 되는 것이다.

국내에 와인이 수입되던 초기에는 와인을 마시려면 알아야 좋다고, 와인을 배우라는 이야기를 많이 했다. 그 결과 와인 문화가 대중화되지 못하고 와인의 소비는 별로 늘지 않고 있다. 와인에 대해 먼저 배우고 마셔야 한다는 자세는 크게 잘못 되었다고 생각한다.

저자는 와인을 배우겠다는 사람들에게 와인은 공부하지 말고 그냥 마시라고 이야기한다. 소믈리에가 될 것도 아닌데 왜 공부를 해야 하는가? 와인은 몰라도 그냥 마시면 된다.

물론 와인을 배울 필요가 있는 사람들은 배워야 한다. 업무상 혹은 사회생활에서 와인의 상식, 마시는 법, 매너를 알 필요가 있다든지, 개인적인 호기심으로 알고 싶은 사람 등은 당연히 필요한 만큼 배워야 한다.

특히 와인 산업에서 직업적으로 일할 사람들은 그야말로 코피나게 열심히 공부해야 한다. 그러나 가끔 마시는 일반인들은 머리 아프게 공부하지 않고 그냥 마셔도 된다.

앞으로 와인은 세계화 시대에 국제 비즈니스에 꼭 필요한 문화로 인식될 것으로 전망된다. 아마도 와인의 매너는 특별한 것이 아닌 우리의 일상이 될 것이다.

아울러 앞으로는 우리의 폭음하는 음주 문화도 즐기는 문화로 변하기를 희망한다. 와인은 취하기 위하여 마시는 술이라기보다 대화하는 데 분위기를 좋게 하는 술이다. 많은 분들이 와인과 가까워져서 한국의 와인 산업이 대중화되고 좋은 와인을 더 저렴하게 즐길 수 있기를 희망한다.

03 소믈리에

04 와인 상식

05 와인 칼럼

06 포도와 양조

07 와인을 보는 눈

01

와인의
역사

로마 군대가 강했던 이유

고대 로마는 약 2,000년 전에 인류 역사상 손꼽히는 강력한 국가를 형성하여 유럽 전체를 호령한 당시 세계 최강의 나라이었다.

이탈리아에 근거를 둔 로마는 유럽을 차례로 점령하였는데 당시의 유럽은 작은 부족 국가 형태들로 로마의 상대가 되지 못하였고 로마의 전차 군단 앞에서 차례로 무너졌다.

로마는 지금의 프랑스, 독일 등 점령지에 병력을 주둔시키고 부대 인근 지역을 관할하도록 하면서 영토를 점점 넓혀 갔다.

이에 따라 고국을 떠나서 머나먼 다른 지역에 주둔하게 된 로마 군대는 여러 가지 어려운 점이 있었는데, 특히 식수 문제가 아주 심각하였다고 한다.

즉 산이 많았던 이탈리아에서는 깨끗한 샘물 등을 많이 마셨는데 주둔지역에서는 강물을 많이 마시게 되었다. 그리고 강물을 마신 병사들이 배탈이 나서 설사를 많이 하게 되었다.

설사를 해서 비실비실한 병사들을 데리고는 아무리 막강한 로마 군대라고 하더라도 전투를 할 수 없었을 것이다.

유럽의 식사는 대부분 빵과 야채, 육류 등이다. 특히 빵이 말랑 말랑할 때에는 그래도 먹기에 괜찮으나 말라서 딱딱하게 되면 버터를 발라서 먹더라도 목에 딱 걸려서 잘 넘어가지 않는다.

그런데 많은 군인들에게 늘 먹기 좋은 상태로 빵을 공급하지 못하다 보니 빵을 먹을 때에 물을 같이 마시지 않고는 빵을 먹기가 어려운 일이었을 것이다.

우리 나라 사람들이 식사할 때에는 밥 자체도 빵보다는 수분이 많지만 여기에 더하여 숭늉을 마시기도 하고, 국도 마셔서 밥 먹기가 수월하다. 그러나 서양 음식은 스프를 제외하고는 수분이 많은 음식이 별로 없으므로 물 없이 식사를 한다는 것은 생각하기 어려운 일이다.

이런 물갈이 문제를 해결하는 방법으로 로마에서는 황제의 칙령으로 유럽 주둔 군인들에게 물을 대신하여 하루에 레드 와인을 1리터씩 마시도록 지시하였다. 레드 와인에는 타닌 등의 성분이 있어서 설사를 멎게 해 주는 효과도 있다.

이러한 조치를 내린 뒤에는 로마 병사들이 식사도 잘 할 수 있었고 설사도 하지 않아서 전력 손실이 없었다고 한다.

로마 시대에도 수인성 전염병이 많이 유행하였으나 물 대신 레드 와인을 마신 덕택에 당시 로마 군대가 수인성 전염병에 걸렸다는 기록은 없다고 한다.

그런데 이런 지시로 인하여서 큰 문제가 생겼다. 수만, 수십만 대군이 유럽의 각 나라에 주둔을 하고 있었으니 본국에서 각 부대로 보내줄 와인의 양이 엄청나게 많았다는 것이다.

양도 양이지만 이 와인을 수송하는 일도 간단한 문제가 아니었다. 요즈음같이 교통이 발달했으면 철도로, 고속도로로 혹은 비행기로, 배로 보내면 될 것이다. 하지만 당시는 교통이 불편하던 시대라 다른 주식, 부식과 군수품의 수송만 하더라도 어려운 판에 와인까지 보내는 것은 너무 힘든 일이었다.

특히 당시에 포도주는 암포라는 토기나 다른 나무통에 담아서 운송하였는데, 와인 자체의 무게도 상당히 무거운 편이라 특별히 와인의 수송 문제를 해결하지 않고는 매일 1인당 1리터의 와인을 공급하기는 어려운 일이었다.

이런 운송 문제를 해결하기 위하여서 머리를 굴려서 찾은 방법이 바로 와인의 현지 생산이었다. 포도주를 로마에서 유럽 다른 지역의 주둔지로 운송하는 것은 너무 힘든 일이므로 군대가 주둔하고 있는 그 지역에서 포도를 재배하도록 하고 이 포도로 와인을 만들어서 군대들의 수요를 충족하도록 하자는 것이었다.

이러한 정책으로 외국에 주둔하던 부대들은 각각 부대 인근 숲의 나무를 다 잘라내고 땅을 개간하여서 포도원을 만들게 되었다. 당시에 로마 군대 주둔지를 중심으로 마을이 형성되어 있었고 이 마을에 여러 가지 숙박과 유흥 시설을 갖추고 있었는데 여기에 포도원도 조성하게 하였던 것이다.

이런 위락 시설과 포도원의 조성 등에는 퇴역한 로마 군인을 많이 활용하였고 또 이들에게 상당한 혜택을 주었다고 한다. 많은 로마 군인들이 오랜 군대 생활을 마친 후 제대하고 머나먼 고국으로 돌아가서 생활을 하게 되었는데 너무나 다른 생활을 하여 왔기 때문에 사회에 적응하지 못하는 사람이 상당수가 있었고, 이런 사람들로 인하여 사회적인 문제가 발생하기도 했다.

이런 문제들을 보고 고국에 돌아가서 고생하기보다는 차라리 부대 근처에 눌러앉아서 이권 사업과 와인을 만드는 일에 종사하는 사람들이 많았다고 한다.

이렇게 제대 후 현지에 정착하여 현지인들과 섞여 사는 사람들이 많아졌는데, 로마 제국은 영토를 확장하는 데 이런 제대 군인들의 도움을 많이 받았다고 한다.

와인을 현지에서 생산하면서 군대에 충분한 레드 와인을 공급할 수 있었고 또 과량으로 생산된 와인들이 민간인들에게 유통되므로 와인 사업을 하였던 퇴역 군인 등 로마의 장사꾼들이 돈을 많이 벌었다고 한다.

그때에 주둔지 근처에 만들어진 포도원들이 바로 유명한 프랑스 보르도 지방, 부르고뉴 지방, 독일 등의 포도밭이다.

프랑스나 독일 등의 유럽 와인의 역사를 거슬러 올라가면 옛날 로마 시대의 군대 주둔지 인근에 조성된 포도원이 그 뿌리이다.

평시에는 로마 군인들에게 하루 1인당 1리터(요즈음 와인 병으로 환산하면 약 1.5병으로 개인에 따라서는 다르나 하루 종일 상당히 기분이 좋은 상태)의 레드 와인을 마시도록 하였다.

그런데 전투가 있는 날은 하루에 2리터의 와인을 마시게 하였다. 2리터의 양은 거의 와인 3병으로 이 정도의 양을 하루 종일 마시면 평소에 와인을 많이 마셔서 주량이 커진 로마 군인이라고 하더라도 기분이 좋은 정도를 지나서 취한 상태가 되는 양이다.

왜 이렇게 취하도록 많은 양의 와인을 마시도록 했는지는 잘 알려지지 않지만, 아마도 짐작하건대 전쟁의 두려움, 더 정확히 말하면 사람을 죽이는 두려움 또 자신의 죽음에 대한 두려움을 없애 주기 위하여서 그토록 많이 마시도록 하지 않았나 하고 추측한다.

당시의 전투는 요즈음같이 산 너머에 있는 적군에게 대포를 쏘는 것이 아니고 또 수백 미터 떨어져서 총을 쏘는 것도 아니고 적의 얼굴을 마주 보면서 창이나 칼로 찔러 죽이는 것으로 대단한 담력이 있어야 하는 것이었다.

로마 군대가 전술과 책략이 뛰어나고 무기가 좋아서 유럽을 점령할 수도 있었겠지만, 사실 알고 보면 병사들이 와인을 3병씩 마시고 취해서 정신이 없는 상태에서, 즉 제 정신이 아닌 상태에서 겁 없이 싸워서 승리할 수 있었던 것이 아닌가 하는 생각이 든다.

와인의 역사는 얼마나 되었을까?

"와인의 역사가 얼마나 되었을까요?"

"300년이요." "500년이요." "3,000년이요."

와인 강의를 하면서 수강생들에게 와인의 역사가 얼마쯤 되었는지를 물어 보면 대체로 몇 백 년, 혹은 2,000~3,000년이라는 대답이 가장 많고, 그 다음으로 와인 책을 좀 본 사람들은 약 6,000년 전이라는 대답을 많이 한다.

독자들께서는 와인의 역사가 얼마나 되었다고 생각하는가?

이 질문에 대한 정답은 "와인의 역사는 모른다."가 정답이다.

와인의 역사는 저자도 모를 뿐만 아니라 세상에서 와인의 역사를 정확히 아는 사람이 아무도 없다. 아무리 훌륭한 고고학자가 기가 막히게 뛰어난 기술과 과학적인 기계를 가지고 있다고 하더라도 와인의 역사를 밝혀 내는 것은 불가능하다.

왜 이런 결론을 내리는지 지금부터 설명하겠다.

일반적으로 아주 오래 전의 역사적인 사건이나 사실이라도 기록이 있는 경우에는 이것을 기초로 비교적 정확하게 그 연도를 알 수 있다.

그러나 기록이 없던 시대의 사건 등을 정확히 알아낸다는 것은 상당히 어려워서 결국 발견된 유적이나 유물들로 그 시기를 추측해 왔다. 요즘에는 탄소 분석 등의 과학적인 방법으로 상당히 정확하게 그 시대를 알 수 있다.

와인의 역사를 추정하는 것도 기록이 있는 경우 그 시기까지는 상당히 정확하게 알 수 있으나 그 이전의 시기, 즉 기록이 없는 시기는 와인 관련 유물들로써 그 역사를 추정할 수밖에 없다.

예를 들어서 아주 오래된 항아리를 하나 발견하였는데 그 속에 무슨 액체를 담았던 흔적이 있고 또 포도 씨가 발견되었다고 하면 이 액체가 와인이었다고 가정을 한다. 왜냐하면 포도 씨가 있으니 그 액체는 포도 주스일 것이고 포도 주스는 자연 상태에서 바로 와인이 되기 때문이다.

즉 포도는 주스가 되면 포도 껍질에 묻어 있던 효모가 즉시 발효를 시작하는데 자연 상태에서 다른 가공을 하지 않아도 온도가 아주 낮지만 않다면 스스로 발효하여 와인이 된다. 이런 이유로 포도 주스를 담았다는 것은 바로 와인을 담았다는 이야기가 된다.

또 포도를 압착하는 기구 등을 발견한다면 이것을 탄소 분석을 하여서 와인의 역사로 인정하게 된다. 새로운 유물이 발견될 때마다 와인의 역사는 점점 더 옛날로 거슬러 올라가고 있다.

이렇게 해서 지금까지 추정하는 와인의 역사는 기원전 약 8,000년쯤으로 보고 있다. 앞으로도 이 역사는 새로운 유물이 발견될 때마다 점점 더 오랜 것으로 기록이 갱신될 것으로 보인다.

그러나 이런 것들이 가장 오래된 와인의 역사라고는 생각되지 않는다. 이런 역사는 인간이 와인을 만들었을 것이라고 추정하는 연도이지 와인 자체의 역사는 아니라는 것이다. 다시 말하면 와인은 인간이 만들어서 마시기 전부터 존재했다. 와인은 사람과는 관계없이 잘 익은 포도 알갱이가 터지기만 해도 발효해서 와인이 된다는 것이다.

주류 중에서 맥주의 역사도 오래되었다고 알려지고 있다. 맥주의 역사가 오래되기는 하나 와인과는 비교하기 어렵지 않을까 생각한다. 맥주는 보리에서 만들어진다. 그러나 보리가 발효해서 바로 맥주가 될 수는 없다. 보리 속에는 전분이라는 탄수화물이 있는데 이 전분을 가공하여야만 맥주를 만들 수 있다.

겉보리는 수분을 흡수하여 일단 맥아로 변하고 이 맥아에는 전분을 분해할 수 있는 효소가 많이 들어 있다. 이 맥아를 물이 있는 상태에서 약 60도로 유지해 주면 이들 효소에 의하여 전분이 맥아당으로 바꾸어지면서 식혜가 된다. 이 식혜에 효모를 넣어서 효모가 맥아당을 알코올로 만들어 주면 비로소 맥주가 되는 것이다.

그런데 아마도 초기 자연 상태의 맥주는 자연발효를 하였으므로 탄산가스가 날아가 버린 가스가 없는 맥주로 존재하였을 것이다. 이렇게 보리가 있다고 바로 맥주가 되는 것이 아니고 여러 가지 공정을 거쳐야 맥주가 된다.

그러나 와인은 포도 알이 터지기 만해도 바로 발효를 한다. 포도 주스 속에 있는 탄수화물은 주로 포도당이다. 이 포도당은 바로 발효할 수 있는 당이고 또 껍질에는 수많은 효모들이 있으니 포도 알이 터지면 자동으로 발효가 일어나서 와인이 된다.

독자들도 여름철에 포도를 사서 먹을 때 경험해 본 일이 있을 것이다. 포도 알이 멀쩡한 것은 먹으면 달콤한 게 맛이 있다. 그러나 혹시 터진 포도 알을 먹어본 일이 있는가? 아마도 시큼시큼한 것이 맛이 별로이었을 것이다. 이렇게 시큼시큼한 포도가 바로 발효해서 당분이 모두 알코올로 변해 버린 와인이다.

포도원에서도 이런저런 이유로 포도 알이 터지는 경우가 있다. 일기에 따라서 포도 알이 터지기도 하고, 또 새가 쪼아서 포도 알이 터지기도 하고, 또 짐승들이 포도 알을 터트리기도 하고, 바람이 불어서 포도송이가 나뭇가지에 부딪혀 포도 알이 터지기도 한다. 이렇게 자연적으로 와인이 만들어질 수가 있다.

이렇게 인간이 와인을 만들어 마시기 전에, 또 인류의 원조인 직립 원인이 있기도 전부터 와인이 있었다고 본다.

과거에 학자들은 와인의 역사를 포도송이가 있었던 시기, 즉 포도송이가 화석으로 발견된 시기로 역사를 정하였다. 그러다가 나중에는 "포도송이를 기준할 것이 아니고, 포도나무가 있었다면 당연히 포도송이가 있었을 것이고 그때부터 와인이 있었을 것이다."라고 가정하기에 이르렀다.

그래서 내어 놓은 와인의 역사는 바로 현재의 포도나무의 잎과 비슷하게 생긴 식물 잎의 화석이 발견된 시기라고 생각하여서 알아낸 역사가 대략 1억 5,000만 년 전으로 보고 있다.

물론 이것도 세월이 지나면서 포도 잎과 비슷한 식물 잎의 더 오래된 화석이 발견되면 그럴 때마다 와인의 역사는 바뀌게 될 것이다.

와인은 인간이 그 역사를 알 수 없을 정도로 오래 오래 전부터 존재하였다. 따라서 와인의 역사는 "정확히 모른다."는 것이 정답이다. 신이 포도라는 식물을 만들었을 때부터 와인은 있었다.

원숭이가 와인을 만들었다?

와인의 역사가 아주 오래되다 보니 와인의 역사에 관한 많은 추측과 별의별 이야기들이 전해 내려오고 있다.

예나 지금이나 원숭이들은 과일이나 열매나 나무 잎 등을 먹고 살아오고 있다. 원숭이들 중에서 바나나를 통째로 먹지 않고 껍질을 벗겨서 먹는 녀석들도 있고 어떤 놈들은 포도를 먹을 때에 껍질과 씨를 뱉는 맹랑한 녀석들도 있다. 이렇게 똑똑한 원숭이들이 옛날에도 있었던 모양이다.

하루는 원숭이들이 포도송이를 들고 바위 위에서 돌아다니며 포도 껍질과 씨를 뱉고 주무르면서 놀았다. 며칠 후에 다시 그 근처에서 놀다가 목이 말라 물을 찾게 되었는데 주위를 돌아보니 마침 바위의 우묵한 곳에 물이 보여서 이 물을 신나게 퍼 마셨다. 조금

지나서 엉덩이뿐만 아니라 얼굴까지 빨갛게 상기되었고 또 기분이 좋아진 녀석이 비틀거리며 돌아다녔다.

사실 원숭이가 마신 물은 며칠 전에 자기들이 버리고 갔던 포도 껍질과 주스 등이 발효하여 알코올이 된 와인이었던 것이다. 원숭이도 와인을 마시면 취하고, 취하면 사람과 비슷한 행동을 한다고 한다. 이렇게 하여 원숭이가 와인을 처음으로 만들었다는 주장이 있다.

이런 주장에 대해서 반기를 든 사람들도 많다. 반대론자들은 "아무리 그래도 그렇지, 어떻게 원숭이가 와인을 먼저 만들 수 있느냐? 사람이 머리도 훨씬 좋고 만물의 영장이니 당연히 사람이 먼저 만들었을 것이다. 인간을 뭘로 알고 원숭이와 비교하느냐."라고 인간의 우위를 강조하며 강력하게 반기를 제기한다.

"과일을 주식으로 하는 것은 아무래도 원숭이 쪽이 아니냐? 그러니 원숭이가 먼저다."

"아니다, 사람이 먼저다." 하고 지금까지 아옹다옹 싸우고 있다.

그 옛날로 타임머신을 타고 가서 누가 먼저인지를 자세히 알아보고 와서 논쟁의 결판을 내어 줄 사람이 없다는 이야기이다. 사실 지금에 와서 누가 먼저라는 것은 알 수도 없고 굳이 밝힐 필요도 없는 이야기이다.

이 우화를 통해서 우리가 알 수 있는 것은 와인은 원숭이가 만들 수 있을 정도로 쉽게 만들어진다는 것이다. 와인은 너무나 쉽게 만들어져서 포도 알이 터지기만 하면 와인이 된다.

요즘 포도주 만드는 방법을 보면 포도밭에서 포도송이를 따서 포도주 공장에 운반하여 양조공정을 거쳐서 와인을 만드는데 사실 공장으로 운반하는 중에 또 포도밭에 있는 포도 중에서 터진 포도 알은 이미 발효하여서 와인이 되는 것이다.

포도 알 껍질의 바깥에 효모가 많이 붙어있어서 포도 껍질이 터지면 이 효모가 바로 포도 주스의 포도당을 먹고 발효하여서 알코올을 만들어서 와인이 된다.

자연적으로 와인이 된다. 그래서 와인의 역사는 다른 어떤 술보다도 오래되었다고 말한다. 처음에 와인의 역사는 인간이 와인을 양조하였던 것을 기준으로 하여 역사 기록에 나온 것을 찾아서 올라 가는데, 오래 되었던 것 중에서 성경도 있다.

창세기에 노아가 홍수 후에 포도밭을 만들고 와인을 만들어서 마시고 취해서 실수를 하였다는 기록이 있다. 더 거슬러 올라가면 기록이 없던 선사시대로 올라가는데 그 시대에 포도주를 만들었던 기구로 사용되었던 압착기 등의 유물이 발견되거나 기구뿐만 이 아니라 무슨 그릇의 유물을 발굴하였는데 그 속에 포도 씨가 들어 있었다면 그것으로 와인이 있었다고 추정을 하게 되었다.

왜냐하면 포도 주스는 바로 발효해서 와인이 되니까. 이렇게 거슬러 올라가다가 포도주의 역사를 알아보는 데 굳이 와인을 찾을 것 없이 포도 송이가 있었다면 그것은 바로 와인이 있었다고 생각하게 되었다. 그래서 포도 송이 화석 등을 찾아서 수십만 년 전으로 그슬러 올라갔고, 다시 기준을 바꾸어서 식물 잎의 화석을 발견하였는데 그 모양이 포도 잎과 비슷하다고 하면 그것은 포도로 인정을 하고 그 시기에 와인이 있을 수 있다고 추론하게 되었다.

이렇게 하여 지금부터 약 1억5000만년 전에 포도가 있었다고 추정하고 있다. 이에 비하면 인간의 역사는 일천하다. 신석기 시대 즉 메소포타미아 문명이 BC 5,000 년이다. 그 이전 네안델탈인이 25만년 전, 하이델베르그, 북경인이 약 50만년 전, 최초의 인류라고 알려지고 있는 유인원 비슷한 오스트랄로피테쿠스 인이 약 200만년 전으로 추정하고 있다.

인간이 와인을 만들기 이전부터, 인류의 역사와는 관계없이, 원숭이와도 관계없이 오래 전부터 와인은 있었다.

02

와인
이야기

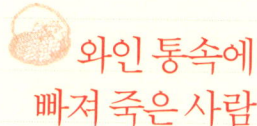
와인 통속에
빠져 죽은 사람

　예로부터 우리 민족은 어렵고 힘든 일이 있을 때나 즐거운 일이
있을 때 술을 마셨다. 요즘은 특별한 일이 있을 때나 적당한 이유
가 없으면 일부러 이유를 만들어서라도 술을 마시는 사람들도 많
다. 이렇듯 술은 우리 생활 속에 깊게 자리 잡아 오고 있다.

　우리 민족은 특별히 술을 사랑하는 민족이라 예로부터 재미 있
는 무용담도 많고, 술에 얽힌 많은 이야기가 많이 있다. 마찬가지
로 서양의 술인 와인도 오랫동안 사랑을 받아오다 보니 유별나게
와인에 얽힌 이야기들이 많다. 많은 이야기들 중에서도 특별히 별
난 사람의 이야기를 여기에 소개할까 한다.

　첫 번째 이야기는 포도주 통 속에 빠져 죽은 사람에 관한 이
야기이다. 15세기의 영국에 클래런스(Clarence) 공작인 조지 프랜태

저넷(George Plantagenet)이라는 사람이 있었다. 그는 형들이 나중에 영국의 에드워드 4세와 리처드 3세 왕이 되었을 정도로 훌륭한 가문의 인물이었다. 그도 장미전쟁에서 큰 역할을 하였으므로 형들과 잘 지냈으면 왕의 동생으로 그럭저럭 한평생을 잘 살 수 있었을 뿐만 아니라 혹시 운이 좋으면 왕이 될 수도 있었을 것이다. 그런데 그의 운명은 그게 아니었던 모양이었다.

뭔가 형들과 잘 맞지 않은 부분이 있었는지 감정대립을 하다가 마침내는 반역 행위를 저질러 체포되었다. 그는 런던탑(Tower of London)에 수감되는 신세가 되고 나중에 사형이 집행되었다. 당시 귀족들은 처형될 때 대부분 참수되는 것이 관례이었으나 그는 큰 술통에 빠트려 죽임을 당하는 비공개 사형 집행을 당하였다는 전설이 전해져 내려오고 있다. 그의 시체가 발견되었을 때에 참수의 흔적은 전혀 없었기 때문에 여러 가지 소문이 돌게 되었다고 한다.

그럴듯한 이야기 중 하나는 원래 그가 대단한 술꾼이기도 하였고 또 왕의 동생이었기 때문에 참수라는 끔찍한 처형보다는 보다 덜 끔찍한 방법으로 술통에 빠져 죽도록 하는 특별한 배려를 하였을 것이라는 이야기가 있다. 또 다른 전설에는 반역 사건에 엄청나게 격분한 형이 동생에 대한 특별 배려를 거부하였고 어떤 방법으로든 사형을 집행하였고 그의 주검을 술통에 담아서 수도원으로 보내었다는 것이다. 아무튼 프랜태저넷은 와인 술통에 빠져 죽은 사람으로 알려져 있다.

두 번째 이야기는 죽어서도 술통을 가지고 간 사람의 이야기이다. 12세기 경 독일에서 시무하던 요한 푸거(Johann Fugger)라는 주교가 어느 날 로마 교황청에 볼일이 있어서 하인을 하나 데리고 독일을 출발하여서 이탈리아로의 긴 여행을 시작하였다.

그 정도 거리는 요즘 같으면 비행기나 고속열차로 하루 정도에 갈 수 있고 혹시 자동차로 가더라도 하루나 이틀이면 갈 수 있는 거리이다. 하지만 그 당시에는 요즘같이 편리한 교통편이 없었으므로 말을 타고 갈 수밖에 없었고, 말을 타고 가면 여러 날이 걸리는 여행길이었다.

독일에서 스위스를 통과하여 험준한 알프스를 넘어서 이탈리아로 직행하는 것은 거의 불가능한 코스이므로 아마도 알자스, 론 강을 따라 내려가서 프랑스 남부 해안 지방을 지나서 리구리아와 토스카나를 통과하고 로마가 있는 라치오를 지나가는 코스를 택하였을 것으로 보인다.

요한 푸거 주교는 특히 미식가이면서도 와인을 좋아하셨던 터라 여행을 하다가 식사 때가 되면 하인을 먼저 동네로 보내면서 "동네에서 가장 음식을 잘 하는 식당을 찾아서 식당 입구 벽에 에스트(Est!)라고 적어두라"고 시켰다.

자기는 나이가 많으니 천천히 뒤따라 가다가 동네에서 "에스트"라고 적힌 식당을 찾아 들어가 식사를 하겠노라고 말하였다.

이 하인도 요리에 일가견이 있었는지 또는 주위에 물어보았는지 요리 잘하는 식당을 용케도 잘 찾아서 입구에다 석필로 "에스트"라고 큼지막하게 써두었고 주교님께서는 "에스트"라는 글자가 써진 식당에 들어가서 식사를 하셨다고 한다.

늘 만족하게 식사를 하고 와인도 즐기면서 즐겁게 여행을 하다 보니 어느덧 긴 여행이 거의 끝나서 이제 로마 근처까지 오게 되었다.

그날 저녁에도 식사를 위하여 하인을 동네로 미리 보내고 주교는 뒤 따라서 천천히 마을로 들어가서 "에스트"라고 적힌 식당을 찾았다. 그런데 이집 저집을 찾아가다 보니 한 식당 입구에 "에스트"가 아니고 "에스트! 에스트! 에스트!"라고 에스트를 세 번씩이나 적힌 식당을 발견하였다. 주교는 "아! 이 녀석이 요리와 와인 맛이 기가 막힌 식당을 찾은 모양이구나." 하고서는 아주 기분이 좋아져서 큰 기대를 가지고 식당 문을 열고 들어섰다. 그날의 만찬과 와인은 정말로 맛이 기가 막히게 좋았다. 물론 신앙심이 깊은 이곳 식당 주인이 멀리서 온 주교를 위하여서 특별하게 요리를 잘 해 드렸을 것으로 추측된다.

식사도 즐겁게 잘 하고 특히 그 동네에서 생산된 와인은 아주 입맛에 맞았는지 취할 정도로 상당히 많이 마시고 편안하게 잠자리에 들게 되었다.

그런데 그 다음날 아침에 문제가 생기고 말았다.

주교가 전날 와인 맛이 좋다고 너무 많이 마신 결과 아침에 일어나지를 않았다. 하인이 한참을 기다려도 일어나지 않아서 결국 방으로 들어가 깨워 보았는데, 그만 벌써 세상을 떠나 버리신 것이었다.

소식에 놀란 동네 사람들이 다 모여서 그 동네 음식과 특히 그곳 와인을 사랑하신 주교를 조문하고 그 동네의 좋은 자리에 묘를 만들어 정성껏 장사해 드렸다.

이듬해의 기일에도 동네 사람들이 다 모여서 추모 예배를 하고 주교가 좋아하던 와인을 맘껏 드시라고 주교의 묘에 한 통의 와인을 부어 드렸다. 이후에도 이렇게 동네 사람들은 주교님의 묘에 수백 년 동안 이러한 추모식을 거행하였다고 한다.

주교는 죽어서도 매년 와인 한 통씩을 가져간 셈이다. 지금도 그 와인이 생산되고 있는데 화이트 와인인 이 와인의 이름이 바로 "에스트!, 에스트!, 에스트!"이다. 그리고 이 지방을 여행하는 관광객들이 즐겨 찾고 있는 유명한 와인이다.

혹시 독자들께서 이탈리아 로마 근처에 가시는 일이 있거든 이 에스트!, 에스트!, 에스트! 와인을 반드시 맛보시기 바란다.

그러나 꼭 잊지 않고 기억해 두어야 할 것은 다음날 아침에는 꼭 일어나야 한다는 것이다.

샴페인은 불량품
와인이었다

옛날에는 프랑스뿐 아니라 다른 나라에서 만들어진 발포성 와인도 모두 '샴페인(champagne)'이라고 불렀으나 지금은 프랑스 이외의 다른 나라에서 만든 발포성 와인은 '샴페인'이라고 부를 수 없다. 뿐만 아니라 프랑스 내에서도 상파뉴(Champagne)가 아닌 지역에서 생산된 발포성 와인을 '샴페인'이라고 부르지 않고 다른 이름으로 부른다.

포도주 공장에서는 가을에 수확한 포도로 와인을 만들고 겨울 내내 앙금분리 등을 하면서 침전물과 부유물질 등을 제거하여 맑게 하는 작업을 한다. 그리고 이듬해 봄이 되면 그 전 해의 포도로 만든 와인을 병에 담아서 지하실에 보관해 놓고는 직원들은 포도밭에 나가서 포도나무를 손보면서 잡초도 뽑고 열심히 일을 하다가 가을이 되면 포도를 수확하여서 공장으로 가지고 오게 되고 이 때부터 직원들은 포도주 공장에서 일을 한다.

포도밭에서 일하는 동안에도 가끔씩 지하 와인 저장실을 점검하곤 한다. 그런데 어느 봄철을 지나고 여름철이 되던 날, 지하 저장실에서 뭔가 이상 징후가 발견되었다.

지하실 바닥에서부터 여러 층으로 가지런히 쌓아둔 와인 병 속에 기포가 뽀글뽀글 올라오는 것이 보였다. 직원들은 "거 참 이상하다" 하면서 유심히 관찰을 하였다. 그러던 어느 날 와인 병의 코르크 마개가 '뻥' 하고 날아가 없어지고 와인도 쏟아져 버리고 말았다.

옛날에 이런 현상은 포도주 공장에서는 아주 골치 아픈 일이었다. 지하 와인 저장실에는 좁은 면적에 많은 와인 병을 쌓아 두는데 중간쯤 층에 있는 병에서 마개가 튀어 나가면 쏟아진 와인이 아래에 있는 와인 병의 외부에 묻게 되고 이렇게 묻은 와인에 곰팡이가 시커멓게 번식하게 되는 것이었다.

보기에 좋지 않은 것은 물론이고 특히 병 주둥이의 코르크 부분에 묻은 와인은 코르크를 외부에서 부터 썩게 만들었고, 나중에는 와인을 변질되게 하였다. 따라서 와인이 묻은 병은 물로 씻어주어야 하였으며 이런 작업은 정말 골치 아픈 일이었다.

그런데 어떤 사람이 거의 다 쏟아지고 병 속에 조금 남아 있던 와인의 맛을 한번 보니 쌉쌀한 게 상당히 색다르고 괜찮았다. 그래서 "이것으로 신제품을 만들어 보자"고 해서 태어난 것이 바로 샴페인이다.

이렇게 와인에 기포가 생기고 거품이 발생하게 된 이유는 이렇다. 샹파뉴 지방은 파리의 동쪽에 있어서 프랑스에서도 상당히 북쪽에 위치하는 꽤 추운 지방이다. 따라서 남쪽 지방보다는 겨울이 빨리 오고 또 춥다.

여느 때와 같이 포도를 수확하여 발효를 하고 있었는데 그 해 따라 갑자기 추위가 빨리 와서 발효하던 포도 주스의 온도가 급격히 내려가게 되었다. 열심히 발효하던 효모가 온도의 쇼크를 받아 거의 기절하게 되었고 이 때문에 발효는 중단이 되었다.

이렇게 발효가 중단이 되었는데 사람들은 발효가 제대로 끝난 와인으로 착각을 하고서 겨울철 동안 여러 가지 처리를 하고 봄철에 와인을 병에 담아서 지하실에 두었던 것이다.

사실 이 와인은 발효가 끝난 것이 아니라 발효가 중단되었던 것으로 효모도 들어 있고 또 당분도 많이 남아 있었던 것이었다. 이런 와인이 봄철, 여름철에 들어서면서 지하실의 와인의 온도가 약간 상승하게 되니 쇼크를 먹었던 효모가 깨어나 다시 슬슬 움직이기를 시작하였다. 효모는 와인 속에 남아 있는 당분을 먹고 병 속에서 2차 발효를 하면서 알코올과 탄산가스를 만들게 되었다.

2차 발효로 발생하는 탄산가스가 코르크 마개 때문에 병속에 갇혀 있다가 발효가 더 진행함에 따라서 탄산가스의 압력이 점점 세어져서 결국 코르크 마개를 밀고 나가서 와인이 쏟아지게 된 것이다.

아무튼 이런 현상은 와인 속에 당분과 효모가 남아 있게 되는 등 양조 관리를 잘못하여서 생긴 일이기 때문에 와인으로 보면 불량품이다. 제대로 발효를 했었다면 일반 와인이 되었지 샴페인은 생기지도 않았을 것이다.

독자들께서도 뭘 잘못 만들어서 나온 불량품이 있거든 버리지 말고 다른 용도, 즉 신제품으로 만드는 생각을 해보시기 바란다.

이렇게 불량품이 신제품이 된 예는 수 없이 많다. 미국 3M 회사의 수세미, 포스트 잇 등도 다 이런 불량품들이었다. 3M에서는 공업용 연마제를 개발하려고 부직포를 가지고 나무와 금속의 표면을 연마하는 실험을 하였다. 그런데 어떤 샘플은 연마력이 부족하고 어떤 샘플은 너무 세어서 원하는 수준이 되지 못하므로 이런 불량 샘플들을 쓰레기통에 버렸다.

그런데 다른 부서의 연구원이 쓰레기 통속에 버려져 있는 수세미 조각을 발견하고 그것을 주어다가 그릇을 씻어 보니 기가 막히도록 깨끗하게 씻어졌다. 그렇게 해서 수세미로 개발해서 미국의 가정주부들에게서 대단한 인기를 얻는 대박을 터트렸다.

포스트 잇을 만들게 된 것도 비슷하다. 접착제를 만드는 실험을 하던 연구원이 접착제 샘플을 만들어서 종이에 테스트를 해보았으나 원하는 만큼의 접착력이 나오지 않았다. 샘플을 버리고 원료의 비율을 달리하여서 접착제를 만들어 접착력을 테스트하는 일을 수 없이 반복하고 있었다.

옆방에서 다른 연구를 하던 직원이 버려진 종이 샘플이 보여서 가져다가 사무실 벽에다 붙여 놓고 메모지로 활용했는데 뗄 때도 잘 떨어지고 붙일 때에도 잘 붙고 또 몇 번을 사용할 수도 있고 기가 막히게 편리한 것이었다.

그래서 그 직원은 신제품으로 회사에 신청하였고, 회사에서는 대대적인 광고를 통해서 '사무실의 혁명'을 가져오는 대박을 터트리게 되었다. 열심히 연구한 사람은 빛을 보지 못하는데 엉뚱한 사람이 중간 제품인 불량품을 주어다가 신제품으로 히트를 친 것이다.

요즘에 샴페인을 만드는 방법을 보면 정상적으로 만들어진 와인에서 시작한다. 이 와인은 발효가 끝났으므로 와인 속에는 당분이 거의 없고 효모도 거의 없는 상태이다. 당연히 재발효(2차 발효)는 일어나지 않는다.

이런 와인에 설탕과 효모를 적정량 첨가하여 병에 담고 마개를 막아 두면 와인이 병 속에서 2차 발효를 하게 된다. 2차 발효를 하면서 발생하는 탄산가스가 병 속에 가득 포화되도록 특수 마개로 막는다. 이 특수 마개를 처음으로 만든 사람이 바로 '동 페리뇽(Dom Perignon)'이라는 수도원의 수사이었다. 저 유명한 '동 페리뇽'이라는 샴페인은 이 수사의 이름을 따서 지은 것이다. 2차 발효가 완전히 끝나면 와인 속에 있는 효모를 제거하고 다시 제대로 된 샴페인 코르크로 마개를 하고 철사로 된 와이어 후드로 마개를 병에 묶어 주고 캡슐과 상표를 붙여서 완제품을 만든다.

샴페인의 거품은 크기가 아주 작은 것이 좋고, 또 오랫동안 이어

져 올라오는 것이 좋은 것이다. 값싼 스파
클링 와인은 거품 크기도 크고 생긴 거
품도 금방 없어져 버릴 뿐만 아니라
거품이 뽀글뽀글 계속 올라오지도 않
는다.

　샴페인 잔은 옛날에는 납작한 것을 사용
했으나 요즘은 튤립 형으로 길고 또 좁게 생긴
잔을 많이 사용한다. 튤립 형은 거품(무스)
이 올라오는 것을 더 잘 볼 수 있고 표
면적이 작으므로 탄산가스가 빨리 휘발
하지 않는다.

　샴페인은 서빙할 때에 냉각을 잘 시켜야
맛도 잘 즐길 수 있고 또 코르크 마개를 딸
때에 가스가 넘치지 않는다.

　와인을 만든 후에 다시 2차 발효하는 등 여러
과정을 더 거치므로 와인보다는 샴페인이 일반적으로 비싸다.

뱃사람을
위한 와인

10여 년 전에 "부산을 방문한 미국 해군 장병들과 러시아 상선 선원들이 부산 시내에서 대병(큰병) 소주를 병째로 들고 다니면서 마셨다."는 기사를 본 적이 있다. 그때 '역시 뱃사람들은 술을 마셔도 육지 사람들과는 뭔가 다르게 마시는 문화가 있구나' 하고 생각한 적이 있다.

서양에서는 식사 할 때에 식사주를 즐기다가 식사를 다한 후에는 식후주를 마시는데 이때에 많이 이용되고 있는 와인 중에 포르투갈에서 생산되는 '포트 와인(Port Wine)'이란 것이 있다.

이 와인은 대체로 알코올 도수가 일반 와인보다 높아서 18도 이상이 많으며 산화가 많이 된 와인이다. 그러나 산화취가 과히 기분 나쁘지는 않고 달콤한 맛이 약간 있는 좀 특이한 와인이다.

포트 와인은 와인 양조학적으로 보면 과도하게 산화가 된 불량품인데도 특히 영국 사람들로부터 사랑을 많이 받아왔다. 이 와인은 특별한 유래를 가지고 있다. 영국이 해양대국이 되기 전 중세 때에 세계적인 해양대국은 스페인과 포르투갈이었다. 이때 포르투갈은 해양산업을 발전시키고 이를 바탕으로 신대륙을 발견하고 힘없는 원주민들을 위협 혹은 선무하며 식민지를 넓혀가던 시절의 일이었다.

당시 이들 해양강국들은 많은 선단들을 해외 미지의 나라를 향하여 보내곤 하였다. 그런데 장기간의 항해이므로 이에 대비하여서 많은 주식과 부식들을 배에 실었고, 이와 함께 와인도 상당량을 실어서 보내었다.

실을 다른 주부식도 많을 텐데 무거운 와인까지 배에다 실어 보낸 이유는 도대체 무엇인가? 배가 출항하면 한 며칠 동안은 선원들이 가족과 애인들과의 시간들을 기억하고서, 또 무엇보다 국가를 위해서 뭔가를 한다는 자부심과 애국심 등으로 잘 지내었다고 한다.

그런데 그 이상 시간이 지나면 사정이 좀 달라졌다. 매일 눈 뜨면 보이는 것이 하늘과 바다뿐이니 슬슬 지루하기도 하고, 또 배도 가다가 바람이 불지 않으면 움직이지도 못하니 답답하기도 하고 이런 것 등으로 인하여 스트레스를 많이 받았다고 한다. 특히 남자들만 배를 탔으므로 괜히 티격태격하고 주먹질도 하는 사고가 발생하곤 하였던 것이다.

선장으로서는 이러한 문제를 해결할 수 있는 방안을 찾아야 하였는데 그 대책이 바로 와인이었다. 육지를 떠나서 어느 정도 기간이 지난 후 뱃사람들의 분위기를 파악하여서 슬슬 말썽이 생기기 시작한다고 판단하면 저녁에 와인을 먹이는 것이었다. 와인을 마시고 취한 상태에서 잠을 자고 아침에 일어나면 상당히 기분이 상쾌해지고 또 하루를 지나는데 많은 도움이 되었다. 그러므로 선단의 책임자로서는 주식, 부식 재료뿐만 아니라 와인을 확보하는 것도 아주 중요한 일이었다.

　　아무튼 이렇게 뱃사람들이 와인을 즐기면서 항해를 하였는데 생각지 못한 문제가 생기기 시작하였다. 배에 실린 와인 술통(나무통)은 처음에 마실 때에는 본국에서 마실 때와 비슷하였는데 오크통이 비워질수록 또 시간이 오래될수록 와인 맛이 점점 이상하게 변하여서 나중에는 마시기에 상당히 고약한 술이 되어 버렸던 것이다.

　　길고 긴 항해를 마치고 드디어 다시 항구로 돌아온 후 선단의 책임자가 와인을 실은 사람에게 와인 맛이 금방 변했다고 심하게 항의를 하였다. 그리고 그 이야기는 포도주 공장에도 전해졌다. 포도주 공장의 양조 책임자는 맛이 변하게 된 이유를 나름 생각해 보고서 와인의 오염으로 인하여 맛이 변질되었다고 결론을 내리게 되었다.

그 당시의 과학 기술로는 정확하게 문제점을 찾아낼 수 없었을 것이나 지금의 과학으로 보면 쉽게 설명이 된다. 오크통 속의 와인을 조금씩 뽑아서 마시다 보면 오크통 속의 와인의 양은 줄어들고 그 자리를 공기가 차지하게 된다. 오크 통 속의 공기로 인한 산화 현상과 미생물로 인하여 와인의 오염 현상이 생기고 맛이 변하였던 것이다.

미생물의 오염을 원인으로 판단한 양조 담당자는 그 다음번 항해를 떠나는 선단에는 와인 통을 실을 때에 그 와인 통에다가 와인을 증류한 주정을 양동이로 갖다 부어서 알코올 도수를 높여서 보내었다. 그 결과 알코올이 더 높았기 때문에 와인의 맛은 고향에서 마시던 와인보다는 못하지만 그런대로 그 맛이 상당 기간 더 유지되어 뱃사람들의 불평은 상당히 줄어들었다.

이렇게 미생물의 오염은 예방되어 이로 인한 와인 맛의 변질은 어느 정도 해결이 되었지만 그 후에도 산화로 인한 산화취는 여전히 있었다. 산화문제는 더 이상의 해결 방법이 없었기 때문에 그냥 알코올을 많이 첨가한 와인을 배에 실어 보내는 것이 관습이 되었다. 그 후 뱃사람들은 수 백 년 동안 이런 와인의 맛에 익숙하게 되었고 나중에는 이러한 산화취가 있는 와인 맛을 즐기게 되었다.

이후에 세계 제1의 해양대국은 영국이 되었다. 영국에서는 자체적으로 와인을 생산하지는 않았으므로 이런 산화된 와인을 수입하여 배에 실어 보내었고 영국의 뱃사람들도 이런 와인의 맛을 즐기게 되었다. 나중에 퇴직한 뱃사람들은 그 시절 와인 맛의 향수가 있어서, 또 뱃사람이 아니면서도 이런 와인의 맛을 즐기게 된 사람들을 중심으로 이런 와인의 소비가 많았고 지금도 많이 애용되고 있다.

비슷한 와인이 스페인에서도 생산되고 있는데 셰리(Sherry)라고 하며 알코올이 좀 낮으면서 단맛이 적은 셰리는 식전주로 알코올이 높으면서 단맛이 많은 셰리는 식후주로 많이 이용되고 있다. 이탈리아에서도 비슷한 뱃사람용 와인을 생산하였다. 뱃사람들이 좋아하던 와인이 이제는 고급 레스토랑에서 식후주로 변신하여 사랑을 받고 있다.

요즘에 포트와인을 만드는 방법은 포도 알을 터트린 후 알코올 발효를 하는 도중에 주정(와인으로 만든)을 첨가하여 발효를 중단시키고 이 와인을 오크통에서 숙성을 시킨다. 그런데 숙성기간 중 일반 와인과는 다르게 산화가 되도록 하여 만든다.

포트 와인에는 몇 가지 등급이 있다. 빈티지 간에 블랜딩하여 짧게 숙성시킨 루비(Ruby)와 터니 포트(Tawny Port) 같은 빈티지의 와인을 브랜딩하여 상당 기간 숙성시킨 빈티지 포트(Vintage Port), 한 농장의 포도와 한 빈티지 와인을 사용한 싱글 퀸타 빈티지 포트(Single Quinta Vintage Port) 등이 있다.

포르투갈에서 유명한 포트 와인 생산 회사는 타일러(Taylor), 퀸타도 노발(Quinta do Noval), 워르(Warre), 폰세카(Fonseca), 그라함(Graham), 도우(Dow), 코크번(Cockburn) 등이 있다. 독자 여러분들께서도 식후주가 필요한 경우 포트와인을 주문해 보시기 바란다.

바람난 전령이 만든
독일의 고급 와인

초보자들에게는 와인이 여러모로 어렵게 생각된다. 와인이 어렵게 된 것은 여러 가지 이유가 있으나 특히 프랑스에서 만들어진 어려운 와인 법 때문이고, 또 이를 따라서 만든 유럽의 여러 나라의 와인 법에 기인한 바가 크다.

프랑스, 이탈리아, 스페인 포르투갈 등의 나라들은 같은 라틴계라서 문화가 비슷하고 또 와인의 법도 비슷하다. 독일에도 와인 법이 있는데 독일은 게르만족이라 라틴계의 와인 법과는 사뭇 다르다. 독일 와인 법이 쉬운 것 같으면서도 프랑스 와인 법 못지않게 어렵게 느껴지는데 이러한 독일의 와인 법은 처음에 좀 이상한 연유로 생겨나게 되었다. 그 이야기를 해보도록 하겠다.

독일로 가는 한국의 여행객들이 프랑크푸르트 공항에 도착하여서 대부분 방문하는 관광지가 괴테 하우스가 있는 프랑크푸르트, 황태자의 첫사랑으로 유명한 하이델베르크, 그 다음은 로렐라이일 것이다. 그 로렐라이로 가는 도중에 오른쪽에 요하니스베르크라는 작은 동네를 지나가게 되는데 이야기가 바로 요하니스베르크 동네에서 시작된다.

요하네스베르크에는 '쉬로스 요하니스베르크'라는 성이 있고 이 성은 3 개의 건물로 되어 있다. 하나는 포도주 공장, 하나는 후작이 사는 개인 저택(이 저택의 지하에 포도주 저장실이 있다), 또 하나는 수도원이다.

중세에는 일반인들이 포도주를 만들지 못하였고 또 포도원들도 대부분 수도원들의 소유였다. 이 동네 인근의 많은 포도원들이 모두 이 수도원 소속이었다. 이런 연유로 이 수도원의 수사는 인근에 있는 수도원 소속의 많은 포도원의 관리와 포도주 양조를 책임지고 있었다.

봄철부터 열심히 포도를 재배하고 포도원을 관리하여 가을철에 포도가 익으면 수확을 하였는데, 수확할 때에는 자기 혼자서 알아서 수확 시기를 결정하지 못하고 상당히 떨어진 곳인 풀다에 있는 상급 수도원의 허락을 받아야만 하였다.

이 상급 수도원은 요하니스베르크 이외에도 몇 곳의 수도원을 관할하고 있었다. 하여간 요하니스베르크 수도원의 수사는 가을철에 포도가 익었다고 생각하면 표본이 되는 포도송이를 몇 개 따서 전령 편으로 풀다로 보냈다. 그리고 거기서 포도의 맛을 보는 전문

수사가 맛을 보고 "아직 덜 익었다."라고 하면 전령이 이 말을 요하니스베르크의 수사에게 전달을 하였으며 이 수사는 며칠을 더 기다렸다가 다시 포도송이 샘플을 풀다로 보내었으며 풀다의 맛보는 고수 수사가 승락하면 그때 포도 수확을 시작하였다.

그해에도 예년과 같이 포도가 잘 익어 보여서 요하니스베르크의 수사는 포도송이 샘플을 준비하여 전령에게 풀다에 다녀오라고 시켰다.

그런데 하루 이틀이면 돌아와야 할 전령이 오지 않는 사고가 발생하였다. 며칠을 더 기다려보는데도 전령은 돌아오지 않고 포도원의 포도는 점점 더 익어갔다. 그냥 두었다가는 과숙으로 인한 병, 충해 등으로 인한 피해가 우려가 되는 상황이라 요하니스베르크의 수사는 결단을 내렸다. "내가 책임을 질 테니 오늘부터 포도 수확을 합시다." 하고 수도원 소속 포도원의 포도를 다 수확하여 포도주를 만들었다.

독일도 인근 국가들과 마찬가지로 봄철이 되면 전년도 포도로 만든 와인을 병에 담아서 지하실에 저장해 두고 포도주 공장에서 일하던 사람들이 그때부터는 포도원에 가서 일을 하곤 하였다. 매년 와인을 병에 담을 때쯤이면 상급 수도원에서는 작년에 수확한 포도로 만든 와인의 맛이 어떨까 하고 궁금해 하면서 관할하고 있는 수도원들에 와인의 샘플을 보내라고 지시하였고 가지고 온 샘플들을 시음하였다.

대부분 연세가 지긋한 상급 수도원의 신부, 수녀, 수사들 등 고승들이 큰 테이블에 둘러앉아서 각 수도원에서 보내온 샘플들을 맛보았다. 이 지역에서 재배되는 포도의 품종은 리슬링(Riesling)이라는 거의 한 가지 품종이고, 또 포도의 맛을 본 사람도 한 사람이 맛을 보아서 익은 정도가 다 비슷비슷하였으므로 각 수도원의 와인 맛은 해마다 비슷비슷하였다.

그런데 그 해에는 유독 한 와인이 상당히 향과 맛이 독특한 와인이 있었다. 시음한 모든 사람들이 모두 이구동성으로 이 와인은 맛이 엄청나게 훌륭하다고 하면서 어느 수도원에서 온 와인인지 알아보았다. 그 와인은 요하니스베르크에서 온 와인이라는 것을 알게 되었고, 요하니스베르크에서 와인 샘플을 가지고 온 사람을 불러서 질문을 하였다.

"도대체 이 와인을 어떻게 만들었냐?"

그 사람이 "늦게 수확했습니다(spätlese)"라고 대답했다. 이렇게 하여서 이 '스패트레제'가 생겼다.

이를 시작으로 사람들이 포도를 늦게 수확하면 더 좋은 와인이 된다고 생각하여 점점 더 늦게 수확한 포도로, 다시 말하면 점점 더 잘 익은 포도로 와인을 만들게 되었다. 이렇게 하여 독일에서 더 고급 와인의 등급이 생겨나게 되었는데 그 등급은 다음과 같다.

독일 고급 와인 중에서 스탠더드는 카비네트(Kabinett), 그 위 등급이 위에서 말한 늦게 수확한 스패트레제(spätlese), 그 위 등급은 늦게 수확하면서 잘 익은 송이만을 골랐다는 아우스레제(Auslese), 그 위 등급은 늦게 수확하면서 잘 익은 송이를 고르고 그중에서도 아주 잘 익은 포도 알 몇 개를 골랐다는 베에렌아우스레제(Beerenauslese), 그 위 등급은 늦게 수확하면서 잘 익은 송이를 골라서 그중에서도 잘 익은 알갱이 중에서 건조한 포도 알 몇 개를 골랐다는 트로켄베에렌아우스레제(Trockenbeerenauslese)이다.

트로켄베에렌아우스레세 와인은 병에 걸린 포도로 만든 와인이다. 귀부병(貴腐病)에 걸린 포도로 만든 이 와인이 독일 최고급 와인이고 세계에서 최고급 와인이다. 대부분 화이트 와인이다. 이 귀부 와인과 같은 등급이며 얼은 포도로 만든 와인인 아이스바인(Eiswein)이 생겨나게 되었다.

지금도 이 '쉬로스 요하니스베르크'성의 마당에 가면 심부름 갔다가 바람나서 제때에 돌아오지 못하였던 엉뚱한 그 전령이 아직도 포도송이 몇 개를 들고서 말위에서 내려오지 못하고 있는 조각상을 볼 수 있다.

그 조각상 아래에는 다음과 같은 글귀가 있다. "스패트레제가 여기에서 탄생하다" 혹시 프랑크푸르트 쪽으로 여행을 간다면 얼빠진 전령을 한번 만나 보시기 바란다.

미국 자생 포도로는
와인, 안 만들어!

여름철에 우리가 많이 먹는 까만 캠벨어리 포도로 와인을 만들지 않는다. 캠벨어리 포도는 국내에서 가장 많이 재배되고 있는 품종이나 이 포도로 만든 와인은 수퍼나 마트에서 찾아도 보이지 않는다. 왜일까?

이해를 돕기 위하여 조금 다른 이야기를 해보겠다. 콜럼버스가 미국 대륙을 발견한 후에 메이플라워호를 타고 미국에 건너온 청교도들이 상륙한 곳은 미국 동부 지역이었다. 이후에 많은 사람들이 이주하여 정착을 하였다.

이주자들은 처음에는 유럽에서 가져간 와인을 마셨는데 와인이 워낙 부피도 크고 무거워서 수송하기가 쉬운 일이 아니었다. 그래서 미국에서 와인을 만들기로 하고 주변을 살펴보니 반갑게도 미국에도 자생하고 있는 포도나무가 많이 있었다.

그 포도나무를 길러 가을에 포도를 수확하고 양조하였다. 겨울철에 와인을 앙금분리를 하고 숙성하는 와인을 보니 색상이 상당히 좋은 와인이 되었다. 그러나 마시려고 냄새를 맡아 보니 향은 상당히 거북하고 고약하였다.

유럽에서 마신 와인들은 상당히 우아하고 고상한 과일 향과 부케가 있는데 미국 자생 포도로 만든 와인은 도저히 마시기가 어려운 향이었던 것이다.

그때 사람들이 이런 냄새를 폭시(Foxy)한 향이라고 불렀다. 대부분의 미국의 자생 포도 품종은 대부분이 이런 고약한 폭시 향이 있다.

유럽이 원산지이고 익숙하면서 우아한 향의 포도 품종들을 비티스 비니페라(Vitis Vinifera)라고 하며, 미국이 원산지이면서 상당히 특이한 향이 있는 포도 품종들은 비티스 라브루스카(Vitis Labrusca) 등으로 부른다.

신대륙 이주자들은 미국 자생 포도로 만든 와인은 냄새가 너무 자극적이

기 때문에 와인으로 마시기 어려우므로 하는 수 없이 유럽의 포도 묘목을 수입하여 와인을 만들기로 하였다.

유럽에서는 포도를 수확한 후 겨울철에 포도나무 가지치기를 하는데 이때 잘라 놓은 가지를 모아서 보내주면 되므로 전혀 어려운 일이 아니었다.

이주자들은 유럽에서 보내온 묘목을 봄에 심고서 정성껏 보살펴서 잘 자라고 있었다. 그런데 미국 동부 겨울의 혹독한 추위에 묘목이 그만 다 얼어 죽어 버렸다. 혹시 잘못 관리를 했나 싶어서 몇해를 더 시험 재배를 해보았으나 마찬가지로 겨울 동안 모두가 얼어 죽어 버렸다.

미국 자생 포도로 만든 와인은 고약한 냄새 때문에 마실 수가 없고, 유럽에서 가지고 온 묘목은 추위에 다 얼어 죽어 버리니 유럽에서 와인을 수입해서 마시는 수밖에 없었다.

그러는 동안에 세월이 흘러서 미국 동부 해안 지방에 이주한 이민자들이 점점 남쪽으로 내려가서 살게 되었고 그즈음에 캘리포니아에 금광이 발견되었다는 뉴스가 전국에 퍼졌다.

소식을 접한 사람들이 너도나도 캘리포니아로 모여들기 시작하였다. 금광을 찾아 온 사람뿐만 아니라 새로 생긴 식당과 호텔 등이 일하는 사람들도 모여들어서 마을과 도시들이 생기게 되었다.

금광을 발견하지 못한 대부분의 사람들이 고향으로 돌아가지 못하고 캘리포니아에 주저앉아 살게 되었다. 그중에는 유럽에서 포도를 재배하던 사람들도 있어서 이들을 중심으로 캘리포니아에서 포도를 재배하였다. 그런데 동부와는 다르게 서부는 겨울에 춥지도 않고 온화하여 포도재배에 적합하므로 고약한 냄새 나는 미국 자생 포도를 사용할 필요가 없었다.

미국 서부에서는 유럽 포도나무로 포도원을 조성하고 와인 산업이 크게 번창하였다. 그런데 이 유럽 포도나무들을 원래 미국에 있던 '피록세라'라는 해충이 공격하면서 유럽에서와 같이 캘리포니아에서도 포도원들이 모두 황폐하게 되었다.

포도 품종에 대해서 조금 더 이야기해 보겠다. 미국 동부에서는 유럽 품종은 추위 때문에 못 살고, 추위에 잘 견디는 미국 품종은 냄새 때문에 와인을 만들어도 안 팔리니 미국 서부에서 생산된 와인을 가지고 올 수 밖에 없었는데 교통이 불편하던 옛날에는 운반이 쉬운 일이 아니었다.

미국 동부에서 포도 재배 농가들은 포도를 재배하여 주스나 건포도를 만들고 있었으나 와인을 생산하려고 많은 연구와 노력을 하였다. 폭시한 향이 나는 미국 포도를 좀 더 우아한 향이 나는 포도로 개량하기 위해 육종학자들이 연구를 거듭하여서 유럽 품종과 미국 품종 간의 교잡종을 많이 만들었다.

여기에 쓰인 방법은 포도 가지를 접붙이기 하는 방법이 아니고 포도 꽃의 암술과 수술에 꽃가루를 묻혀서 새로운 품종을 만들어 내는 방법이다. 이 방법은 대체로 부모의 특징을 같이 가진 것, 부계의 특징을 가진 것, 모계의 특징을 가진 것, 전혀 엉뚱한 다른 특징을 가진 것 등이 나오게 된다.

이렇게 하여 향이 유럽 포도와 같이 우아하면서 겨울의 추위에도 잘 얼어 죽지 않은 품종들이 많이 탄생하였다. 미국 동부지방에서는 비티스 비니페라 특징을 가진 교잡종 포도들을 재배하여서 와인을 만들게 되었다.

이렇게 유럽 포도와 미국 포도 사이에서 육종하여 태어난 포도 품종들을 요즘에 툭하면 사용되는 단어인 하이브리드(Hybrid)라고 한다.

프랑스 품종과 미국 품종 사이에서 육종된 품종을 프랜치 어메리칸 하이브리드(french american hybrid)라고 한다. 과거에 국산 와인인 마주앙을 만들 때에 사용된 포도 품종에 리슬링(Riesling)과 사이벨(Seibel) 두 가지가 있었다. 리슬링은 세계적으로 유명한 독일 화이트 품종으로 비티스 비니페라이고, 사이벨은 미국에서 육종된 프랜치 어메리칸 하이브리드이었으나 향은 상당히 우아한 품종이었다.

우리나라에서 여름철에 생식용으로 많이 먹는 포도인 캠벨어리(Campbell Early)도 프랜치 어메리칸 하이브리드로 알려지고 있다.

이런 품종들은 생과일용으로 사용되나 좋은 와인이 되기는 어려운 품종이다. 유럽에서는 이렇게 유럽 품종과 아메리카 품종과의 교잡종으로는 와인을 만들지 않고 유럽 단일 품종 혹은 유럽 품종끼리의 교잡종으로 만들어진 포도로 와인을 생산하고 있다.

포도 알이 너무 크기는 하지만 물론 캠벨어리도 와인을 만들 수는 있다. 캠벨어리뿐 아니라 모든 포도는 와인을 만들 수 있다. 그러나 유럽의 양조용 포도로 만든 와인이 세계 시장을 석권하고 있고 소비자들도 그러한 향과 맛에 길들여져 있기 때문에 캠벨어리와 같은 포도로 만든 와인은 경쟁력이 없다. 따라서 매장에서 보이지 않는 것이다.

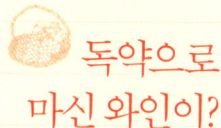

독약으로
마신 와인이?

와인이 자연적으로 만들어진 역사와 인간이 와인을 만들어 마신 역사는 구분해서 생각해야 한다. 와인이 자연적으로 만들어진 역사는 앞에서 설명한 바와 같이 인간이 알아낼 수 없을 정도로 오래되었다. 인간이 언제부터 와인을 만들어 마셨느냐에 대해서는 이런저런 가설들이 많다. 이 역사에 대해서 우리 나름대로 상식적으로 생각해 보도록 하겠다.

최근에는 와인에 관한 연구와 기사 등이 넘치도록 많다. 그러나 옛날로 갈수록 와인에 관한 기록은 많지 않다. 고대 로마시대, 고대 이집트, 고대 그리스 등의 시대나 그 이전의 시대로 거슬러 올라가서 오랜 옛날 기록이 남아 있으면 그 기록을 연구해서 연대를 알아볼 수 있을 것이다.

와인이 거론되는 옛날 책 중에서도 구약 성경이 상당히 오래된 책이 아닌가 생각한다. 구약 성경의 창세기에 보면 "노아가 홍수 후에 포도원을 만들고 포도주를 만들어 마시고 실수를 하였다"는 내용이 나오는데 안타깝게도 이 이야기는 그 정확한 시기를 알 수가 없다.

왜냐하면 구약 성경의 처음 시작인 창세기는 모세가 기록했다고 알고 있는데 그 시기가 대략 기원전 1450년경이다. 좀 더 거슬러 올라가서 아브라함의 가나안 이주 시기가 기원전 2091년으로 알려지고 있다. 그러나 노아의 홍수 시대는 아브라함에서 한참 더 오래된 시기이며 연대를 알 수 없는 시기이다.

구약 성경보다도 더 오래된 책이 있을 수도 있고 또 와인에 대한 이야기가 기술되어 있다고 하더라도 기록에 의한 와인의 역사는 최대한 멀리 거슬러 올라가 봐야 결국 인간이 문자를 사용하기 시작한 시기로 생각할 수 있는데 그때부터 와인 이야기를 기록했다고 한다면 인류 문명의 발생 시기인 기원전 3000년 정도가 된다고 생각한다.

그러나 문자를 사용하기 전의 선사시대에도 포도를 재배하고 와인을 만들어서 마셨다는 사실이 밝혀지고 있다. 포도주를 담았던 항아리, 포도 압착기, 와인 잔 등 오래된 유물을 발견하여 탄소연대측정 등의 방법으로 그 시기를 알아보았는데 그 시기가 기원전 4000년이라고 한다. 그런데 세월이 지날수록 점점 더 오래된 유물들이 발견되고 있다.

현재까지 발견된 가장 오래된 유물은 프랑스나 이탈리아 등의 지역이 아닌 그루지아에서 발견된 포도 압착기로서 기원전 8000년경의 것으로 알려지고 있다.

구약 성경에는 노아의 방주가 홍수 후에 물이 빠지고 내려앉은 곳이 아라랏 산이라고 나와 있는데 이 아라랏 산은 지금의 터키에 있는 아주 높은 산의 이름이고 그루지아는 터키에서 멀지않은 곳에 있는 나라이다. 우연의 일치라고나 할까 아무튼 그쪽 지방이 포도주의 원산지와 관련이 많다고 생각된다.

역사적으로 지구가 빙하기를 거치면서 그 전에 있던 수많은 포도 품종들이 얼어 죽고 살아남은 포도 품종들이 현재의 와인을 만드는 양조용 포도의 조상이 되었는데 터키나 조지아 지방에서 살아남았던 포도가 양조용 포도의 원조가 되지 않았나 생각된다. 이러한 생각은 어디까지나 가설이다. 세월이 지나서 다른 지방에서 더 오래된 유물이 발견되면 와인의 역사와 발생지는 바뀔 수도 있는 것이다.

아주 오래된 고대 페르시아의 와인 이야기를 하나 소개하겠다.

페르시아의 셈시드 왕은 궁궐에 포도원을 만들어 놓고 여기에서 재배된 신선한 포도를 즐겨 먹었다. 잘 익은 포도는 붉은 색도 진하고 맛도 아주 좋아서 애용하였다고 한다.

포도 수확기가 지나서 너무 늦게까지 두면 포도가 병도 들기 때문에 상당히 익었다고 생각이 되면 그때에 "모든 포도를 따서 큰 통에 담고 지하실에 저장하여 두었다가 나중에 먹을 수 있도록 하라."고 지시하였다.

그런데 큰 통에 담아둔 포도송이 중에서 아랫부분에 있는 포도는 위에 있는 포도의 무게 때문에 터져서 포도 주스가 나오게 되었다. 그러자 이 주스들이 발효되었고 포도 향과 효모 향 등이 나와서 지하실을 가득 채우게 되었다.

이 시기에는 발효라는 것을 모르던 시대라 사람들은 이 이상한 향이 왕을 독살해서 죽이려는 악령들의 소행이라고 생각하였다. 이러한 소문이 퍼지니까 왕도 두려워하여서 아예 지하실을 폐쇄시키고 사람들의 접근을 금지시켰다. 궁궐 내의 사람들은 정말로 악령들이 있는 줄로 믿고 무서워서 아예 그 근처에는 얼씬도 하지 않았다.

어느 날 왕비(일설에는 후궁)가 갑자기 심한 두통으로 괴로워하였다. 너무나도 아파서 고통을 받느니 차라리 죽는 것이 났겠다고 생각하고 주변을 정리하고 죽기 위하여 사람들의 통행이 금지된 지하실로 내려갔다.

악령들의 두려움을 느끼면서도 그는 악령이 만든 독약을 마시고 누워서 조용히 죽기를 기다렸다. 드디어 그는 의식이 몽롱해지는 것을 느꼈고 조용히 죽음을 맞이하였다. 오랜 시간이 지난 후에 저승인줄 알고

일어나서 컴컴한 곳을 자세히 둘러보니 어찌된 일인지 자기가 죽었던 궁중 지하실이었다.

그런데 어찌된 일인지 그렇게도 고통스럽던 두통은 말끔히 사라지고 날아갈 듯 기분이 상쾌하였다.

가만히 생각해 보니 자기가 마신 것은 독약이 아니라 두통을 없애주고 기분을 맑게 해주는 신비로운 액체라는 것을 깨닫고 왕에게 나아가서 자초지종을 설명하면서 "악령은 없고 독약으로 알던 것이 신비로운 영약이니 왕도 한번 마셔 보시라"고 권하였다.

악령의 독약을 마시고도 멀쩡하게 살아 있을 뿐 아니라 건강하게 서 있는 왕비의 모습을 보고 왕도 자신감을 가지고 이 악령이 만든 독약을 마셔보기로 하였다. 마시고 나니 죽기는커녕 처음으로 느껴보는 뭔가 이상야릇하고 몽롱한 느낌과 함께 상당히 기분이 좋아지는 것은 알 수 있었다.

그 후부터 왕은 이 독약을 자주 애용하게 되었고 처음에는 임금이 혼자서 즐겼으나 영악한 신하들도 하나 둘 왕이 모르게 훔쳐 마시다가 나중에는 많은 사람들이 이 신비의 음료에 대하여서 알게 되었다.

이렇게 하여서 포도로 만든 액체가 두통을 없애 주고 기분을 좋게 하는 기가 막힌 신비의 음료로 알려지게 되었다. 그 당시에는 와인이라고 부르지도 않았고 그냥 신비의 음료로 알려지면서 많은 이들이 와인을 만들어 마시게 되었다고 한다.

박정희 대통령의
지시로 태어난 와인

　와인 애호가들로부터 많이 받아보는 질문이 하나 있는데 바로
우리나라의 와인 역사에 관한 것이다. 동호인 모임이나 인터넷 등
으로 외국의 와인 역사는 꽤 많이 알고 있으나 정작 우리나라의 와
인 역사에 대해서는 잘 모르고 있는 것이 현실이다.

　저자는 1974년 동양맥주 포도주공장 건설본부에서 근무하면서
와인에 입문하여 한국 포도주 산업의 초창기부터 일해 온 사람이
다. 적어도 와인 업계에서 일하고 있는 사람들이나 와인 애호가들
은 아주 오래된 역사는 아니더라도 우리나라의 근대 와인 역사에
대해서 아는 것이 필요하다고 생각하여 여기에 소개하려 한다.

　근대 한국에서 와인 산업은 불모지였다. 1968년 농어촌개발공
사와 일본 산토리사가 합자하여 한국산토리(주)를 설립함으로써

와인을 생산하기 시작하였다. 그러나 판매가 부진하였고 이 회사는 나중에 해태주조에 인수되었는데, 그 후에도 판매는 신통치 못하였다.

1970년대 초 우리나라는 아시아에서뿐만 아니라 세계에서도 손꼽힐 정도로 가난한 나라 중 하나였다. 일자리가 부족해 실업자들이 많았고, 대학교를 나와도 취직을 못하고 노는 사람이 부지기수였다. 당시 이런 사람들을 가리켜 룸펜(lumpen)이라고 불렀다. 요즘에도 많은 대학 졸업자들이 졸업과 동시에 백수로 전락한다고 하는데 당시에는 대학 졸업생의 수도 적으면서 취업을 못하는 사람이 대부분이었다.

또 식량이 부족하여서 봄철이면 춘궁기라 하여 서민들은 굶기를 밥 먹듯이 하던 어려운 시절이었다. 요즘의 젊은이들은 이해를 하지 못한다고들 하던데 이 시절을 살아왔던 사람들은 아마도 아픈 추억을 가지고 있을 것으로 생각된다.

이 시기에도 막걸리, 소주 등의 술을 마셨는데 이런 주류들을 만들 때 사용한 원료가 서민들은 못 먹어서 굶어 죽던 그런 귀한 곡류들이었다. 물론 당시에는 곡류를 대체하는 전분 물질 등을 일부 사용하였으나 외환 보유가 많지 않던 시대라 정부 차원에서 시급하다고 정하는 물품 이외의 상품을 수입하는 것은 아예 불가능에 가까웠으므로 주로 국내에서 생산한 곡류를 사용하여서 주류를 만들었다.

경제적으로 어려운 시기에 가난한 국민들에게 애정과 관심을 많이 가졌던 박정희 대통령께서 서민들은 춘궁기에 못 먹어서 굶어 죽는 사람도 있는데 사람이 먹을 수 있는 곡류로 술을 담근다는 보고를 받고 이를 시정하라고 지시하였다고 한다. 이에 따라 나온 것이 바로 '국민주 개발 정책'이었다.

이 정책의 요지는 "곡류는 국민들의 식량으로만 사용하고 술은 곡류가 아닌 다른 것으로 만들어서 모든 국민이 마시는 술(국민주)로 하여 국민들의 양식 문제를 해결하려는 것"이었다.

박정희 대통령의 지시는 경제적으로 어려웠던 시대상을 잘 반영하는 정책으로 청와대에서 계획을 세우는 데 저자도 몇 번 참가하여 내자호텔에서 청와대 비서관들과 보고서를 만들었던 기억이 난다. 이때 추진했던 국민주 개발 정책의 핵심이 바로 국산 포도주 생산이었다.

비옥한 땅에서 재배되는 곡류와는 달리 포도는 척박한 땅에서도 잘 재배되는 작물이다. 따라서 비옥한 땅과 평지와 야산 등에는 곡류를 심어서 식량으로 사용하고 척박한 곳에는 포도를 심어서 이것으로 포도주를 만들어 국민주로 사용하여 술 원료 문제와 부족한 식량 문제를 해결하자는 내용이었다.

처음 이 사업에 참여했던 기업이 동양맥주(주), 백화양조(주), 해태주조(주) 3사였다. 이 회사들은 각각 영남과 호남에서 하천 부지나 산지 등을 개발하여서 몇 만 평 혹은 몇 십 만 평씩의 포도원을 조성하였고 사이벨(Seibel)과 리슬링(Riesling) 등의 양조용 포도 묘목을 도입하여 재배하였다.

특히 동양맥주의 포도주 공장은 새마을 공장으로 지정을 받아서 건설하였다. 당시 공장 건설에는 지금보다 더 많은 각종 인허가 서류 등이 필요하였다. 하지만 새마을 공장의 건설에는 여러 가지 어려움들을 주무부서가 아니지만 중앙정보부에서 앞장서서 해결해 주었고 또 주기적으로 방문하여 애로사항을 파악하는 등의 적극적인 지원을 해주었던 기억이 난다.

초기 3사 중에서 동양맥주의 마주앙 공장은 독일의 양조 기술과 현대식 기계를 수입하여서 와인을 만들었으며, 그 후 마주앙은〈워싱턴 포스트〉에 기사로 나오는 등 세계적 수준의 와인으로 그 품질을 인정을 받게 되었다. 이렇게 생산된 와인이 동양맥주의 마주앙, 해태 노블 와인 등이었다.

박정희 대통령께서는 국민주의 생산뿐만 아니라 뒤에 관리도 잘 하셨다고 알려지고 있다. 전해들은 말로는 박정희 대통령께서 청와대에서 "마주앙을 공식 만찬 와인으로 사용하라."고 지시하였다고 한다. 이후 외국 정상들의 한국 방문 시에는 청와대에서 만찬을 개최할 때마다 꼭 마주앙을 "스테이츠 와인(공식 만찬주)"으로 사용하였다.

또 박정희 대통령께서는 국무위원들과 도지사 등과의 식사 모임에서도 마주앙을 따르면서 "한국에서 만든 세계적인 와인"이라고 칭찬하셨다고 한다.

박정희 대통령 이후의 대통령들께서도 마주앙을 청와대에서 만찬 때에 공식적으로 사용하는 와인(스테이츠 와인)으로 애용해 주셨다는 말을 전해 들었다.

청와대의 만찬에 참석했던 장관, 도지사들은 돌아가서 휘하의 실장, 국장들과 회식을 하면서 "각하께서 칭찬하던 와인"이라고 하면서 마주앙을 마셨다. 그리고 이들 실장, 국장들은 다시 같이 근무하는 과장들과의 회식에서 마주앙을 마시면서 "각하께서 최고"라고 칭찬하던 와인이라면서 마셨다고들 한다.

이렇게 하여 마주앙은 공무원 사회에서 위에서 아래로 전파되었다. 와인이 뭔지도 모를 그 시기에 우리나라의 공무원들은 상당히 시대에 앞서 가면서 와인 문화를 즐겼다. 다만 그때 그 분들은 와인을 즐긴다는 것보다 아마도 갖다 부었던 수준이 아니었나 생각한다.

이상하게 들리지만 당시 오비 맥주 회사에서는 맥주를 판매하느라 또 영업 사원이 와인을 잘 알지 못하여서 와인의 판매에는 신경을 쓰지 못하고 있었다. 그런 상황에서 고맙게도 공무원들이 대신해서 마주앙을 팔아주었다고 볼 수 있다.

경제적으로 어려웠던 시절이라 "곡류로는 배고픈 국민들의 배를 채우는 데 전량 사용하고 술은 곡류가 아닌 포도로 만들어서 모든 국민들이 마시도록 하자."는 나라사랑과 서민사랑의 취지에서 탄생한 이 국산 포도주가 출하만 되면 바로 국민주가 되고 엄청 잘 판매될 것으로 생각하고 저자도 상당히 기대를 하였다.

그런데 기대와는 달리 생산 초기에는 전혀 국민적인 관심을 받지도 못하였을 뿐 아니라 별로 팔리지도 않았다.

수천 년 이어오는 우리나라의 주류 문화에 서양의 와인 문화가 하루아침에 자리 잡을 것이라고 생각하는 자체가 우물가에서 숭늉을 찾는 성급한 생각이 아니었는가 생각된다.

하여튼 초기에 마주앙은 판매 부진으로 어려움을 겪게 되었다. 그러자 오비맥주에서는 마주앙을 맥주에 끼워 팔기를 하는 등으로 노력을 하였고 또 공무원들이 많이 선전해 주어서 어려운 시기를 지나게 되었다.

그동안 미미하게 증가하던 와인 판매량은 1980년대 초반부터는 급격하게 증가하는 추세로 돌아서고 마주앙 공장을 포함한 국산 와인 공장들은 증설하기에 바빴었다.

86 아시안 게임과 88 올림픽을 거치면서 우리나라의 경제가 발전하였고 또 외국과의 교류가 많아지면서 필연적으로 서양문화가 우리의 문화에 들어오는 등 세계화의 결과가 아니었나 생각한다.

그러나 국산 와인의 호시절도 88 서울 올림픽을 기점으로 끝나고 말았다. 88 올림픽을 전후하여 와인 수입이 자유화되어 세계적으로 유명한 와인이 수입되었는데 외국 와인을 선호하는 애호가들이 많아지면서 수입 와인의 판매는 급격하게 늘어났고 반대로 국산 와인의 판매는 급격하게 감소하였다.

1990년 최고를 기록한 이후 국산 와인의 판매는 매년 감소하여 1996년에는 1990년 대비 절반으로 줄었고 그 이후에도 계속 감소하여 지금은 아마도 1/10 정도로 줄어들었을 것으로 생각된다.

국산 와인 생산 회사들은 외국 와인의 수입 홍수 속에서 그 격량을 견디지 못하고 모두 다 쓰러지고 한국은 국산 와인이 없는, 와인 세계에서의 후진국이 되고 말았다.

이렇게 하여서 박정희 대통령께서 살려놓은 국산 와인의 싹은 열매를 맺지 못하고 수입와인의 판매가 증가하면서 역사의 뒤안길로 사라져 버렸다.

(국산 와인은 한국에서 재배한 양조용 포도로 만든 와인을 말하며 시중에 유통되지 못하는 천주교에서만 사용하는 미사주는 아직도 국산이다.)

눈 감고도 와인을
알아맞히는 귀신들

　얼마 전에 모 TV 프로그램에 와인 전문가라는 사람들이 나와서 상표를 가린 와인들을 시음하고 나서 "이 와인은 어느 회사의 몇 년도 무슨 와인이다." 라고 알아내는 것을 보았다. 이것을 본 많은 사람들이 "야, 그 대단한 사람이다. 귀신같이 맞추네."라고 감탄을 하였다. 이 프로그램을 본 여러 사람들이 "이게 가능한 일이냐?" 고 저자에게 물어왔던 기억이 있다.

　독자들 중에서도 이점을 궁금하게 생각하는 사람이 있을 것이다. 한마디로 말하면, 사전에 아무런 정보도 없이 와인의 상표를 가리고 불쑥 내어 놓고 "어느 회사의 몇 년도의 어떤 제품이냐?" 알아내라고 한다면 맛만 봐서는 그 어느 누구도 알아내는 것은 불가능하다.

저자가 와인 강의를 할 때 "지구상에는 몇 종류의 와인이 있나요?" 하고 물어보면 어떤 사람은 1만 종, 어떤 사람은 100만 종, 어떤 사람은 1억 종 등으로 대답을 한다.

지구상에는 매년 수백억 병의 와인이 생산되고 있겠지만 정확히 그 수를 아는 사람은 없다. 나라별로 또 지역별로 수많은 포도주 공장들이 있고 이들 각 공장에서는 여러 가지의 제품들을 생산하고 있다.

큰 와인 공장에서는 탱크 하나에서 수만, 수십만 병의 와인을 생산한다. 이 수만, 수십만 병의 와인은 한 탱크에 들어 있으므로 한 종류의 와인이라고 가정할 수 있다. 물론 탱크의 아랫부분과 윗부분의 와인이 엄밀히 보면 같지 않다고 볼 수 있겠지만, 일단 한 가지 와인이라고 생각하자.

이들 와인이 병에 담아져서 출하되고 유통 회사를 거쳐서 최종 소비자의 손에 도착하면 같은 종류의 와인은 많아야 한두 상자 아니면 몇 병이 대부분일 것이다. 만약에 소장자가 이들 와인을 서로 다른 곳에 보관한다면 그때부터는 보관 조건이 다르게 되고 이런 상태로 어느 정도의 기간이 지나면 맛이 다르게 변하여 수 만 병의 와인은 각각 다른 와인이 된다.

이렇듯 와인은 보관 조건이 달라지면 서로 다른 와인이 되기 때문에 공장에서 한 탱크의 와인을 같은 날 병에 담았다고 하더라도 나중에는 각각 다른 와인이 된다.

이렇게 극단적으로 생각하면 "지구상에 있는 와인 병의 숫자만

큼의 와인 종류가 있다."라는 결론을 얻게 될 것이다.

전 세계에서 1년에 생산되는 와인은 병으로 대략 300~400억 병이다. 매년 생산된 와인 중에서 다 소비되지 못하고 보관되는 와인을 감안하면 지구상에 있는 와인 병의 수자는 대략 수백억 내지 수천억 병이라고 추측된다.

이렇게 수많은 와인 중에서 듣지도 보지도 못한 와인을 상표를 가리고 맛을 보게 한 다음 "무슨 와인이냐?"고 묻는다면 무슨 수로 회사와 제품 이름을 알 수 있겠는가? 모르는 것이 정상이다.

혹시 한번 마셔 본 와인을 내어 놓고 테스트를 한다고 하더라도 오래전에 마신 와인이라면 기억해 내기가 불가능하다. 왜냐하면 오래전에 마셨던 그 와인도 시간이 지나면 맛이 변해 다른 와인이 되어 있기 때문이다. 뿐만 아니라 사람이 컴퓨터가 아닌 이상은 오래전에 마신 와인들의 맛과 그 이름을 제대로 기억하는 것은 불가능하지 않은가?

오래전이 아니고 바로 어제 마셔 본 와인을 다시 테스트한다면 조금은 가능성이 있을 것이다. 그러나 이 경우도 와인의 맛이 조금이라도 달라져 있다든지 혹은 마시는 시간과 장소가 다르든지 또 맛보는 사람의 컨디션이 다르든지 하면 이 또한 불가능하다.

오래전에 외국의 TV에서 했던 비슷한 내용의 프로그램이 있었다. 지금 기억으로 약 10종류의 와인을 미리 알려주고 난 후 일정 기간을 주어서 시청자들이 그 와인 10종을 사다가 집에서 열심히 연습을 하도록 하였다. 그리고 난 후에 정한 날에 자신이 있는 사

람들이 프로그램에 나와서 상표가 가려진 와인 10종을 맞히는 시합을 한 일이 있었다. 여러 번의 시합을 하였으나 결국 다 맞히는 사람이 없었다.

와인을 미리 알려주고 시합을 하였으니 정답을 맞히는 사람이 있을 법도 하지만 못 맞히는 것은 시합에서 사용한 와인과 시청자들이 구입해서 연습했던 와인은 같은 회사의 같은 연도의 제품이더라도 보관 조건이 모두 다르기 때문이다. 연습은 열심히 했지만 실제로는 다른 와인으로 연습하였던 것이고 시음하던 장소와 시간 또 본인의 컨디션이 다르므로 다른 와인으로 느껴지는 것이다.

세계적으로 최고의 소믈리에를 뽑는 시합에서도 구체적으로 어떤 회사 몇 년도의 어떤 제품인지를 알아내게 하는 것이 아니고 "어떤 지역에서 몇 년도에 생산된 와인이냐?" 정도이다. 생산 지역도 대부분 유명한 지역으로 한정하고 수십 년 전에 생산된 와인이 아니라 최근에 생산된 것에서 출제를 하고 있다.

프랑스의 약 500개의 A.O.C. 와인을 각 생산 지역과 생산 연도와 회사별로 와인 맛을 다 보고 그 특징 등을 머리에 입력해 두고 있다가 이 와인들의 이름을 불러오는 컴퓨터 같은 인간은 세상에 없다. 독자들도 앞으로 와인을 맛보고 척척 맞히는 TV 프로그램을 보면 "와, 대단하다. 나도 저렇게 할 수 있으면 좋겠다."라고 부러워할 필요 없고, "재미있게 하기 위하여서 각본대로 하는구나"라고 생각하면 되겠다.

와인 스캔들

'스캔들'이라고 해서 와인의 역사 속에 있었던 남녀 간의 이야기가 아니고, 와인에 얽힌 사건과 사고들을 이야기할까 한다.

가장 오래된 사건은 아무래도 고대이집트와 고대로마 시대에 있었던 와인에 물을 탄 사건들일 것이다. 당시에는 알코올 도수를 잴 수도 없던 시대라 물을 타서 양을 늘려도 소비자들이 눈치를 챌 수가 없었다. 또 당시에는 와인의 알코올이 높아서 물을 타서 마시는 것이 일반적이었던 시대이니 물을 타서 파는 사건이 많았을 것이다. 또 요즘같이 고객이 보는 앞에서 와인 병을 따는 것이 아니었다. 와인 병이 요즘보다는 아주 커서 여러 사람에게 따라주는 것이 일반적이라 손님들이 보지 않는 곳에서 주인이 몰래 물을 탈 수 있는 일이라 상상된다.

옛날에 군대에서 비슷한 일을 경험한 적이 있다. 부대 PX에 막걸리 차가 왔다 가면 PX에 근무하는 사병이 몰래 막걸리 단지에 양동이로 물을 부어넣고 휘휘 젓는 것을 본 일이 있었다.

자고로 술과 관련해서는 장난치는 사람들이 많았다고 생각된다. 애교로 봐 줄 수 있는 이러한 소규모의 장난이 아니고 좀 큰 사고를 친 사건의 경우에는 국제적인 비난을 받게 된다.

1985년 오스트리아에서 와인에 사용될 수 없는 물질인 '디에틸렌글리콜(diethylene glycol)'이란 물질을 첨가하였다는 조사 결과가 나와서 유럽과 전 세계를 경악시킨 사건이 발생하였다. 사건의 발단은 이렇다.

독자들께서도 알다시피 포도는 재배하는 해에 따라서 일기가 좋은 해에는 잘 익어서 품질이 좋은 포도가 생산되고 작황이 나쁜 해에는 잘 익지 않은 포도가 생산되는 등 매년 포도의 작황이 다르다. 포도가 잘 익지 않고 품질이 떨어지면 이런 포도로 만든 와인은 당연히 품질이 떨어질 수밖에 없다.

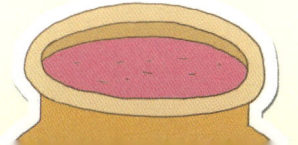

그해는 작황이 나쁜 해이어서 주변 국가들에서는 낮은 등급의 와인을 많이 생산하였는데 오스트리아에서는 그 해에도 좋은 와인을 생산하니 이웃 나라의 포도 재배 농민들이 의심을 가지게 되었다.

국제 와인 시장에서 판매에 어려움을 받던 주변 국가들의 와인 회사들이 이해할 수 없는 이 사태를 규명하려고 와인을 분석해 보니 놀랍게도 와인에는 당연히 있을 수 없는 물질인 '디에틸렌글리콜'이 검출되었던 것이다.

디에틸렌글리콜이란 물질은 자동차 등에서 부동액으로 겨울철에 많이 사용되고 있다. 이 물질은 약간 단맛이 있으며 특히 상당히 감미로운 향이 있는 물질이나 인체에는 아주 위험하다.

포도가 잘 익지를 못 하여서 양조한 와인의 향과 맛이 좋지 않았기 때문에 오스트리아 포도주 공장들이 비밀리에 디에틸렌글리콜을 약간 섞어서 향이 좋고 맛이 부드러운 와인을 만드는 말도 되지 않는 범죄를 저질렀던 것이다.

이 사실이 공표되니 그동안 오스트리아 와인을 수입한 세계 각국에서는 문제의 와인뿐만 아니라 오스트리아 와인 전체를 믿지 못하겠다고 나섰다. 그리고 모든 오스트리아 와인을 수거하라고 강력하게 요구하여 전 세계 와인 산업계를 발칵 뒤흔드는 엄청난 사건으로 커졌다.

이렇게 하여 와인의 판매에 치명적인 타격을 입은 오스트리아 와인업계는 사건의 전말을 밝히고 일부 와인 공장에서만 있었던 일이라고 설명하고 사과하는 등 사고를 무마하기에 전력을 다하였다. 그러나 오스트리아 와인이 세계의 와인 소비자들로부터 신뢰를 회복하는데 여러 해가 걸렸다.

이웃 일본에서는 그러한 사실을 전혀 알지 못하고 이 와인을 수입하여서 판매하였던 한 유명한 수입회사는 일본의 와인 소비자들의 거친 항의와 손해배상 등의 문제로 문을 닫기도 하였다. 당시에 우리나라에서는 정식으로 와인을 수입하지 못하던 때라 알려지지 않고 지나간 일이었다.

이 오스트리아 와인 스캔들은 세월이 지나도 기억 속에서 잘 지워지지 않고 와인 업계에서 무슨 일만 터지면 다시 생각나게 하는 사건이었다.

1986년에는 이탈리아에서 사고를 쳤는데 이탈리아 북부 와인 산지에서 생산되는 저가의 '바르베라' 와인이 문제였다.

바르베라 와인을 마신 사람 중에서 22명이 죽고 90명이 병원에 입원한 사건이 발생하였다. 이 와인을 검사하니 법적으로는 0.3% 이하 정도로 아주 미량밖에 검출되지 않아야 하는 '메틸알코올'이 무려 5.7%나 포함된 것으로 밝혀졌다.

원래 와인을 발효시키면 에틸알코올이 생성되는데 정상적인 발효에서도 100% 에틸알코올만 생산되는 것이 아니고 아주 미량의 메틸알코올, 알데하이드 등도 생긴다. 발효는 여러 종류의 효모가 하는 것이라 이놈들이 부산물로 이런 저런 물질도 만들기 때문에 와인과 맥주를 포함한 모든 발효주에는 미량의 메틸알코올이 들어 있다.

이 사건이 발생했을 때에도 전 세계에 판매된 이탈리아 와인들이 반품되는 대소동이 있었다. 메틸알코올을 물에 타서 술이라고 마셔서 사고가 발생한 것은 여러 후진국들에서 가끔 있었던 일이었다. 우리나라도 예전에 시골 잔치에서 공업용 메틸알코올에 물을 섞어 마신 사람들이 죽기도 하고 입원도 하는 등의 사건이 있었다. 메틸알코올은 미량은 아무런 해가 없으나 많이 마시면 실명이 되고 더 많이 마시면 생명을 잃게 되는 물질이다.

1986년 4월에 발생하였던 체르노빌 원자력 발전소의 폭발 사고를 독자들도 알고 있을 것이다. 이 사고에서 발생한 방사능 낙진 등이 바람과 구름을 타고 당시의 동유럽은 물론이고 서유럽으로까지 날아갔다. 도시는 물론이고 산림과 경작지와 목초 등을 오염시킬 우려가 있다 하여 온 유럽에 비상이 걸렸던 일이 있었다. 만약의 경우 곡류와 채소는 물론이고 우유 제품 등 거의 모든 식품이 해당될 수 있는 일이었다.

다행히도 당시에 방사능 검사를 실시하였는데 수치가 대부분 미미하였고 일부 수치가 높은 일부 지역의 농산물을 제외하고는 정상적으로 판매되어 식품의 대란은 없이 지났다.

각 나라의 와인 수입회사들은 사고가 나던 해에 수확한 포도로 만든 와인도 방사능 오염의 위험이 있다고 생각하여 그 해의 와인을 수입하는 경우 관련된 분석 자료 등의 까다로운 자료를 요청하기도 하였다. 다행히도 당시에 유럽 각국의 연구기관에서 분석한 결과 와인은 이상이 없었다고 발표를 하였고, 개별적으로 와인을 수출하는 회사들도 성실하게 관련 자료를 제출하여서 수입회사들을 안심시켰다.

몇 년 뒤의 일이지만 독일에서 생산된 벌크 와인을 수입하던 동양맥주㈜의 마주앙 공장에서도 1986년 빈티지 와인의 경우 분석 자료를 요구하였고 독립적인 연구소에서 분석하여 아무 이상이 없다는 자료를 받았었다.

2007년 11월 이탈리아의 사직 당국은 토스카나 지방에서 생산되는 이탈리아 최고급 등급(D.O.C.G.) 와인인 '브루넬로 디 몬탈치노 (Brunello di Montalcino)' 와인이 100% 산지오베제(Sangiovese) 포도로만 만들어야 한다는 규정을 어기고 다른 품종의 포도를 섞었다는 제보를 받았다. 이탈리아의 사직 당국은 토스카나 지방의 대형 포도주 공장 몇 개에 대해 규정 위반 여부를 조사하였다. 그런데 일부 회사들이 제보와 같이 규정을 위반한 사실이 밝혀져서 해당 와인들을 고급 등급의 아래 등급인 I.G.T. 등급(중급)으로 강등시키는 조치를 하였다.

이때에도 전 세계에 수출되었던 브루넬로 디 몬탈치노 와인은 반품 소동이 있었고 각국으로부터 재발 방지를 요구하는 등의 망신스런 일이 있었다.

프랑스에서도 비슷한 사건이 있었다. 보르도(Bordeaux)의 최고급 와인인 그랑 크뤼 끌라세(Grands Crus Classé) 와인 중에서도 3등급 샤또 와인인 샤또 지스쿠르(Chateau Giscours)는 빈티지 간에 와인을 섞어서는 안 된다는 규정을 어기고 좋은 빈티지인 1988년 와인에 썩 좋은 빈티지가 아닌 다른 빈티지 와인을 섞어서 판매하는 사실이 밝혀져서 말썽이 있었다. 이 일로 샤또의 명성은 큰 손상을 입었다. 이런 일이 아니라도 품질과 이미지 등의 관리를 잘못 하면 샤또의 밸류가 떨어지는데 이런 사건은 치명적인 것이었다.

최근에는 프랑스 보졸레(Beaujolais) 지방에서 규정 이상으로 많은 설탕을 사용하여서 조사를 받았고, 또 다른 빈티지의 와인을 섞었다고 처벌을 받은 일도 있다. 프랑스 전역에서는 법적으로 정해진 수준으로 설탕을 첨가하여서 발효하여 알코올을 높일 수가 있으나 그 이상으로 첨가하면 위법이 된다.

2010년 올해에는 프랑스 랑그독 루시용(Languedoc-Roussillon) 지방에서 와인을 미국에서 가장 큰 와인회사인 E&J Gallo 사에 수출하였는데 표기와 다른 지역의 피노 누아(Pinot Noir)를 섞어서 무려 1,000만 병 정도를 비싼 가격으로 팔았다는 조사를 받기도 하였다.

2002년에는 중국에서도 사고를 터트린 적이 있다. 프랑스 보르도(Bordeaux)의 그랑 크뤼 클라세 샤또 중에서도 1등급으로 세계 최고급 와인인 샤또 라피트 로칠드(Chateau Lafite Rothschild) 와인으로 사고를 쳤다. 사고 내용은 이렇다. 별로 좋지 않은 빈티지인 1991년 샤또 라피트 로칠드를 수입하여서 상표를 떼어내고 아주 정교하게 만든 1982년 상표를 붙여서 엄청 고가로 팔았다가 들통이 났었다. 1982년은 1980년대에서 작황이 가장 좋았던 빈티지 중 하나로 가격이 아주 높게 판매되고 와인이다. 우리나라에서 이 와인이 200

만 원 이상 호가한다.

또 중국에서 몇 년 전에도 포도 주스는 한 방울도 사용하지 않고 물과 색소, 향 등을 넣어 와인을 만들어 팔다가 매스컴에서 한 동안 시끄러웠다. 약 2,000년 전에 예수가 물로 와인을 만든 기적 이후에 발생한 세계 와인 역사상 또 하나의 기적 사건이라고 할 수 있는 기가 막힌 일이었다.

예전에 한국에서도 룸살롱 등에서 술이 취하기 전에는 정품인 양주를 내어 놓다가 손님이 술에 취하면 고급 양주병에 싸구려 양주를 담아 내어 놓았다는 뉴스가 가끔 나오기도 하였다. 또 어떤 업자들은 아예 싼 양주의 상표를 떼어 버리고 비싼 양주의 상표를 붙여서 팔기도 하였다.

우리나라에서는 아직 가짜 와인을 만들지 않고 있는 것으로 알고 있다. 그러나 와인이 대중화되면 이런 상표 바꾸는 것과 같은 종류의 사건이 터질 가능성이 충분히 있다.

앞으로 와인을 수입하는 수입회사들과 또 와인 생산회사들은 이런 스캔들의 폭발력을 감안하고 국내 와인 애호가들과 소비자들을 보호하고 또 국내 와인 산업의 성공을 위하여 와인 시장의 정보들을 수집하고 참고가 되는 정보들은 소비자들에게 알려야 할 것이다.

귀부인들의 사랑을
독차지했던 와인

와인의 역사가 오래된 유럽에서는 나라 별로 특별한 유래가 있는 유명한 와인들이 많이 있으며 헝가리에서도 토카이(Tokaji)라는 유명한 와인이 생산되고 있다. 특히 병 걸린 포도로 세계 최고급의 화이트 와인을 만들고 있다.

"좋은 와인을 만들려면 좋은 포도로 만들어야지 왜 병 걸린 포도로 와인을 만드느냐? 먹는 걸 가지고 장난치는 놈들은 천하에 제일 나쁜 놈이다."

많은 사람들이 이런 생각을 가지고 있다. 그런데도 병 걸린 포도로 세계 최고급 와인을 만든다면 좀 의아한 생각이 들 것이다. 그런데 사실이다. 그리고 꼭 한 가지 병, 즉 귀부병(botrytis)이라는 병에 걸린 포도로만 만들어야 한다는 것이다.

최고급 와인을 만들려고 포도가 이 병에 걸리도록 기다렸는데 만일 엉뚱한 다른 병에 걸리게 되면 그해 농사는 망치게 되는 것이다.

병든 것이 다 나쁜 것이라는 생각을 가지고 있는 독자들은 생각을 좀 바꾸는 너그러움을 가져주셨으면 한다. 이 병에 걸린 포도는 정상적인 포도와는 다르게 포도 껍질이 얇아지면서 내부의 수분이 증발하게 되는데 이때에 거의 모든 포도의 껍질이 진무르고 터져서 과육이 쏟아지는 등으로 대부분의 포도송이들은 못 쓰게 된다.

아주 일부의 포도송이 중에 터지지 않고 남은 포도 알이 그저 몇 개가 있을 뿐이다. 소량의 터지지 않고 남은 포도 알은 건조하여 수분이 별로 없는 포도가 된다. 이 포도로 주스를 만드는데 이 포도 주스는 정말로 완전 농축 주스가 되는 것이다.

이 포도 주스는 당도가 너무 높아서 효모가 활동을 제대로 할 수 없어 발효하는 데 오랜 시간이 걸린다. 또 발효가 끝나도 당분이 많이 남아 있게 된다. 그래서 알코올은 별로 높지 않으면서 단맛은 아주 많고 신맛도 상당히 있는 와인이 된다. 또 귀부병에 걸렸기 때문에 이 병에서 오는 독특하고도 기가 막힌 향을 가진 와인이 된다.

많은 양이 생산되지 않아서 귀하다 보니 이 와인에 대하여 별별 이야기가 전래되었는데 그중에 하나가 "이 와인을 마시면 남자의 정력이 좋아진다."는 소문이다. 다른 소문보다 이 소문은 전파되는 힘이 셌는지 멀리 제정 러시아의 황궁에도 전파되었다.

러시아 황족이나 귀족의 부인들은 귀가 솔깃하여서 이 와인을 찾게 되었다. 아마도 이 당시의 왕족들이나 귀족들 중에서는 잠자리에서 부인들을 만족시키지 못하는 사람들이 적지 않게 있었던 모양이다. 그래서 운 좋게 한 병이라도 구하게 되면 이 와인을 침대 머리맡에 두고서 남편들이 이 와인을 마시도록 하였다고 한다. 어떤 부인들은 남편에게 매일 밤 반 강제적으로 먹였다는 소문도 있었다. 지금으로 치면 비아그라이었던 셈이다.

그런데 이 와인의 생산량이 워낙 많지 않기 때문에 이 와인을 구하는 일이 여간 어려운 것이 아니었다. 귀부 와인 때문에 신하들이 집에서 들들 볶이고 산다는 보고를 접한 러시아 황제는 드디어 신하들을 위하여 헝가리에서 이 와인을 대량으로 구입하라고 지시를 하였다.

그리하여 이 귀부 와인을 헝가리에서 모스크바로 운반을 하게 되었다. 그런데 당시에는 치안이 좋지 못하여서 곳곳에서 강도들이 출몰하였고 또 산에는 산적 떼들도 많았던 시대라 초기에는 운반해 오던 귀부 와인을 산적들에게 강탈당하는 일이 여러 번 있었다고 한다.

모스크바의 귀부인들이 아니라 엉

뚱하게도 교양이라고는 눈곱만큼도 없어 보이는 산적의 부인들이 이 명약의 효험을 보게 되는 일이 발생하였다.

이 보고를 받은 러시아 황제는 특명을 내려서 이 와인의 운송 작전에 용맹하기로 소문난 코자크 기병대들을 동원하였다. 그 이후에는 이 와인이 큰 차질 없이 공급되고 잘 사용되어 산적들이 아닌 귀족들의 가정에 평화가 왔었다는 이야기가 있다.

토카이에는 1에서 6까지의 푸톤(putton) 와인이 있는데 제일 좋은 것은 그 위 등급인 '에센치아(Esszencia)'라는 와인이다. 이 와인은 작은 병에 담겨져 있는데 워낙이 귀한 와인이라 작은 병에 담아서 가격을 조금 저렴하게 하여 많은 사람들이 맛을 보라는 배려인 것이다.

토카이와 같이 귀부병에 걸린 포도로 만든 최고의 와인은 헝가리 이외의 나라에서도 생산되고 있다. 예를 들면 독일의 트로켄베렌아우스레제와 프랑스의 쇼떼른 지방에서 생산되는 화이트 와인 등이 있다.

이런 와인을 생산하는 지역, 즉 이런 귀부병이 감염되는 지역은 대부분 초가을에 오전에는 안개가 끼고 오후에는 날씨가 맑아지는 그런 기후인 지역으로 대체로 강가나 계곡 지역에 있다.

요즘에는 이 와인은 비아그라 용도보다 식사한 후에 한잔 하는 식후주로 많이 사용되고 있다. 식후주로 마실 때도 이 와인은 그저 한두 잔 정도 간단히 마시면 되는 것이지 달콤하다고, 맛이 좋다고 해서 여러 잔을 혹은 한 병씩을 마시는 와인이 아니라는 것을 알아

두기 바란다.

세계 최고급 화이트 와인으로 평가되고 있는 이 와인의 또 하나의 특징은 잘만 보관하면 100년이 지나도 200년이 지나도 와인의 맛이 잘 유지되는 대단한 와인이라는 것이다.

일반적인 화이트 와인이나 레드 와인들은 잘 보관해도 맛이 유지되는 기간이 길어야 50~60 년 정도이고 그 이후에는 맛이 점점 약해지는 것이 보통이다.

그러나 이 와인만은 오래 보관이 가능하다는 것이다. 이 와인의 보관 기간에 관해서는 다음 기회에 자세히 알아보도록 하겠다.

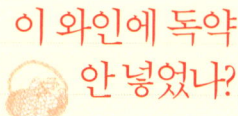

이 와인에 독약 안 넣었나?

　레스토랑이나 바에서 여럿이 함께 와인을 마시는 경우 코르크 마개를 따고 마시기 전에 꼭 한 사람이 대표로 와인의 맛을 보게 되는데 이런 것을 와인 테이스팅이라고 한다. 이 책을 읽는 독자분들 중에서도 많은 분들이 테이스팅을 하고서 와인을 마신 경험이 있을 것이다.

　테이스팅은 와인의 맛을 본다는 뜻으로 포도주 공장에서, 수입회사나 업소 등에서, 또 개인들이 와인을 구입하고 품질에 이상은 없는지, 원하는 품질의 와인인지, 기대하는 맛은 있는지 알아보는 것이다.

　그런데 왜 여럿이 함께 맛을 보면 될 일이지 무슨 이유로 꼭 한 사람이 대표로 맛을 보아야 하고 그 사람이 테이스팅하는 동안 다른 사람들은 침을 삼키면서 쳐다보고 있어야 할 특별한 이유가 있는 것인가?

테이스팅의 유래는 확실하지는 않지만 특별한 유래가 있는 것으로 알려져 있다. 이야기는 옛날 고대로마 시대로 거슬러 올라간다. 전 세계 처음으로 강력한 국가이었던 로마는 유럽으로 국토를 확장하면서 전쟁에서 승리하면서 뺏어온 전리품 등으로 상류층은 경제적으로 상당히 부유하게 살았다. 그래서 상류층은 거의 매일 파티를 하는 등 사교생활을 즐기면서 와인을 많이 마셨다.

여러분들께서도 아시는 바와 같이 고대로마의 정치는 상당히 권모술수와 음모들이 많았던 것으로 알려지고 있다. 원로원과 정치인, 군인들, 상인들 등 많은 집단들의 권력투쟁이 끊임없이 이어져오던 시절이었다고 한다.

어느날 평소에 자기와 사사건건 대립하는 반대파의 거물 원로 때문에 화가 난 정치인이 "저 인간하고는 도저히 같은 하늘 아래 살아갈 수 없다. 눈에 가시 같은 저 인간을 제거해야 되겠다."고 마음을 먹고 계획을 세웠다. 자기 집에서 파티를 열어 많은 정객들을 초대하면서 거절할 수 없는 구실을 만들어서 반대파 거물 원로와 일당들도 함께 초대하였던 것이다.

참석했던 정적들은 처음에는 경계심을 가지고 와인을 마실 때에도 또 식사를 할 때에 옆 자리에 앉은 사람들의 동향을 주시하면서 아주 조금씩 입에만 적셨다. 그러다가 시간이 지나도 다른 특이한 위험이 보이지 않자 서서히 긴장이 완화되었고 파티의 분위기에

따라 조금씩 더 많이 와인을 마시게 되었다. 시간이 지나면서 "별 탈이 없구나" 하고 완전히 안심을 하면서 와인을 본격적으로 마시고 기분 좋게 취하였다.

　파티가 무르익어 갈 때 이러한 분위기를 잘 간파한 주인의 지시를 받은 하인들이 비밀리에 독약을 넣은 와인을 정적들의 잔에만 구별하여 따라 자연스럽게 마시게 하였고 와인을 마셨던 정적들은 모두 독살되었고 드디어 그는 권력을 잡았다.

　그런데 이후부터는 남의 집에 초대를 받아서 파티에 참석한 사람들은 반드시 파티의 호스트, 즉 집주인이 와인을 먼저 마시도록 하고, 와인을 마신 호스트가 죽지 않고 멀쩡한지 확인한 후에 자기 잔에 와인을 따르도록 하였다. 이것이 바로 와인 테이스팅을 하게 된 유래라고 한다.

　그럴 듯한 또 하나의 이야기가 있다. 어떤 사람이 아주 귀한 손님을 집으로 초대하여서 파티를 열었는데 집에서 보관하고 있는 와인 중에서 특별히 귀한 와인을 손님에게 서빙을 하였다. 미리 테이스팅을 하지 않고 손님에게 와인을 따라 준 다음 엄청나게 좋은 와인이라고 자랑을 하였는데 하필이면 그 와인이 변질된 것이어서 손님 앞에서 망신을 당하는 일이 있었다.

이런 일은 예전에는 아주 흔한 일이었다. 그럴 수밖에 없는 것이 옛날에는 포도주를 만들 때에 과학적으로 또 미생물적으로 완벽하게 처리할 수 없었기 때문에 변질되는 와인이 많았다. 특히 오래 보관한 와인들은 변질된 것이 더 많았다. 병에 담긴 와인 자체도 변질될 가능성이 있을 뿐만 아니라 코르크나 용기 문제로도 변질되는 일이 많았다.

그래서 이후부터 손님에게 와인을 권할 때에는 꼭 미리 와인 맛을 보고 난 후에 이상이 없으면 비로소 손님에게 와인을 서빙했다는 이야기이다.

좌우간 이런 일이 있은 후부터 손님에게 와인을 서빙할 때에는 꼭 호스트가 먼저 와인 맛을 보게 되었는데 이것이 테이스팅의 시작이라는 이야기이다.

이렇게 두 개의 설이 있는데 여러분들은 어느 쪽이 더 그럴 듯한 유래라고 생각하시는가?

선박 진수식에 왜 샴페인 병을 깨트려?

조선소에서 선박을 건조한 후 바다에 띄우는 행사를 하는 것을 본 일이 있을 것이다. 행사의 말미에 한 여성이 샴페인 병을 줄에 달아서 배에 부딪치게 하는 것을 왜 그러는지 궁금해 하는 사람들도 있을 것이다.

아마도 조선회사들에서는 이러한 명명식에 관한 많은 이야기들을 더 잘 알고 있겠으나 와인과 샴페인이 관련된 일이라 와인 쪽에 알려진 이야기를 들어본 대로 이야기해 보겠다.

배를 만들고 진수하기 전에 하는 행사는 배의 명명(Christening ship) 이라고 하여 큰 배의 경우 이런 명명식을 성대하게 개최하는 것이 관례이다. 이러한 명명식은 아주 오랜 옛날부터 해오고 있는데 기록으로 보면 이미 고대의 그리스, 로마, 이집트 시대부터 이런 명명식을 했던 것으로 알려지고 있다.

요즘에는 과학이 발달하여 배도 튼튼하게 잘 만들고 또 일기 예보도 정확하여서 해난 사고가 많지 않지만, 옛날에는 배도 작고 항해 기술도 발달하지 못하여 해난 사고가 많았고 또 인명 피해도 많았다.

특히 바다의 풍랑은 인간이 어떻게 할 수 없는 자연의 현상이라 앞으로 항해하는 동안 모든 불행한 사고를 헤치고 나가서 배와 선원들을 안전하게 지켜달라고 신에게 기원할 수밖에 없었다.

이러한 기원을 하는 제사 의식이 바로 진수식 혹은 명명식이었다.

제사에는 희생의 제물이 필요한데, 수천 년 전에는 황소를 잡아서 그 피를 희생의 제물로 바다의 신에게 바쳐서 항해의 안전을 기원하였다. 나중에 바이킹 시대부터는 뱃머리에 병을 깨트리는 것으로 대신하였다고 한다.

근대에 들어오면서 신에게 제사를 지내는 의미보다 앞날의 역경을 스스로 뚫고 나가라는 뜻에서 샴페인이나 와인 병을 터트리는 것으로 바뀌었다. 옛날에 자연과 신에 대해 두려움을 갖던 시각이 서서히 달라진 데서 오는 당연한 변화가 아닌가 생각한다.

17세기에 들어와서 영국에서는 해군의 군함들을 진수할 때에 기독교에서 사용하는 귀한 성배를 배에 던져 깨지게 하였다. 그러나 해운업의 성장과 해군의 군비 확장으로 크고 작은 많은 군함들이 건조하게 되었는데 귀한 성배를 깨트리는 것은 낭비이고 또 옳지 않다고 하여 성배 대신에 와인을 한 병씩 깨트리는 것으로 바뀌었다.

그 뒤 세월이 지나면서 병 속에 압력이 있어서 부딪히면 더 잘 깨어질 수 있고, 또 거품이 넘치는 것이 볼 만한 샴페인 병으로 바뀌게 되었다. 지금도 영국 군함들의 명명식에서는 샴페인을 사용하는 전통이 이어져 오고 있다.

그러나 가끔 예외는 있어서 위스키가 사용되기도 하였다고 한다. 19세기에 들어 와서 미국에서는 꼭 와인이나 샴페인이 아니더라도 뱃머리에 성수를 붓기도 하였다. 미국 해군에서는 군함의 명명식 때에 특별한 의미가 있는 강의 물을 가져와서 뱃머리에 부었다고 한다.

이렇게 여러 종류의 술이 의식에 사용되기는 하였으나 최근에는 샴페인을 가장 많이 사용하고 있고, 선박의 명명식은 점점 성대하게 진행되고 샴페인도 점점 귀한 것이 사용되고 있다.

명명식에서는 선박의 주인이 되는 회사 측에서 특별히 초청한 귀부인이 행사의 클라이막스에서 "나는 그대를 ~로 명명하노라(I christen thee ~)"하고 샴페인을 뱃머리에 부딪쳐서 깨어지도록 한다.

그 다음에 배를 고정시키고 있는 밧줄을 자르면 큰 배는 서서히 바다로 진수하게 된다.

요즈음 건조되는 큰 배들은 수만, 수십만 톤이나 되고 이런 배를 주문하는 회사도 크고 배를 만드는 조선회사도 크다 보니 명명식도 성대하게 거행되고 있다.

그런데 적절하게 명명식이 진행되지 못하는 배의 앞날에는 불행이 기다리고 있다는 미신이 전해 내려오고 있다. 특히 샴페인이 깨어지지 않는 것은 아주 불길한 징조로 여겼다.

샴페인 병을 깨트리는 명명식이 일반적이었으나 모든 상선들이 다 이런 명명식을 했던 것은 아니었던 모양이다. 1912년 4월 14일에 진수한 '타이타닉' 호는 가장 완벽하게 만들어졌기 때문에 진수 당시에는 항해에서 침몰 등의 해난 사고가 발생하는 것이 불가능하다고 평가되던 배이었다.

무슨 다른 이유가 있었는지는 알려져 있지 않으나 분명한 것은 타이타닉 호는 이러한 샴페인 터트리는 등의 행사를 하지 않았다고 한다. 이 배는 거의 국가적인 환송 행사를 마치고 처녀 항해를 하다가 밤에 큰 빙산과 부딪쳐서 많은 승객들과 함께 침몰하는 비극적인 사고를 맞았다. 이런 일이 꼭 샴페인을 깨트리지 않아서 생겼다고 말하기는 어려우나 하여튼 큰 불행한 사고가 있었다.

또 비슷한 다른 배도 있었다. '오로라' 호라는 배는 엄청나게 호화롭게 만들어진 유람선이었다. 명명식에서 샴페인 병을 부딪쳐서 깨려고 하였는데 이상하게 샴페인이 단번에 깨어지지 않아서 몇 번을 시도한 끝에 가까스로 성공하였다고 한다. 많은 사람들이 보고 있는 중에 행사를 하였는데 제대로 깨지지 않아서 행사를 준비한 사람들의 입장이 난처했다고 한다.

이런 일이 있은 후에 주위 사람들이 "아마도 이배는 바다에서 불행스런 일을 만날 수도 있을 것이다."라고 수군거렸다. 한번은 이배가 세계일주 크루즈를 하려고 항구에서 정박하고 승객들을 다 태우고 드디어 출항을 하려고 했는데 갑자기 엔진 고장이 생겨서 제때에 출항하지 못하고 수리하느라 지체하게 되었다.

돈을 지불한 여행객들이 어떤 이유로든 배가 출발하지 않으니 거칠게 항의를 하였고, 불평하는 승객들을 달래려고 회사에서는 공짜로 술과 음료수를 제공하였는데 이렇게 제공한 와인, 샴페인, 맥주, 양주와 칵테일 등이 무려 수 천 병이었다고 한다.

회사에서 피해 금액을 밝히지는 않았으나 손해가 막심하였다고 한다. 이것으로 샴페인 병이 깨어지지 않은 것에 대한 액땜을 하였는지 그 후로부터 지금까지 이 배는 사고 없이 잘 운항하고 있다고 한다.

독자들께서 앞으로 돈을 많이 벌어서 배를 진수하실 기회가 있게 되면 꼭 명명식을 하도록 적극 권한다.

100년 보관된
와인의 맛?

와인은 오래 두면 숙성되어서 맛이 더 좋아진다고 하니 수십 년 보관한 와인의 맛은 어떨까? 아마 많은 사람들이 궁금해 할 것이다. 그동안 오래된 와인은 마셔보지도 못하였고, 또 생산 연도보다는 가격을 더 중요하게 생각하였던 대부분의 사람들에게는 사실 10년 이상된 와인도 마셔볼 기회도 별로 없었을 것으로 생각된다. 그래서 오래된 와인의 맛은 짐작이 잘 안 되지만 아마도 상당히 좋을 것이라고 대충 생각만 하고 있는 분이 많다. 하물며 수십 년도 아니고 100년 이상 숙성된 와인은 맛이 얼마나 좋을까?

일반 식품인 경우, 보존성이 좋지 못하여 유통 기간이 별로 길지 않다. 따라서 유통 중에 변질될 수 있으므로 소비자들을 보호하기 위하여 안전하다고 판단되는 기간을 표기하고 그 이상 오래된 상품은 변질될 가능성이 있으므로 판매를 하지 못하도록 하고 있다.
와인은 여타 식품과는 다르게 유통 기한이라는 것이 없다. 와인은
일반적으로 보관 조건을 잘 해주면 시간이 지날수록 숙성되어 맛
이 더 좋아지기 때문이다.

와인의 맛은 일반적으로 시간이 오래 지날수록 좋아지기는 한
다. 그러나 와인의 품질이 좋은 상태로 무한정 오래 유지되는 것은
아니다. 모든 와인의 품질은 초기에는 점점 좋아지다가 그 다음에
는 일정 기간 그 수준을 유지하다가 그 후에는 와인의 맛이 점점
약하여진다.

와인은 보관 기간 중에 공기 중의 산소와 화합하는 산화 반응과
산소가 없는 상태에서 생기는 환원 반응, 또 여러 가지의 에스테르
화 반응 등과 물리적인 변화를 거치면서 숙성이 되어 맛이 점점 좋

아진다. 그러나 이러한 숙성이 너무 오랫동안 진행되면 최고 수준 때의 맛에서 점점 약해지게 된다.

아주 오랜 기간이 지나면 와인의 색은 화이트 와인의 경우 갈색으로 변하고 레드 와인은 검은 색으로 변한다. 신맛과 쓴맛은 점점 약하여져서 갈수록 힘이 없는 와인이 된다.

와인의 일생은 사람의 일생과 상당히 비슷하다. 사람도 어릴 때는 육체적으로나 정신적으로 성장기에 있어서 모든 면에서 부족하고 미완성 상태이다. 청년기에는 육체적으로는 강하나 정신적으로는 성숙함이 부족하고, 장년기에는 육체적으로는 강한 시기는 지나지만 정신적으로는 원만하여 전체적으로 인생의 절정기가 되며, 노년기에는 육체적으로나 정신적으로 약하여지는 것이 인생이라고 생각한다.

와인도 발효가 시작되면서 알코올이 생성되고 와인이 되기는 하지만 포도의 특징을 많이 가지는 상태이다. 발효가 끝나서 와인이 된 후에도 어릴 때에는 신맛, 쓴맛 등이 너무 강하여 거칠게 느끼게 되므로 맛이 썩 좋은 상태는 아닌 시기이다. 시간이 지남에 따라 이런 신맛, 쓴맛들이 서서히 약하여지고 또 조화를 이루어 마시기 좋은 부드러운 맛을 가지게 된다.

와인은 한 동안 좋은 상태를 유지하다가 어느 시점이 지나면 이들 각각의 맛이 줄어드는데, 다른 비율로 줄어들어서 조화를 잃게 된다. 더 오래 보관하면 점점 특징이 없고 힘이 약한 와인이 되고 만다.

아주 좋은 레드 와인의 경우 맛이 좋아지는 데 대략 10~15년이 걸리고, 그 다음에 그런 맛을 30~40년을 유지하다가, 그 이후부터는 점점 맛이 약해진다고 알려지고 있다.

와인은 종류에 따라서 숙성되는 기간이 다르다. 대체로 화이트 와인보다는 레드 와인의 숙성과 보관 기간이 길고, 같은 레드 와인 중에서는 알코올, 쓴맛과 신맛 등이 많은 와인이 가벼운 와인보다 숙성 기간이 길다. 예외로 화이트 와인 중에서 특별한 와인인 귀부 와인과 아이스 와인은 레드 와인보다 보관 기간이 훨씬 길기는 하다.

이런 특별한 와인을 제외하면 대단한 와인이라고 하더라도 정도의 차이가 있지만 100년 정도 보관하면 와인의 신맛과 쓴맛 등이 상당히 줄어들어 힘이 없는 와인이 되고 만다.

와인 자체로도 맛이 변하기도 하지만 코르크 마개도 변질될 수가 있으며 이로 인한 와인의 품질이 나빠질 수 있다. 대체로 코르크도 약 20~30년 정도이면 변질되어 밀폐 효과가 떨어질 수 있다. 따라서 그 정도의 기간이 되면 코르크를 새것으로 바꾸어 주어야 정상적인 숙성이 계속될 수 있다.

물론 어떤 경우 더 오래 보관하였는데도 코르크 상태가 훌륭한 와인도 있을 수 있다. 많은 사람들이 와인 셀러에 가지고 있는 와인이 50년이 지났는데도 코르크가 이상이 없는 것이 많다는 말을 들은 일이 있다.

100년 이상 오래된 레드 와인은 독자들이 생각하는 것처럼 맛이 엄청나게 또 기가 막히게 좋은 와인은 아니다. 도리어 힘이 없는 약한 맛의 와인이 되어 버린다.

그러나 이렇게 100년 이상 되어 맛이 별로인 와인의 가격은 수천만 원 혹은 수억 원으로 엄청나게 비싸게 거래되고 있다. 가끔 오래된 와인이 경매에서 엄청난 고가에 팔렸다는 기사들을 본 일이 있을 것이다. 도대체 맛도 별로인 오래된 레드 와인의 가격은 왜 그렇게 비싼 것일까?

그것은 희소가치 때문이다. 조선백자와 고려청자 등은 값이 엄청나게 비싸게 거래되는 것을 여러분도 알고 있을 것이다. 이런 도자기들이 요즘에 음식을 담아 먹기에 편리해서 비싼 것이 아니다. 사실 음식을 담아 먹기에는 최근에 만들어진 그릇이 훨씬 더 편리할 것이다. 이런 골동품들은 예술성과 얼마나 오래되었냐는 기간과 또 희소가치 때문에 비싸게 된다. 와인도 100년씩이나 보관되는 것은 별로 많지 않기 때문에 희소가치가 더 중요하지 않을까 생각한다.

와인의 가치는 품질이 최고 수준일 때에 가장 높을 것이다. 그러나 아주 오래되어서 골동품으로의 가치가 있을 때에는 품질보다 희소성에 따라 가격이 결정된다는 것도 이해하시기 바란다.

혹시 오래된 와인을 소장하고 계신 분이 있으면 계속 잘 보관하시기를 바란다. 앞으로 100년 혹은 200년이 지나면 후손들에게 대단한 유산이 될 수도 있을 것이다.

와인 셀러나 건물의 지하실 또는 야산 등지에 동굴을 파서 와인 저장실을 만들어서 활용하고 계신 분들께서 아셔야 할 것은 보관 조건을 완벽하게 해 두더라도 오래된 와인의 맛은 약해진다는 것과 코르크 마개가 무한정 양호한 상태를 유지하지 못한다는 것이다. 최고급 코르크를 사용하지 않은 경우 10년이나 20년 이상은 유지하기 어렵다. 또 몇 십 년씩 오래 보관하는 경우에는 코르크 마개를 교체해 주어야 하는 점을 이해하기 바란다.

코르크 마개를 교체할 때에는 품질이 나빠질 수가 있기 때문에 반드시 와인을 만든 회사에서 마개를 교체하고 증명서를 꼭 받아 두어야 한다. 왜냐하면 아주 오래된 와인은 코르크 마개를 교체해야 하는데 아무 곳에서 하게 되면 나중에 와인 자체의 진위 여부를 의심받게 되기 때문이다. 와인 셀러나 지하실 등에 오랫동안 와인을 보관하고 계신 분들은 꼭 이점을 감안해야 한다.

또 앞으로 와인의 보관 상태와 출처를 알지 못하는 오래된 와인이 은밀하게 거래되어 피해를 입는 사람들이 생길 것으로 예상된다. 오래된 와인을 구입하는 경우에는 출처와 보관 상태를 꼭 확인하기 바란다.

100년 후에 맛보려면
이 와인을 사라

와인은 오래 보관할 수 있다고들 알고 있다. 가끔 수백 년 보관된 와인들이 외국의 옥션에서 수 천만 원 혹은 수 억 원에 거래되었다는 뉴스를 매스컴에서 본 일이 있을 것이다.

와인을 오래 보관해 보겠다는 생각이 있고 또 후손들도 물려받은 후에 이를 잘 보관하다가 그들의 후손들에게 유산으로 물려주겠다면 유럽에서는 포도주 공장이나 개인 주택의 지하실에 와인을 보관해 둔다. 천재지변이나 전쟁 등의 불상사가 없는 경우 그냥 보관하는 것이야 수백 년 혹은 수천 년을 보관할 수는 있는 일이다.

잘 보관된 병 속의 와인은 공기 접촉이 없다고 볼 수 있으므로 와인은 공기가 없는 상태, 즉 환원에 의한 와인의 숙성이 이루어진다. 와인은 발효가 끝나면 어떠한 와인이라도 2~3년이 지나면 병에 담는다. 그래서 와인의 숙성에서 거의 모든 기간이 이 환원 상태의 숙성이기 때문에 이 기간은 와인에서는 아주 중요하다.

와인의 맛은 어릴 때에는 거친 맛이 있으나 오래될수록 맛이 점점 부드러워지고, 더 오래 보관하면 맛이 점점 약해지다가 힘이 없는 와인이 된다. 따라서 와인을 보관하는 기간이 중요한 것이 아니라, 맛을 유지하면서 오래 보관하는 기간이 중요하다.

좋은 레드 와인의 경우 맛이 좋아지는데 대략 10~20년 걸리고, 30~40년 그 맛을 유지하다가, 그 이후에는 맛이 점점 약해진다. 화이트 와인은 레드 와인보다 보관 기간이 짧다. 정상적으로 와인이 보관된다고 하더라도 또 다른 요인으로 와인이 변질될 수 있다. 바로 포장재인 코르크 마개이다. 코르크 마개는 나무의 껍질을 가공한 천연 재료로서 와인 병의 마개로 사용하면 무한정으로 오랫동안 변질되지 않고 마개의 역할을 할 수는 없다.

특히 와인 병을 지하실에서 눕혀서 보관하는 경우에 코르크가 병 속에서 와인과 닿은 부분은 상당히 오래 보관이 되나 바깥쪽에 공기가 닿는 부분은 수 백 년씩 오랫동안 유지되지 못하고 변질된다. 지하실의 경우 습도도 상당히 높기 때문에 곰팡이 등이 잘 서식하여서 병의 외부와 코르크 마개 부분을 완전히 덮게 된다. 이러한 상태로 오래 지나면 코르크의 외부에서 썩어 들어가게 된다. 그래서 어떤 와인은 20년이나 30년이 지나면 코르크 마개를 새것으로 교체를 해 주어야 한다.

코르크 마개를 교환할 때에는 그 와인을 생산한 회사로 보내어

서 잘 관리된 상태에서 교환되어야 한다. 이렇게 코르크를 교환하는 경우에는 교환 작업을 한 회사의 보증서를 꼭 받아두어서 나중에 진품여부나 품질의 이상여부로 분쟁이 생겼을 때를 대비해야 한다.

일반적으로 코르크 마개는 수십 년에 한 번씩 교체하는 것이 정상이고, 이렇게 코르크를 잘 교환해 주면 상당히 오랫동안 사용 할 수 있다. 물론 특별한 경우에 100년 이상이 지난 와인인데도 코르크가 멀쩡한 경우도 있기는 하다. 코르크가 천연 나무껍질이고 또 특별한 보관 조건의 경우 이런 기적 같은 일이 가끔은 생기고는 있다. 이와 같이 와인의 종류에 따라서는 수십 년 동안 품질 유지가 가능하다. 그 이후에는 코르크의 상태에 따라서 더 이상의 보관 여부가 결정된다.

대체로 와인은 너무 오래 보관하면 맛이 변해서 마시기 힘든 상태로 되기 쉽다. 만약에 와인을 상당히 장기간 보관을 하고 싶다고 생각을 한다면 오래 보관할 수 있는 와인들을 보관해야 한다. 장기 보관이 가능한 와인을 이야기한다면 대체로 앞에서와 같이 신맛과 쓴맛이 강하고 알코올이 높은 레드 와인이라고 말할 수 있다. 레드 와인은 맛의 특성상 숙성에도 시간이 오래 걸리고 또 상당히 오랫동안 와인의 강한 힘을 유지하나, 일반적으로 화이트 와인은 오래 보관하지 않는다. 화이트 와인의 경우 신맛은 세월이 지나면 점점 약해지고 또 처음부터 쓴맛도 많지 않으므로 수십 년을 보관한 와인은 썩 좋은 품질이 된다고 볼 수는 없다.

따라서 수십 년 장기간 동안 와인을 보관할 요량으로 와인을 구입한다고 한다면 일반적으로 레드 와인을 추천한다. 그러나 레드 와인의 품질은 기껏 수십 년 정도 보관할 수 있는 데 비하여서 잘만 보관하면 수백 년을 거뜬히 품질이 유지되는 와인이 따로 있다. 물론 레드 와인을 100년 혹은 200년 보관하고 있다는 이야기들을 가끔 듣고 있지만 이런 경우는 정말 특이한 케이스이고 일반적으로 레드 와인이 그 맛을 잘 유지하는 기간은 수십 년이라는 말이다.

세계에서 가장 오랫동안 와인의 맛을 유지할 수 있는 와인은 레드 와인이 아니라 특수한 화이트 와인이다. 바로 귀부 와인과 아이스 와인 등의 와인으로 이런 와인들은 귀부병에 걸려서 혹은 늦게 수확하여서 단맛이 많고 또 신맛도 상당히 많은 와인이기 때문에 그 강한 맛이 오래 유지된다. 수백 년을 보관해도 그 맛이 잘 유지되는 이런 와인은 세계에서 몇 개의 나라에서 생산하고 있다.

독일, 오스트리아 등에서 생산된 아이스 와인이나 트로켄베에렌 아우스레제 와인, 프랑스 보르도의 쇼떼른 지방의 귀부 와인, 헝가리의 토카이 등과 그 이외 몇 개의 나라에서도 이런 특별한 와인을 생산하고 있다.

독자들께서 혹시 한 100 년 후에 와인의 맛을 보실 생각이 있으면 이들 와인을 구입해 잘 모셔두고 또 오래오래 사시다가 기가 막히게 숙성이 된 와인의 맛을 보시기 바란다.

좌우간 아주 오랫동안 와인을 보관해두고 싶은 생각이 있으신 분들에게도 귀부 와인과 아이스 와인을 추천한다.

오래 보관하면
다 좋은 와인이 된다?

"오래 보관하면 다 좋은 와인이 됩니까?"

그동안 저자가 많은 사람들로부터 받았던 질문이다. 와인은 오래 두면 맛이 더 좋아진다는 사실은 많은 사람들이 알고 있으므로 독자분들 중에서도 같은 생각을 하는 분도 있을 것으로 여겨진다.

거의 모든 식품은 유통기간이란 것을 상표에 표기하고 있으나 와인의 경우에는 유통기간을 표기하지 않는다. 왜냐하면 와인은 특성상 정상적으로 보관되면 품질이 변질되어 인체에 해로운 물질을 만드는 현상이 없을 뿐만 아니라 오히려 오래 보관하면 그 품질이 점점 더 좋아지기 때문이다.

와인을 집에 한두 병 가지고 있는 사람들도 "와인은 오래 두면 맛이 더 좋아진다."라는 말을 듣고 "그래 지금 마시지 말고 일단 좀 더 둬 보자." 하고 집안 적당한 곳에 보관해 두고 "나도 집에 와인을 보관하고 있다."고 흐뭇해 한다는 이야기를 들었다.

와인은 '일반적'으로 오래 보관하면 품질이 좋아진다. 모든 와인은 발효가 끝나면서부터 숙성이 시작되고 시간이 지나면서 맛이 부드러워지고 품질이 좋아지게 된다.

와인은 생산 지역, 포도 품종, 양조 방법 등에 따라서 특징이 달라지기 때문에 숙성되는 기간이 다르다. 그래서 같은 해에 만들어진 와인이라도 어떤 와인은 숙성이 덜 되었는가 하면 어떤 와인은 숙성이 너무 진행되어 별 맛일 수도 있다.

다시 말하면 와인의 발효 기간은 거의 비슷하지만 발효가 끝난 후 숙성하는 기간은 와인의 종류에 따라서 모두 다르다는 이야기이다. 즉 숙성하는 데 걸리는 기간이 짧은 와인은 2~3년밖에 안 되는 것도 있고 어떤 와인은 수십 년 걸리는 경우도 있다.

그래서 품질이 4~5년밖에 유지되지 않는 와인을 10년 이상 보관하면 품질이 더 좋아지기는 커녕 나빠질 수가 있다. 오래 보관한다고 해서 모든 와인이 다 좋아지는 것은 아니고 일정한 기간까지는 품질이 좋아지나 그 이상 더 오래 보관하면 점점 품질이 약해진다. 따라서 "일반적으로 오래 보관하면 품질이 좋아진다."고 표현한다.

여러분께서 보관하고 있는 와인은 어떤 와인인가? 오래 보관할 수 있는 와인인가 아니면 빨리 마셔 버려야 하는 와인인가?

여러분들이 가지고 있는 와인들을 앞으로 몇 년 더 보관 가능하

다고 말씀을 드리고 싶다. 하지만 사실 여러분들이 어떤 와인을 보관하고 있는지 알 수도 없고 또 안다고 하더라도 각 와인의 보관 조건 등을 알 수가 없으니 속 시원히 보관 기간을 알려드릴 수 없다.

아시는 대로 와인의 품질은 보관 기간에 따라서 처음에는 좋아지다가 어느 시점에서 최고의 수준에 이르게 되고 그 이후에는 그 수준을 상당 기간 유지하게 된다. 다음에서 보관 기간이라고 추천하는 것은 바로 좋은 품질 상태를 유지하는 기간까지를 말한다. 개인에 따라서는 100년, 200년을 더 보관할 수야 있겠으나 와인의 맛은 최고의 시점보다 점점 힘이 없어지므로 추천하는 보관 기간에서 제외하였다.

먼저 최고급 와인에 대해서 이야기해 보겠다. 보르도 그랑 크뤼 클라세급의 고급 레드 와인에 비견할 만한 유럽 각국별 최고급 레

드 와인들과 신대륙 와인 중에서 오크통에서 숙성한 고급 까베르
네 쇼비뇽(Carbernet Sauvignon)의 경우 약 50년, 생떼미리옹(Saint-
Emilion)과 뽀므롤(Pomerol) 레드 와인 신대륙 와인 중에서 메를로
(Melot)로 만든 고급 와인은 30~50년, 부르고뉴 고급 레드 와인과
신대륙에서 만든 고급 피노 누아는 약 30년, 론느(Rhone) 레드와 신
대륙의 고급 쉬라즈(Shiraz) 등의 와인은 약 25년 정도 보관할 수 있
다고 본다.

그 다음으로 고급 레드 와인의 경우에는 대략 20년 정도 보관 가
능하고, 중급 레드 와인의 경우에는 대체로 5~10년 정도 보관 가
능하고, 저급 레드 와인의 경우에는 대체로 3~5년 안에 마시는 것
이 좋다.

보졸레 같은 와인은 가능하면 2~3년 안에 마시는 것이 좋다. 이
러한 기간은 일반적으로 알려지고 있는 기간이며 구체적으로 개별
와인의 경우에는 와인의 등급, 와인의 상태와 보관 조건에 따라서
기간이 길 수도 혹은 짧을 수도 있다.

여기서 고급, 중급, 저급이라는 와인의 등급은 다음의 기준으로
구분하였다. 최고급 와인은 좋은 포도 품종 중에서 아주 잘 익은
포도로 와인을 만들고 새 오크통을 포함하여 2년 정도 오크 숙성
시켜 아주 잘 양조된 와인을 말한다.

고급 와인은 좋은 포도 품종 중에서 잘 익은 포도로 와인을 만들
어서 오크통에서 1년 내외 숙성한 와인이다. 중급 와인은 적당한
시기에 수확한 포도로 만든 와인을 오크통에 숙성하지 않거나 아

주 짧은 기간 오크 숙성하고 대부분의 기간을 탱크에서 숙성한 와인이다. 저급 와인은 제대로 익지 않은 포도로 만든 와인으로 짧은 기간 탱크에서 숙성된 와인이다.

와인은 국가별, 지역별로 각각 다른 특징이 있으므로 간단히 고급, 중급, 저급으로 구분한다는 것은 합리적이지 못한 표현이라고 생각한다. 그러나 독자들의 궁금증을 풀어드리기 위하여서 완벽할 수는 없지만 나름대로 보편적이고 합리적으로 구분한 것이다.

그런데 이렇게 나름대로 구분을 하였으나 "뭐야, 뭔 말을 하는지 모르겠고 더 복잡하고 어려워." 라고 하시는 분들이 많을 것이다. 사실 소비자들에게는 고급, 중급, 저급이라는 기준은 너무 막연한 표현이다. 소비자들이 가장 쉽게 고급, 중급, 저급이라 생각하는 기준은 바로 "한 병에 얼마냐?"일 것이라고 생각한다. 와인 전문가들은 가격으로 고급, 중급을 구분하는 것은 합리적이지 못하다고 말한다.

하지만 소비자들이 쉽게 등급을 구분하는 것은 가격이 아닐까 생각한다. 또 와인의 평가 기준이 가격 이외에는 다른 잣대를 가지기 어려우므로 가격으로 최고급, 고급, 중급, 저급으로 구분해야 쉽게 이해될 것으로 생각한다. 다시 강조하여 말하지만 와인은 가격이 나라별, 지역별, 또 가게별로 다르고 또 해마다 다르다. 또 고급, 중급, 저급으로 구분하는 것 자체가 추상적이다.

정상적으로 만들어진 와인은 가격에 관계없이 모두 좋은 와인이기 때문에 가격으로 고급, 중급, 저급으로 구분한다는 것은 타당하지 않다고 생각한다. 다만 여러분들께 참고되는 정도의 용도로 일반적인 이야기를 해볼까 한다.

	〈시중 소비자가/병〉
최고급 와인	10만 원 이상
고급 와인	5~10만 원 이상
중급 와인	1~ 5만 원
저급 와인	1만 원 이하

집에 와인을 가지고 계신 분들은 확인해 보시고 기간이 지났다고 판단되는 와인이 있으면 가능한 한 빨리 마시는 것이 좋다.

프랑스 보르도의 그랑 크뤼 와인이나 부르고뉴 그랑 크뤼 클라세 와인, 신대륙 와인 중에서 최고급 까베르네 쇼비뇽, 메르로 혹은 블랜딩한 와인 중에서 최고급 레드 등이 대체로 오래 보관이 가능한 와인이다. 그렇다고 하더라도 이들 레드 와인도 50~60년 정도 보관할 수 있을 뿐이다. 만약 100년 이상을 보관한다고 하면 그런 와인은 품질보다는 골동품으로 가치를 검토하는 것이 관심의 대상이 될 것이다.

와인을 보관할 때에 아주 중요한 점은 보관 조건을 제대로 해야 한다는 것이다. 보관 조건을 제대로 유지하지 못하면 금방 와인을 버리게 되어서 앞에서 말한 보관 기간보다 훨씬 짧아진다는 것을 명심하기 바란다.

혹시 최고급의 그랑 크뤼 와인을 거실 진열장에 양주들 옆에 세워서 보관하는 분이 있다면 지금 당장 와인 병을 눕혀 놓기를 바란다. 만약에 세운 상태로 1년 이상 되었다면, 지금 눕혀도 소용이 없으니 포기하시기 바란다.

무작정 오래 보관한다고 다 좋은 와인이 되는 것은 아니다. 와인마다 보관 기간이 달라서 어떤 와인은 오래 두어도 되고 어떤 와인은 빨리 마셔야 한다는 점을 꼭 기억하기 바란다.

비뇨 슈브로 부브레 끌로 드 루즈몽

Vigneau Chevreau Vouvray Clos de Rougemont

- **국가, 지역** : 프랑스, 루아르 밸리, 투레인, 부브레 AOC
- **생산자** : 도멘 비뇨 슈브로(Domaine Vigneau Chevreau)

1875년부터 현재까지 5세대에 걸쳐 와인을 생산해 오고 있는 역사가 깊은 비뇨 슈브로(Domaine Vigneau Chevreau) 와이너리는 우수한 슈냉블랑 재배지로 유명한 부브레 지역(프랑스 루아르)에 위치한다. 와이너리는 손 수확 및 가지치기와 같은 다양한 방법을 통하여 퀄리티 향상을 위한 노력을 지속적으로 하고 있다. 또한 1995년부터 와이너리가 소유한 포도밭 전체에 바이오 다이내믹 농법을 사용하여 포도를 재배하고 있다.

루아르 지역 고유의 투포(Tuffeau)라 불리는 석회암으로 만들어진 동굴에서 와인은 숙성과정을 거치며 이는 비뇨 슈브로 와이너리만의 특별한 2차 아로마를 향상시키는 데 큰 영향을 미친다.

2차적인 아로마는 주로 숙성과정 중 커지는데 석회 토양과 규조토가 주요 구성 성분인 투포 동굴에서 와인이 숙성될 때 미네랄 성질은 더 두드러지며 저장기간 동안 자연적으로 줄어드는 과실의 성질을 개선하면서 복잡미묘한 비뇨 슈브로 와인만의 특징을 선보인다. 주요 수출국으로는 독일, 네덜란드, 미국, 캐나다이며, 연평균 1만 6,000병의 소량 생산으로 제품의 질을 유지하고 있다.

- **품종** : 슈냉블랑
- **특징** :

끌로 드 루즈몽(Clos de Rougemont)은 372년 투르 인근 성 마틴에 의하여 세워진 마모티어 사원(Marmoutier Abbey) 안에 위치한 오래된 포도밭이다. 전설에 의하면 성 마틴이 아시아로부터 들여온 포도나무를 처음 루아르 부브레 지역 언덕에 심었으며 이는 오늘날 부브레 와인의 효시가 되었다. 성 마틴에 의해 생산된 와인은 병자와 노인을 위한 치료약으로 사용되었다. 중세시대, 서구 유럽사회의 가장 숭고한 사원 중의 하나로서 왕들과 교황들이 사원을 방문하여 성 마틴의 숭고한 와인을 맛보았다. 1789년 프랑스 혁명에 의한 사원의 파괴와 19세기 후반 필록세라의 재앙으로 인해 성 마틴의 와인은 기억 속에서 사라졌다.

2세기 가량 역사 속에 묻혀졌던 사원은 투레인 지역 와인협회와 투르 도시협회가 함께한 관련 전문가 위원회에 의하여 다시 수면 위로 떠올랐는데 이때 비뇨 슈브로 와이너리가 참여하여 끌로 드 루즈몽의 50년 임대계약을 따내며 1995년부터 포도밭을 다시 일구기 시작하였다. 척박한 진흙질의 석회 토양에서 바이오 다이내믹 농법의 병행은 포도나무가 너무 많이 생장하는 것을 방지하는데 그 결과, 다양한 아로마와 함께 신선하면서도 과실의 향이 풍부한 와인이 만들어진다. 작은 배럴에서 자연 효모를 이용하여 발효한다. 봄까지 앙금발효를 거친다.

- **컬러** : 황금색
- **향** : 라임나무 꽃 향기, 잘 익은 모과, 복숭아, 배, 아카시아 꿀 아로마, 미네랄 의 다양하면서도 정돈된 느낌
- **전반적 느낌** : 와인의 풍부한 과일의 특징과 산도감이 균형 잡혀 있고 식전 주로도 사용 할 수 있는 감칠맛 나는 와인이다.
- **가격** : 2만 9,900원 선

자료 제공: 〈금양인터내셔날〉

콘차이토로 트리오 레세르바 까베르네 소비뇽

Concha y Toro Trio Reserva Cabernet Sauvignon

- **국가, 지역** : 칠레, 마이포 밸리(까베르네 소비뇽), 라펠 밸리(시라, 까베르네 프랑)
- **생산자** : 콘차이토로

1883년 설립되고 와인 회사로는 처음으로 뉴욕 증시에 상장된 칠레 1위, 남미 1위의 와이너리이다. 1997년에 프랑스 특급 와인의 자존심인 샤또 무똥 로칠드의 바론 필립 가문과 조인트 벤처로 알마비바를 출시해 칠레에 울트라 프리미엄 와인의 장을 열었으며, 2005년, 2006년 연속으로 콘차이 토로의 아이콘 와인인 돈 멜초를 세계적인 권위의 와인 전문지 《와인 스펙테이터》가 선정한 100대 와인 중 4위에 랭크시켜 세계를 놀라게 했다.

또한 영국의 세계적인 주류산업전문지인 《드렁크 인터내셔널》에서 60명 이상의 글로벌 와인 비즈니스 전문가 투표를 통해 2011년, 2012년 2년 연속 '세계 최고의 존경 받는 와인 브랜드'로 선정되었으며, 미국, 영국, 캐나다, 일본 등 주요 와인 소비국내 칠레 와인의 독보적인 1위 점유율을 가진 회사이기도 하다.

- **품종** : 까베르네 소비뇽 70%, 까베르네 프랑 15%, 시라 15%
- **양조 특징** : 카베르네 소비뇽과 카베르네 프랑은 프렌치 오크에서 11개월간 숙성시키고, 시라는 아메리칸 오크와 프렌치 오크에서 총 11개월간 숙성시킴.

- **특징**

로버트 파커가 '지구상에서 가격 대비 가장 우수한 와인'이라 극찬한 와인
시리즈이다. 트리오는 숫자 '3'을 뜻하며, '3가지 품종의 완벽한 조화'라는
콘셉트로 탄생했다. 까베르네 소비뇽, 쉬라, 까베르네 프랑 블랜딩은 전 세
계에서 처음으로 시도되는 이색적인 도전이자 콘차이 토로이기 때문에 실
현할 수 있는 최첨단 양조 기술의 승리라 할 수 있다. 이 세 가지 품종이 잘
잡힌 구조감, 집중도, 농밀한 아로마의 하모니를 이루어 냈다.

- **컬러** : 진한 붉은 색을 띠는 와인.
- **향** : 스파이시한 향신료의 기운과 허브, 체리, 블루베리 등의 과일 향을 느
  낄 수 있다. 또한 은은한 타바코 향을 동반한다.
- **전반적 느낌** : 입안을 감싸는 단단하고 견고한 질감으로 여운이 오래 남는
  와인으로 흑색 과일과 스파이시하면서 신선한 미감이 특징이다.

- **수상 내역**
  - 2008 : Robert Parker 90+점
  - 2007 : Wine Advocate 90점
  - 2007 : Decanter ★★★★★ 5 Stars – Best Value
  - 2006 : Wine Spectator 91점
  - 2006 : Wine Enthusiast 93 점
  - 2006 : Korea Wine Challenge 금메달
  - 2003 : Wine Spectator 90점
  - 2003 : Wine & Spirits 92점
  - 2003 : Wine Enthusiast 90점
  - 2002 : Wine & Spirits 93점
- **가격** : 3만 5,000원 선

자료 제공 : 〈금양인터내셔날〉

꼬든 네그로

Cordón Negro

- **국가, 지역** : 스페인, 카탈루냐(Catalunya), 페네데스(Penedes)
- **생산자** : 프레시넷

– 전 세계 No. 1 스파클링 와인 브랜드(1985년~현재)
– 스페인 까바 수출량의 56%는 프레시넷. 전 세계 140개국 이상에 수출
– 1초에 3병 이상 판매(2011년 1억 병 이상 판매)
– 스페인 최초로 기압을 이용한 포도 압착 실행
– 스페인 최초로 냉장 저장고 이용하여 발효과정 엄격 통제
– 프랑스의 샴페인처럼 병 내 2차 발효 진행

1985년부터 확고부동한 전 세계 No. 1 스파클링 와인 브랜드, 스페인 까바의 대표주자인 프레시넷은 1914년에 '라 프레시네다 (La Freixeneda)'를 소유한 페르에르 (Ferrer) 가문과 이미 19세기부터 남미로 와인을 수출했던 스페인의 와인 선두주자인 살라(Sala) 가문의 자녀가 결혼을 하면서 설립되었다.

프레시넷은 스페인 까바의 선구자로서, 스페인 최초로 기압을 통한 포도압착 방식을 도입하였으며, 보다 고품질의 까바를 생산하기 위해 최초로 냉장저장고 시설을 구축한 와이너리이다. 1935년 런던과 미국에 해외지사를 설립, 스페인 까바 수출량의 56%의 시장점유율(현재 140개 이상의 국가에 수출)을 가지고 있으며, 2011년 1억 병 이상 판매하여 '1초에 3병 이상씩 판매'라는 명실상부 전 세계 NO.1 스파클링 와인 브랜드이다.

- **품종** : 마카베오(Macabeo), 사레요(Xarel·lo), 파레야다(Parellada)
- **특징** :
– 스페인 프리미엄 까바의 또 다른 이름, '프레시넷 꼬든 네그로'
– 미국 판매 No 1 스파클링 와인
– '검은 병에 담긴 샴페인 같은 고급 스파클링 와인'이란 뜻.
– 유명 모델이 200ml 꼬든 네그로에 빨대 꽂아 마셔 '빨대 와인' 애칭 생김

검은 병에 담긴 샴페인과 같은 고급 스파클링 와인이라는 의미로 네이밍된 '꼬든 네그로'는 프레시넷의 대표 상품으로 미국에서 가장 많이 판매되는 No.1 스파클링 와인이다. 유명 모델이 패션쇼의 백 스테이지에서 꼬든 네그로의 200ml 용량의 꼬마 병을 빨대에 꽂아 마시고 있는 사진이 찍힌 이후 '빨대 와인'이란 애칭을 얻었으며, 이후 수많은 스파클링 와인 브랜드가 이 콘셉을 벤치마크하고 있다. 페네데스 지역에서 재배되는 3개의 토착품종을 조화롭게 블랜딩하여 탄생한 산뜻하면서도 현대적인 까바다. 저온발효에서 오는 풍부한 과실 향과 까바 고유의 아로마가 피니쉬를 부드럽게 감싸 안는다. 기분 좋은 향과 풍부한 스파클링이 특징이며 풋사과, 배의 향이 산뜻하면서도 고급스럽게 펼쳐진다.

- **향** : 잔잔히 피어나는 레몬향과 함께 풋사과, 배, 복숭아, 파인애플, 멜론 등의 풍부한 과일향이 산뜻하게 펼쳐진다.
- **전반적 느낌** : 상큼한 과일 맛이 톡톡 튀는 탄산과 함께 상쾌하게 느껴진다. 무겁지 않지만 길고 엘레강스한 피니시가 인상적이다.

- **수상 내역**
– Robert Parker 86점 – Wine & Sprits best buy 선정 85점
– Decanter Silver 메달
- **가격** : 3만 2,000원 선

자료 제공 : 〈금양인터내셔날〉

마르께스 데 까세레스 크리안자

MARQUES DE CACERES CRIANZA

- **국가, 지역** : 스페인, 리오하
- **생산자** : 마르께스 데 까세레스

1970년 설립 시부터, 마르께스 데 까세레스는 리오하(스페인의 가장 유명하고 고급 와인을 생산해내는 지역) 와인의 르네상스를 끌어 온 선두주자의 역할을 해왔다. 5등급 그랑크뤼 클라새 와인인 샤또 까망삭(Ch. Camensac)을 소유하기도 했었던 포르네르 가문은 프랑스 와인들을 접하면서 쌓았던 수많은 경험과 노하우들 그리고 와인 양조학의 아버지라 불리는 에밀 패노 교수와 세계적인 와인 어드바이서로 활약하고 있는 미셸 롤랑의 혁신적인 양조 기술을 리오하 고유의 테루아와 품종에 잘 접목시켜 오늘날 세계 100여 개 이상의 국가에 수출하고 있다. 30여 년 만에 일궈낸 마르께스 데 까세레스의 세계적인 성공은 공식적인 조사기관에서 입증된 '스페인과 리오하의 가장 유명한 고 품격 브랜드'라는 타이틀로 짧게 요약할 수 있다. 《와인스펙테이터》가 선정한 '미국 레스토랑에서 가장 많이 판매되는 스페인 와인', AC 닐슨이 조사한 '미국 내 주류샵에서 가장 많이 판매되는 스페인 와인'에 선정된 명실공히 세계에서 가장 유명한 리오하 와인 브랜드이다.

- **등급** : Rioja DOCa – Crianza(크리안자)
- **품종** : 템프라니요 85%, 가르나차 틴타 10%, 그라시아노 5%
- **특징**

    마르께스 데 까세레스 크리안자는 레세르바와 함께 세계적인 권위의 와인 매거진인 《와인 & 스피리츠》가 조사한 '미국 레스토랑에서 가장 많이 판매되는 스페인 와인'으로 지난 6년 동안 5차례나 1등에 선정되었으며, 마르께스 데 까세레스 와인 중에서도 가장 많이 판매되는 대중적인 인지도가 매우 높은 모던하고 과일 향 풍부한 스타일의 와인이다.

- **컬러** : 밝은 루비 레드 컬러
- **향** : 붉은 과일류의 향이 부드러운 바닐라 향과 조화를 잘 이뤄 기분 좋은 아로마를 형성한다.
- **전반적 느낌** : 실크처럼 부드러운 타닌이 풍성한 과일의 미감을 극대화시켜 주며 입안을 꽉 채우는 맛있는 와인으로 복합적인 미감이 긴 여운으로 마무리된다.

- **수상내역**
    - 2007 Wine Spectator 84점
    - 2007 International Wine Contest 2011 Gold Medal
    - 2004 2005 2004/2005 : Guia Penin 88점
- **가격** : 3만 5,000원 선

자료 제공 : 〈금양인터내셔날〉

트라피체 오크캐스크 말벡

OAK CASK MALBEC

- **국가, 지역** : 아르헨티나, 멘도자
- **생산자** : 트라피체(Trapiche)

안데스 산기슭의 멘도자에 위치한 트라피체는 세계 4위, 남미 제1의 와인 그룹이자 여러 시상식에서 '베스트 아르헨티나 와인'으로 선정된 경력으로 세계에 가장 잘 알려진 아르헨티나 와인 브랜드이다. 1883년에 설립되어 120여 년의 긴 역사 속에서도 개척정신과 혁신적인 마인드를 유지해 온 트라피체는 세계적인 와인 컨설턴트인 미셸롤랑과 합작으로 만들어 낸 '이스카이'란 제품으로 세계적인 명성을 얻으며 아르헨티나 와인의 위상을 드높이고 있다. 또한 영국에서 열리는 세계적인 권위의 와인품평회인 IWSC에서 올해의 아르헨티나 와이너리(Argentine Wine Producer of the year) 트로피를 2004년, 2006년, 2011년 수상하여 아르헨티나 1위 와이너리로서의 위상을 확실히 이어가고 있다.

- **품종** : 말벡
- **특징**

  오크캐스크는 트라피체의 플래그십 리저브 와인으로, 레드 와인은 12개월, 화이트 와인은 9개월 동안 오크 숙성을 통해 만들어진다.
- **컬러** : 무겁고 짙은 적색 와인
- **향** : 블랙체리와 플럼의 달콤한 아로마
- **전반적 느낌** : 스모키하고 바닐라의 터치가 느껴진다. 매우 뛰어난 텍스쳐와 부드러운 타닌과 롱 피니시를 자랑한다.

- **수상내역**
  - 2010 Wine Spectator 87점
  - Korea Wine Challenge 2011 금메달
  - 2007 덴마크신문 Superavisen 5.14(6점 만점)으로 우수상품에 선정
  - Wall Street Journal, Best Value로 선정
  - 2006 Wall Street Journal, Best Value로 선정
  - Japan International Wine Challenge 은메달
  - 2005 Wine Enthusiast 89점 BEST BUY 선정
  - Wine Spectator 'TOP VALUES' 선정
- **가격** : 3만 5,000원 선

자료 제공 : 〈금양인터내셔날〉

03

소믈
리에

소믈리에, "제대로 알고 이야기합시다."

"소믈리에가 되고 싶은데 거기서 배울 수 있나요?"

운영하고 있는 와인스쿨로 고등학교에 다니는 학생을 둔 엄마로부터 전화를 받았다. 지금 고등학교 2학년인데 꼭 소믈리에가 되고 싶다면서 지금 당장 소믈리에 공부를 하겠다고 엄마를 졸라 와인스쿨로 전화를 하게 되었다고 했다. 고등학생뿐 아니라 중학생들도 소믈리에를 하고 싶은데 어떻게 하면 되느냐고 상담 전화가 오고 있다.

소믈리에 지망생들은 어린 학생들뿐만 아니다. 현재 직장에서 다른 일을 하고 있지만 소믈리에로 직업을 바꾸기를 원하는 사람, 전공을 바꾸어서 소믈리에를 공부하고 싶다는 대학생, 가정주부인데 소믈리에 과정을 배우면 취업이 가능하냐는 사람, 또 현재는 직장인이나 나중에 와인 관련 사업의 창업을 희망하는 사람 등 많은 분야의 사람들이 소믈리에에 대하여 관심을 가지고 있다.

예전에는 TV 드라마에서 재벌 가족들의 식사 때에나 와인을 마시는 장면이 나왔었는데 요즈음에는 보통 사람들의 식사에도 와인 마시는 장면이 나온다. 또 와인이 심장병에도 좋다, 불면증에도 좋다, 성인병도 예방한다, 암도 예방한다는 등 여러 가지로 건강에 좋다는 연구 결과들이 심심찮게 매스컴을 통하여서 알려지고 있다.

이렇게 드라마나 뉴스들을 보고 웰빙을 추구하는 사람들 가운데 기왕에 술을 마시려면 건강에 좋은 와인을 마시자는 사람들이 늘어나고 있다.

또 한때 골프를 모르면 대화하기가 어렵다고 말하던 시절이 있었던 것처럼 요즈음에는 와인을 모르면 대화에 끼어들지 못한다는 이야기가 있을 정도로 와인에 관심을 가지고 또 즐기는 층들이 늘어나고 있다.

대기업 등에서는 세계화는 영어만 잘 한다고 되는 것이 아니고 서양의 문화를 이해하는 것이 필요하고 서양문화에서 중요한 부분을 차지하는 와인을 아는 것이 필수적이라 판단하여 와인의 상식과 매너 등을 강의해 달라는 의뢰가 많이 늘어나고 있다. 국제화 시대에 따라서 와인이 우리의 생활 속에 깊이 들어오는 데 따른 자연적인 추세가 아닌가 생각한다.

몇 해 전에는 만화책에 소믈리에가 소개되어서 사회적으로 큰 화제가 되기도 해서 그러는지 요즘 젊은 층에서는 와인보다는 소믈리에라는 직업에 더 관심을 가지는 사람들도 있다. 이런 시대상황으로 어린 학생들도 장래 희망이 소믈리에가 되어 멋있게 일하고 싶다면서 학교 공부를 그만 두고 소믈리에 공부를 하겠다고 부모님을 졸라대는 것이 아닌가 생각된다.

와인에 관심을 가지는 사람이 많아지고 또 공부하겠다고 하는 사람이 많아지면 와인이 점점 더 대중화되고 와인의 소비도 늘어날 수 있기 때문에 와인 업계에 종사하고 있는 사람으로서 아주 환영할 만한 일로 생각된다.

그런데 많은 어린 학생들이 소믈리에가 되는 것이 장래 희망이라고 생각하게 되는 것도 바람직한 일이기는 하나 어린 학생들이 소믈리에가 되기를 희망하게 되는 그 동기를 알고 보면 썩 그렇게 좋다고는 볼 수 없는 일이라 생각된다. 왜냐하면 만화나 드라마에서 소믈리에를 너무 미화하고 있어서 어린 학생들이 혹시나 소믈리에에 대한 환상을 가지고 있는 것이 아닌가 하는 점이다.

소믈리에가 해야 할 여러 가지 많은 업무 중에서 여러 가지 힘들고 어려운 업무는 숨겨지고 와인 맛보는 것만을 너무 강조하여서 와인의 맛을 보고 와인 이름을 알아맞히는 대단한 능력을 가진 멋있는 사람으로만 부각되어 있다. 이것이 어린 학생들로 하여금 "야, 그 소믈리에 정말 근사해 보인다." 하고 생각하게 되지 않나 하는 점이다. 소믈리에를 지망하는 학생들과 일반인들 또 사회적으로도 소믈리에라는 직업을 좀 더 자세히 이해하는 것이 필요하

다고 생각한다.

　소믈리에는 옛날에 군대나 기관 등에서 짐을 운반하는 짐승을 관리하는 사람 혹은 보급품을 관리하는 사람을 일컫는 단어이다. 그러나 근래에 와서 레스토랑 등에서 고객에게 와인을 추천하고 와인을 서빙하는 사람을 칭한다. 영어로는 와인 웨이터(wine waiter) 혹은 와인 스튜어드(wine steward)라고도 한다.

　소믈리에는 업소에서 단지 와인만 취급하는 것이 아니고 꼬냑, 위스키, 맥주 등의 주류와 사이다, 콜라, 과일주스, 생수, 커피, 차 등 주방에서 조리해서 나오는 요리 이외의 모든 음료를 서비스한다. 또 창고에 있는 이런 제품들의 재고 관리와 구매에 관한 업무도 한다.

소믈리에는 레스토랑이나 바 등에서 고객들이 원하는 경우 주문한 요리에 잘 어울리는 적당한 와인을 추천하고, 와인을 품격 있게 서빙하여 고객들이 만족하도록 하여 업소가 돈을 많이 벌도록 하는 것이 기본 임무이다.

와인을 잘 추천하기 위하여서 음식과 와인의 맛을 잘 아는 것이 중요하고 와인의 맛을 잘 알기 위하여서 본인이 와인 이론 공부도 많이 하고 또 와인을 맛보는 훈련도 많이 해야 한다.

그러나 소믈리에가 하는 여러 가지 일들 중에서 가장 중요한 일은 와인 맛을 보는 일이 아니라 와인을 잘 서빙하여 고객이 만족하도록 하는 것이라는 점을 이해하기 바란다.

실제로 고객들과 와인의 맛에 대하여 이야기할 수 있는 시간은 별로 많지 않고 와인을 서빙하는 등의 고객이 즐거운 시간을 가지도록 배려하는 시간이 대부분이다. 이러한 전체적인 서비스를 통하여 고객이 만족하고 다시 방문할 수 있도록 하여 업소의 수익을 올리는 것이 당연히 가장 중요하다.

소믈리에가 와인 맛에 대하여 너무 아는 체하여 손님들과 토론을 벌이거나 손님들을 교육하는 듯한 인상을 주는 것, 또 너무 오랫동안 와인 맛에 대하여 이야기하는 것도 바람직하지 않다.

소믈리에는 근사한 제복을 입고 우아하게 와인의 맛만 보는 사람이 아니라 업장에서 고객의 만족을 위하여서 피나게 노력해야하는 영업사원의 하나라는 사실을 확실히 인식해야 한다. 또 레스토랑 등에 근무하는 소믈리에는 대체로 점심시간에 시작하여 저녁

10시쯤까지 근무하고, 와인 바 등에서는 오후 5시부터 새벽 2시쯤 까지 일을 해야 하는 힘든 직업이다. 이렇게 주로 야간에 근무하다 보니 주간에 근무하는 일반 직장인들과는 다르게 친구들과 만나는 시간 등의 사회생활에는 많은 어려움이 있다.

또 소믈리에도 매니저가 될 때까지는 와인 잔을 씻거나 업장 청소 등의 힘든 일도 해야 하는 과정도 거쳐야 한다는 점도 이해해야 한다.

와인 문화가 대중화되면 머지않아서 우리나라의 와인 시장이 지금보다 4~5배 커질 것으로 전망되며 그렇게 되면 와인 산업에서 종사해야 할 사람들도 많아지게 될 것이다.

이럴 경우 소믈리에의 수요도 많아지고 중요성도 커지게 되므로 현재보다 소믈리에에 대한 사회적인 인식과 대우가 훨씬 좋아지게 될 것으로 보이므로 앞으로도 많은 사람들이 소믈리에가 되기를 희망할 것이다.

그러나 소믈리에 직업에 대한 지나친 환상을 버리고 현실적으로 소믈리에 업무를 제대로 인식하고 난 후에 소믈리에가 되기를 희망해야 한다고 생각한다.

와인의 향을 맡을 때 왜 여자 형상이 안 떠오를까

몇 년 전에 소믈리에를 주제로 한 일본의 만화가 한국에서 출판되어 사회적으로 큰 반응을 일으켰고 모 대기업의 총수는 임직원들에게 이 책을 구입해 나누어 주고 읽어 보도록 하였다고 한다. 비슷하게 흉내 낸 드라마도 국내 TV에 방영된 적이 있다.

어린 학생들도 만화나 드라마를 보고서는 소믈리에가 되겠다고 난리들이다. 독자들도 이 책을 읽었거나 이 책에 관하여 이야기해 본 경험들이 있을 것이다. 그동안 초보자를 위한 와인 책이 많이 출판되었으나 별로 사회적 관심을 끌지는 못하였지만 이 만화책은 엄청나게 베스트셀러이었다고 한다. 와인 애호가들뿐만 아니라 와인에 관심이 없던 일반인들도 재미있게 읽고 와인에 관심을 가지게 되었다는 말을 많이 들었다.

만화책으로 인하여서 사회적으로 와인에 관심이 많아져서 와인의 판매가 늘어나는 등 와인 산업에 상당한 도움이 되었다고 생각한다. 그 책의 저자가 일본 사람이지만 많은 아시아 나라들에서도 비슷하게 인기가 많았고, 유럽의 와인회사 직원들도 소식을 듣고는 상담 때에 이야기하는 것을 들었다. 이렇게 독자들에게 쉽게 접근할 수 있는 와인 책이 앞으로도 많이 나왔으면 좋겠다는 생각이 든다.

이 만화책을 보고 일반인이 재미있게 와인에 접근하게 되는 것은 바람직하다고 생각하나 와인 업계에서 직업적으로 일을 하고 있는 사람들이 이 만화에 푹 빠져서 만화에 나오는 대로 흉내를 내는 것은 옳지 않은 일이라 생각한다. 그래서 와인 업계에서 오래 일해 온 사람으로서 몇 가지를 짚고 넘어 가고자 한다.

물론 만화책의 내용을 하나씩 지적하면서 옳고 그름을 따질 의도는 없다. 다만 만화에서 크게 잘못 이야기되고 있는 몇 가지를 지적하고자 한다.

첫째 와인의 맛을 볼 때에 냄새를 맡으면서 자주 머릿속에 여자의 형상을 그리고 있다. 이것을 보고 어떤 사람들이 "나는 왜 여자의 형상이 머리에 안 떠오르지?" "나는 와인 맛보는 재능이 전혀 없는 것이 아닌가." 하고 말하는 사람을 만나 본 일이 있다. 또 어떤 사람은 "와인 맛보는 데 도가 통하면 여자 형상이 보입니까?"라고 묻는 사람도 있었다.

분명히 말하건대 여자의 형상이 머릿속에 나타나지 않는다고 실망할 필요는 없다. 머릿속에 여자의 형상이 나타나지 않더라도 당신은 지극히 정상이니 걱정하지 마시기를 바란다. 와인을 마시면서 머릿속에 여자가 나타난다는 것 자체가 아주 추상적인 표현일 뿐이다.

자자가 포도주 공장에서 일하면서, 또 미국, 독일, 프랑스에서 와인 공부를 하면서 와인 맛보는 수업을 많이 받았는데 와인의 맛을 보고 표현을 할 때에는 구체적이고도 객관적인 단어를 사용하여 남들이 알아들을 수 있도록 해야 한다고 배워 왔다.

사람마다 자기가 느끼는 맛을 표현할 때 나름대로의 추상적인 용어를 사용하면 듣는 사람이 "도대체 이 친구가 무슨 말을 하는 거야" 하고 이해할 수가 없을 것이다. 혼자서 맛보고 즐기고 끝나는 경우에야 무슨 말로 표현하든 상관이 없겠으나, 자신이 마신 와인의 맛을 다른 사람에게 이야기할 때에는 서로가 알 수 있는 용어를 사용해야 와인의 맛을 공감하고 같이 즐길 수 있게 되는 것이 아니겠는가?

특히 프랑스 보르도에 있는 와인스쿨에서 소믈리에 과정을 공부할 때에는 눈으로 보고 코로 냄새를 맡고, 혀로 맛을 보고 입안 전체에서 오는 느낌을 본인이 정확하게 느껴야 하고 또 이러한 느낌을 잘 표현할 수 있는 훈련을 하였다. 특히 표현할 때에는 실제로 객관적이면서 정해진 용어들을 잘 활용하도록 배웠다.

이런 어휘를 많이 알고 있으면서 적재적소에 잘 사용하는 것이 소믈리에나 와인 업계에 종사하는 사람, 기타 와인 전문가들이 가져야 하는 덕목이다. 부탁하거니와 와인 업계에서 직업적으로 혹은 전문적으로 일을 하시는 분들께서는 와인 냄새를 맡으면서 여인의 형상이 나타난다는 등의 추상적이고 주관적인 표현을 사용하지 말고 객관적이고 남들이 알아들을 수 있는, 가능하면 정해진 용어들을 사용하기 바란다.

둘째는 디켄팅(decanting)하는 행동에 관해서 한마디를 하지 않을 수 없다. 그 책을 보면 와인 병을 쳐들고 와인을 무슨 명주실을 뽑듯이 가느다랗게 뽑아서 디켄터에 따르는 재미있는 장면이 여러 번 나오는데 이것을 보고 소믈리에들이 따라한답시고 이상하고도 해괴망측한 행동으로 디켄팅을 하는 것을 본 일이 있다.

일반 아마추어들이야 디켄팅을 잘 알지 못하니 따라할 수도 있다 하더라도 적어도 소믈리에로 직업적으로 일하는 사람들이 만화책에 나온 것을 흉내 내다니 한심스러운 생각이 든다. 도대체가 이런 해괴한 모양으로 하는 디켄팅은 그동안 들어보지 못한 행동이다.

디켄팅이란 와인 병 속에 있는 침전물을 미리 제거하여 와인을 잔에 따를 때에 와인 잔 속에 들어가지 않도록 하여서 손님이 좋은 와인을 즐길 수 있도록 하는 것이다.

디켄팅하는 요령은 왼손에는 디켄터를 오른손에는 와인 병을 잡는데 와인 병이 뉘어진 상태에서 흔들리지 않게 서서히 와인을 디캔터 속으로 따른다. 병의 어깨 부분 아래에 촛불을 켜 놓고서 병의 위쪽에서 와인을 주시하면 처음에는 맑은 와인만 지나다가 나중에는 침전물이 지나가는 것이 보이는데 적당한 시점에서 디캔팅을 중지하면 디캔터 속에는 맑은 와인이, 병 속에는 침전물이 많은 든 와인이 남게 된다. 이렇게 하여 디캔터 속의 맑은 와인을 서빙한다.

디캔팅은 항상 촛불 위에서 실시하여 침전물이 흘러들어가는 것을 보면서 해야 한다. 그런데 병을 높이 쳐들고서 명주실을 뽑듯이 가늘게 뽑아가지고서야 어떻게 촛불 위에서 침전물을 볼 수가 있겠는가? 디캔팅은 그런 폼으로 하는 것이 아니다.

혹시라도 현직 소믈리에들은 이런 흉내라도 내지 말기를 바란다. 또 이런 만화가 아니 엉뚱한 모션과 표현을 하는 드라마가 만들어질까 걱정되기도 한다.

디캔팅을 하면 와인 속의 침전물을 제거하는 효과 이외에도 와인이 교반되어서 공기와 접촉하는 면적이 커지고 향이 잘 휘발하게 되어 와인의 향이 좋아지는 부수적인 효과도 있다.

디캔팅은 소믈리에가 손님에게 보여주는 최고의 서비스이고 와인 서빙의 꽃이라고 할 수 있다. 앞으로 와인이 대중화되면 이런 디캔팅을 하는 일이 많아질 것이다. 따라서 와인 애호가들은 디캔팅의 효과 등을 자세히 알아둘 필요가 있을 것으로 생각되어 뒤에서 자세히 설명하는 기회를 갖도록 하겠다.

디켄팅,
"이렇게 하는
겁니다."

디켄팅이란 와인을 서빙할 때 쓰는 말인데 와인을 제법 안다는 정도가 되어야 알 수 있는 단어이지만 만화《신의 물방울》에서 턱도 없이 많이 나오는 바람에 와인을 모르는 사람들도 디켄팅 이야기를 하는 것을 볼 수 있다.

와인 문화가 대중화되어 가는 시점에서 많은 사람들이 들어보기는 하였으나 정확히는 이해하지 못하고 있는 디켄팅에 대하여 설명을 하려고 한다.

디켄팅은 와인 병 속에 갈아 앉아 있는 침전물을 미리 제거하는 것을 말한다. 만일 와인 병 속에 있는 침전물을 제거하지 않고 그냥 와인을 서빙하면 처음에 따르는 몇 잔 정도는 와인이 깨끗하고 침전물이 별로 없겠으나 마지막 잔쯤에 가서는 와인 잔 속에 침전물이 많이 들어 있어 마시기에 기분이 썩 좋지는 않게 된다.

이런 침전물을 보고 기분이 상하여서 와인 속에 무슨 이물질이 들어 있냐고 주인을 부르고 난리를 칠 필요는 없다. 와인에는 이런 침전물이 있을 수 있다. 또 이 침전물은 이물질은 아니고 원래 포도에 있던 성분으로 대부분 건강에도 무해하다.

화이트 와인의 경우 침전물은 대부분의 경우 주석산염이다. 화이트 와인 병은 대부분 초록색이나 갈색 또는 흰색으로 침전물 있으면 외부에서 잘 보인다. 그래서 화이트 와인의 경우 이런 침전물이 병 속에 있더라도 와인을 따를 때에 조심하면 맑은 와인만을 잔에 따를 수가 있으므로 화이트 와인은 디켄팅을 하지 않는다.

그런데 레드 와인은 다르다. 레드 와인은 대부분 초록색이나 갈색 병에 담는데 병 속의 와인 색깔이 까맣게 보여서 침전물은 전혀 보이지 않는다. 레드 와인은 주석산염 이외에도 오래 저장하면 와인 속의 붉은 색소가 서서히 침전한다. 특히 색상이 짙은 레드 와인의 경우 오래 저장하면 색소가 상당히 침전하게 되는데 외부에서는 보이지 않으나 병 속에는 침전물이 있으므로 이것을 디켄팅을 통하여서 제거하는 것이다.

부르고뉴 레드 와인과 보졸레 레드 와인같이 색상이 옅은 레드 와인은 색소의 침전이 많지 않으므로 디켄팅을 잘 하지 않는다. 물론 이들 와인도 주석산이 많거나 또 특별한 와인의 경우 디켄팅을 한다. 그러나 보르도의 그랑 크뤼 클라세급 와인의 경우 붉은 색이 진하므로 7~8년 정도 저장하면 색소가 침전하고 일부의 경우 주석산염도 침전할 수 있다. 이런 와인은 당연히 디켄팅을 해야 할 것이다.

디켄팅의 목적은 레드 와인 속의 침전물을 미리 제거하여 맑은 와인을 서빙하기 위함이다. 디켄팅을 하다 보면 침전물 제거 이외에 부수적으로 향과 맛이 좋아지는 효과가 있다. 이 부수적인 효과에 대하여서는 다음에 한 번 더 이야기를 해보겠다.

와인 병을 눕혀서 오래 보관하면 와인 속의 침전물이 병의 아래쪽에 서서히 가라앉는다. 이렇게 가라앉은 침전물을 조심스럽게 제거해야 한다.

경험이 적은 소믈리에의 경우 무의식적으로 다른 와인 병을 취급할 때와 같이 병을 손에 들고 흔들고 가는 것을 자주 보았다. 소믈리에로서 기본이 안 되어 있는 행동이다. 소믈리에는 당연히 와인 병을 누워 있는 상태로 조심스럽게 바구니에 담아서 손님에게로 가지고 가야 한다.

디켄팅은 좀 복잡한 작업이므로 접시와 물잔과 와인 잔 등이 세팅이 되어 있는 손님의 테이블 위에서 하면 번거로울 수 있다. 그러므로 손님 테이블 옆에 작은 보조 탁자를 하나 별도로 준비해서 그 위에서 디켄팅을 하는 것이 바람직하다.

보조 탁자 위에 와인 병이 담긴 바구니를 가만히 올려두고 바구니에 담긴 상태로 와인 병의 캡슐과 코르크를 조심스럽게 따야 한다. 그 후에 바구니에서 와인 병을 눕힌 상태로 조심스럽게 꺼내어

병 속의 와인을 디켄터라고 불리는 좀 이상하게 생긴 유리그릇에 따른다.

와인 병이 비스듬히 누운 상태에서 와인을 서서히 따르면 침전물은 디켄터에 따라들어가지 않고 와인만 들어가는데 육안으로 그냥 보아서는 침전물이 따라들어가는지 잘 보이지 않는다. 따라서 이러한 작업은 촛불을 켜 놓고 그 위에서 해야 병 속의 침전물이 넘어가는 것이 잘 보인다.

즉 와인 병이 누워 있는 상태에서 병 어깨 부분의 아래에 촛불이 오도록 하고 병 위에서 보면 병 속의 와인이 밝은 붉은색으로 보이고 침전물은 혼탁한 뿌옇거나 결정의 모양으로 잘 구별할 수 있다.

와인의 디켄팅은 이렇게 꼭 촛불 위에서 해야 된다. 촛불 위에 와인 병을 바짝 갖다 대면 병이 뜨거워지고 따라서 와인도 데워져서 와인의 맛을 망치므로 와인 병은 촛불에서 상당히 떨어지도록 해야 한다.

이렇게 맑은 와인만을 디켄터에 따르다가 침전물이 디켄터 속으로 넘어가는 것을 육안으로 확인하면 적당한 때에 디켄팅을 중단하여 디켄터 속에 맑은 와인만을 받아서 이 디켄터로 손님에게 와인을 서빙을 하면 된다.

디켄팅을 하는 과정이 좀 복잡하기는 하나 이러한 작업을 손님의 테이블 옆에서 손님의 시선을 끌 수 있도록 절도 있게 또 익숙한 동작으로 해야 한다.

침전물 제거를 하는 동시에 손님에게 볼거리를 제공하고 또 특별한 대접을 받는다는 인상을 가지게 하여 고객을 만족시키는 하나의 행사로 활용되고 있다. 오래 보관하는 레드 와인은 대체로 고가의 좋은 와인인 경우가 많으므로 서빙도 격에 맞추어서 품위 있게 하는 것이다.

디켄팅은 고객을 위한 최고 수준의 와인 서빙으로 여겨지고 있으므로 소믈리에들은 평소에 이러한 디켄팅을 자주 연습하고 숙달하여 자연스럽고 절도 있게 수행이 되도록 해야 한다. 아무리 이론에 밝은 소믈리에라고 하더라도 디켄팅할 때에 손님 앞에서 미숙하여 덤벙대거나 자신 없는 자세로 한다면 훌륭한 소믈리에라고 할 수 없다.

04

와인
상식

와인 잔을
왜 그렇게 잡아?
촌스럽게

와인이 점점 대중화되어 가면서 와인 문화를 잘 모르는 데서 오는 논쟁이 가끔 있다. 예를 들면 와인의 잔을 잡을 때 와인 잔의 자루(stem) 부분을 잡아야 한다는 사람과 적당히 알아서 잡으면 된다는 사람들의 논쟁 등이다.

여러분의 생각은 어떠한가? "와인 잔 잡는 거, 그거 아무렇게 대충 잡으면 돼" 하고 큰소리를 치다가도 정작 좀 점잖은 자리에 가게 되는 경우 자신감은 어디가고 "와인 잔을 제대로 잡아야 촌사람 소리를 듣지 않을 텐데…" 하는 생각에 옆 좌석의 사람들을 힐끗힐끗 쳐다본 경험은 혹 없으신가?

화이트 와인은 차게 마셔야 제 맛을 즐길 수 있다. 따라서 서빙을 할 때에는 미리 와인 병을 차게 냉각시킨다.

화이트 와인의 잔을 볼(bowl) 부분을 잡으면 체온이 전달되어서 와인이 금방 미지근하게 될 수 있고 그렇게 되면 상큼한 맛이 줄어들어 와인 맛을 제대로 보기 어렵게 된다. 따라서 화이트 와인은 당연히 자루 부분을 잡아야 한다.

"레드 와인의 경우 즐길 수 있는 온도가 화이트 와인보다는 좀 높으니 잔을 잡을 때에 볼 부분을 잡으면 체온 때문에 온도가 조금 올라가니 더 좋을 것 아니냐?"라고 생각을 할 수 있겠으나 와인은 체온으로 온도를 올리는 것보다는 서빙하기 전에 적당한 온도가 되도록 하여서 마시는 것이 좋다. 따라서 레드 와인도 자루를 잡는 것이 바람직하다.

"그렇다면 결국 화이트나 레드 와인 둘 다 잔의 자루 부분을 잡는 것이 맞다는 말인데 TV 뉴스를 보면 유명인사들도 잔의 볼 부분을 잡고서 와인을 마시는 것을 많이 볼 수 있다. 그런 사람들이 와인 매너를 모르는 무식한 사람이라서 그러냐?" 하고 독자들께서 이의를 제기할 수 있다.

와인의 역사가 엄청나게 오래는 되었으나 "와인 잔은 어떻게 잡아라." 하고 법으로 정해 놓은 것은 없다. 그래서 유명인사들이 와인 잔을 잡을 때에 어떤 사람들은 자루 부분을, 어떤 사람은 볼 부분을 잡는 것이고, 우리를 혼란스럽게 만드는 것이다.

와인 잔을 개인의 취향에 따라서 볼을 잡건 자루를 잡건 뭐라 할 수는 없다. 다만 와인 잔을 잡는 방법에 대하여서 정해진 바는 없

으나 저자 나름대로 배우고 경험한 바를 이야기해 보겠다.

와인 잔을 잡을 때에 다음의 경우에는 엄격하게 자루 부분을 잡고 마셔야 한다고 생각한다.

첫째, 와인의 맛을 엄밀히 감정할 필요가 있는 경우이다. 포도주 공장에서는 실험실에서 주기적으로 탱크나 오크통 속 와인의 품질을 분석한다.

와인의 발효와 저장 공정 동안 와인의 품질이 정상적으로 관리되고 있는지를 파악하고 필요한 경우 조치를 취하게 되는데, 와인의 품질 변화를 체크하는 방법에는 두 가지가 있다. 하나는 실험실에서 분석을 통하여 그 변화를 알아내는 방법이고, 또 하나는 와인의 관능검사(시음)을 하는 방법이다.

분석으로 많은 경우 와인의 변질을 찾아낼 수 있다. 그러나 아주 미세한 변화의 경우 실험상의 오차도 있기 때문에 품질의 변화를 파악을 하지 못하는 경우가 상당히 있다. 이렇게 미세한 변화도 인간의 감각기관을 사용한 시음을 통하여서 알아낼 수 있는 경우가 많다. 즉 분석상으로는 정상으로 체크되는데 시음을 통하여서 와인의 변질을 알아내는 경우가 있다.

이러한 시음은 감각 기관의 오염이 가장 덜 된 상태인 오전 10시 전후에 정해진 장소에서 와인의 온도를 철저히 맞추고서 실시한다. 이렇게 품질 관리를 목적으로 와인을 시음할 때에는 당연히 또 엄격하게 와인 잔의 자루 부분을 잡아야 한다.

조금 원용하여서 포도주 공장의 실험실뿐만 아니라 와인을 수입하는 회사에서 새로 수입하는 와인의 맛을 볼 때에도 엄격하게 자루 부분을 잡고서 시음을 해야 한다. 그 이외에 소비자들도 집에서 혹은 레스토랑에서 새로 구입한 와인을 시음하는 경우 와인의 변질 여부를 파악해야 하므로 당연히 와인 잔의 자루 부분을 잡고서 시음하는 것이 필요하다.

둘째, 공식적인 자리에서 와인을 마시는 경우이다. 공식적인 자리라는 것은 엄격하게 예의를 지켜야 하는 모임을 말하는데 이것은 옛날, 특히 전통적인 유럽 귀족 가문의 엄격한 예절, 상류 사회의 사교 모임, 국가 간의 외교 행사 등의 문화에서 유래한 것이다. 이런 자리에서는 정해진 복장과 또 매너를 지켜야 했고 오늘날도 이런 사회에서는 엄격하게 전통이 고수되고 있다.

예를 들어보겠다. 보통사람이라고 생각하시는 여러분이 청와대의 공식 만찬에 초대되었다고 가정하자. 청와대에 초청되었다는 사실만으로 흥분될 수 있다. 또 청와대에 출입하려면 어떤 옷을 입어야 하고 명찰은 어떻게 달고 몇 시까지 어디에 집결하는지 등등 여러 가지를 점검과 교육을 사전에 받는다고 한다.

청와대의 만찬에 초대된 사람의 수가 많지 않다면 만찬 자리에서 사고와 말과 행동에 상당히 절제가 필요할 것이다. 즉 격식에 맞게 행동을 하려고 신경을 쓰다 보면 밥이 입으로 들어가는지 코로 들어가는지 정신이 없을 것이다. 이렇게 대단한 자리에서는 지켜야 할 테이블 매너라는 것이 있고 이러한 것을 잘 모르면 상당히 당황스러운 시간이 될 수 있다.

청와대뿐 아니라 회사에서는 회장이나 혹은 사장과 사원들이 식사를 하는 경우에도 사원으로서 예의를 지켜야 하는 등 상당히 조심스러운 자리가 될 수 있다. 이런 공식적인 자리에서 와인을 마시는 경우 당연히 와인의 예법을 엄격하게 지켜야 할 것이다.

위와 같은 경우 등에는 와인 잔을 잡을 때에 꼭 자루 부분을 잡기를 권한다. 그 이외의 경우라도 가능하면 와인 잔의 자루 부분을 잡을 것을 권하고 싶다. 잔의 볼 부분을 잡아야 하는 꼬냑이나 위스키 등의 고도주 문화와는 다른 와인의 문화도 즐겨져야 한다고 생각한다.

그러나 공식적인 자리가 아닌 캐주얼한 자리에서의 와인 잔을 잡는 방법은 개인의 취향에 맡기고 상대방을 비판하지 않는 것이 옳다고 생각한다. 회사에서도 공식적인 회의나 모임에서는 정장에 넥타이를 매고 구두를 신어야 하겠으나 공식적인 행사가 끝난 후나 일과 후에는 자유롭게 캐주얼한 복장으로 저녁 식사를 하든지 혹은 2차 모임을 가질 것이다.

와인 잔을 어떻게 잡는 것이 옳으냐는 논쟁은 계속 이어지겠으나 여러분들께서는 나름대로 주관을 가지고 소신 있게 행동하기 바란다. 저자는 가능한 한 와인 잔의 자루 부분을 잡기를 권한다. 특히 모임을 시작하는 자리에서는 격식을 갖추는 것이 좋다고 생각한다. 그러나 자유로운 자리에서는 너무 형식에 얽매이지 않아도 된다고 생각한다.

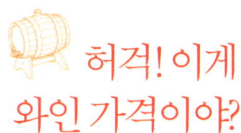

허걱! 이게 와인 가격이야?

프랑스의 최고급 와인들의 가격이 엄청나게 비싸지고 있다.

최고급 와인인 프랑스 보르도의 1등급 그랑 크뤼 끌라세(Grands Cru Classé) 샤또의 와인은 과거에 우리나라에서 30~40만 원이면 살 수 있었으나 근래에 들어서는 60~70만 원 정도로 인상되었다.

그러던 것이 2012년 봄에 2010년산 포도로 만든 와인을 테이스팅을 하면서 시판 가격을 발표하였는데 작년에 작황이 워낙 좋다면서 1등급 그랑 크뤼 샤또 와인은 우리나라에 수입되면 소매점에서 한 병에 적어도 200만 원에 팔릴 것으로 예상된다. 혹시 호텔 레스토랑에서 마신다고 하면 300~400만 원은 지불해야 될 것으로 생각된다. 이 와인은 아직은 오크통 속에서 숙성되고 있고 대체로 내년 연초쯤이나 출하될 것이다.

와인 한 병 가격이 30~40만 원도 사실 비싸지 않은가? 후하게 쳐서 세계 최고급 와인이니 60~70만 원 정도는 이해할 수 있다고 볼 수 있으나 200만 원은 너무한 것이 아닌가 생각이 든다. 이건 와인 가격이 아니라 루이비통이나 샤넬 등 명품들의 가격이다. 와인이 무슨 예술품인가? 그것도 대단한 예술가의 작품인가 말이다. 사정이 이렇게 된 이유를 알아보겠다.

예전에는 유럽에서 와인을 생산하여서 전 세계에 공급했다. 전세계라고 해봐야 유럽과 신대륙의 일부 부유층이 주 고객이었다. 옛날에는 프랑스를 중심으로 이탈리아, 스페인 등이 와인을 생산하여 전 세계에 공급하였는데, 이제는 미국, 칠레, 호주, 남아공 등에서 와인을 생산하여 유럽과 경쟁하는 시대에 들어섰다.

각국 사람들의 와인 소비가 늘어나기는 하였으나 많이 늘지는 않는 데 비하여 유럽 사람들은 와인 소비량은 팍팍 줄어들고 있다. 예를 들면 40~50년 전에 프랑스 사람들이 1인당 1년에 120 리터의 와인을 마셨다. 이 양은 어린 아이와 노인들을 제외한다면 대충 성인 한사람이 1년에 360병쯤 소비하는 양으로 어른은 매일 한 병씩을 마시는 셈이다.

그러나 최근 들어서는 젊은 사람들이 맥주도 마시고 콜라도 마시고 음료수도 마시면서 1인당 와인 소비의 양이 계속 줄어들어서 10여 년 전에는 약 60리터, 최근에는 약 50리터로 줄어들었다.

프랑스는 전 인구의 12% 정도가 포도주 산업에 종사한다. 이렇게 와인 사업은 프랑스에서 중요한 산업이다. 저자가 프랑스에서 공부할 때에만 해도 음주 단속은 별로 하지 않았다. 단속은 고사하고 교통순경도 저녁 먹을 때 와인을 한잔 마시지 않으면 식사를 할 수 없는 형편이니 어떻게 음주 단속을 하겠는가. 그런데 요즘은 프랑스에서도 음주 단속을 한다고 한다.

프랑스는 땅덩어리가 커서 변두리나 시골에서 출근하는 사람들이 많은데, 이런 사람들에게 자동차는 필수이다. 그런데 음수 단속을 하니 와인 소비량은 점점 더 줄 수밖에 없다. 사정은 이탈리아나 다른 유럽 국가들도 다 비슷하여 유럽의 와인 소비량은 많이 줄어들었다. 유럽 이외의 나라에서는 와인 소비가 늘어나기는 하나 많이 늘어나지 않고 있어서 전 세계적으로 보면 와인이 생산 과잉인 형편이다.

EU에서는 생산 과잉 문제로 와인의 감산 정책을 펴고 있는데 만만한 나라가 스페인이다. 스페인은 사실 포도 재배 면적이 세계에서 가장 넓기 때문에 스페인에서 제대로 와인을 생산한다면 전 유럽에 심각한 문제가 발생하므로 EU에서는 스페인에 보조금을 주면서 포도 재배 면적을 줄이라고 압박하고 있다. 물론 프랑스와 이탈리아도 포도 재배 면적을 줄이는 노력을 많이 하고 있다.

유럽이 이렇게 뼈를 깎는 고통을 감수하고 있는 반면에 미국과 칠레, 호주, 뉴질랜드, 남아공 등에서는 포도밭을 자꾸 늘리고 있다. 정책적으로는 유럽과 공조는 하지만 와인 생산회사들이 와인 증산 정책에 주력하고 있다. 넓은 땅덩어리에 포도밭도 엄청나게 크고, 최신 기술로 포도를 생산하고 또 최신 시설로 와인을 생산하니 품질이 좋고 저렴한 와인이 쏟아져 나오게 된 것이다.

여기서 와인 산업의 내부를 좀 들여다보면 세계의 와인 시장은 크게 고급 와인 시장과 중급, 저급 와인 시장의 두 개로 구분된다. 중급, 저급 와인 시장을 보면 과거에는 이 시장도 프랑스를 위시하여 이탈리아, 스페인 등이 장악하고 있었으나 후발 국가에서 중급, 저급 와인을 대량으로 시장에 밀고 들어오니 프랑스 등의 유럽 와인이 견디지 못하였다. 후발 와인 회사들은 점점 더 덩치를 키워나가고 있고, 프랑스, 이탈리아 , 독일의 중소 규모의 포도주 회사들은 거의 다 문을 닫고 있다.

그러나 고급 및 최고급 와인 시장을 보면 이야기가 좀 다르다.

아직도 전 세계적으로 "고급 와인은 유럽 와인이다"라는 인식을 가지고 있다. 이러한 인식은 유럽의 오랜 역사와 문화에 기인하는 것으로 앞으로도 오랫동안 지속될 것으로 본다.

물론 후발 국가에서도 좋은 와인이 소량씩 생산되기도 한다. 옛날에는 유럽의 상류층에서만 이 등급의 와인을 마실 수 있었는데 근래에 들어와서는 미국과 일본이 경제 대국이 되면서 이런 와인들을 많이 소비하게 되어 이 최고급 와인은 공급이 부족할 수밖에 없게 되었다.

두 나라 이외에도 한국이나 홍콩, 싱가포르 등의 개도국들도 여기에 가세하게 되니 특히 프랑스 보르도의 그랑 크뤼 샤또들의 최고급 와인은 물량이 상당히 부족하다. 상황이 이 지경이 되니 보르도의 그랑 크뤼 샤또들은 구실만 있으면 와인 판매가를 올리고 있다. 작황이 좋지 않은 해는 와인 가격도 많이 낮추어야 하겠으나 나쁘다는 표현을 하지 않고 아리송한 표현을 하면서 가격을 많이 낮추지 않는다. 작황이 좋은 해는 와인 가격을 주위의 눈치를 볼 것 없이 인상한다. 여기까지는 그래도 좋았다고 생각한다.

아시아에서 중국이 경제개발을 하면서 수천만 명의 부자들을 양산하고 있다. 이 부자들의 수만 해도 웬만한 나라의 전체 국민들의 수가 된다. 중국의 시장이 워낙 커서 그런지 이 사람들이 버는 돈도 엄청난 모양이다. 이 부자들이 과거 경제개발 전에 듣기만 하던 프랑스의 최고급 와인을 맥주잔에 부어서 마시는데 한 자리에서 몇 병을 비운다고 한다. 엄청난 양의 그랑 크뤼 클라세 샤또 와인이 중국으로 들어가니 머리 잘 돌아가는 보르도 샤또의 주인들은 덩달아 와인 가격을 올리는 것이다.

어디 중국뿐인가? 러시아도 있다. 러시아는 원유가의 상승으로 오일 달러가 넘치는 지경이다. 일찍부터 와인 문화를 잘 알고 있는 러시아 사람들도 달러를 가방에 담고 와서 와인 싹쓸이에 나서고 있다. 중국과 러시아 사람들은 현찰을 무척 많이 갖고 있는 모양이다. 와인의 구입 상담을 하다가 잘 안 되면 아주 샤또를 사버리겠다고 덤빈다고 한다.

요즘은 인도에서도 최고급 와인을 많이 수입해 간다고 한다. 사정이 이러니 지금 프랑스 보르도의 그랑 크뤼 샤또의 오너들은 최고급 와인의 수요가 넘쳐나므로 자기들의 와인을 더 생산하여 큰 돈을 벌고 싶은 생각이 들지만 법적으로 생산량을 늘릴 수가 없으므로 와인의 가격을 올릴 수밖에 없는 것이다. 올리고 또 올리고 하다 보니 이제는 피카소의 그림 같은 예술품이라면서 명품 가격을 받게 된 것이다.

전 세계에서 이런 최고급 와인의 수요는 넘쳐나고 와인 병의 숫자는 한정되어 있으니 누구를 탓하겠는가. 프랑스에는 회사 경영이 안 되어서 망하는 회사가 부지기수로 있고 또 한편으로는 끝없이 이익을 극대화하려는 샤또들이 공존하고 있다. 옷과 화장품 등에서 명품을 만들어서 턱 없이 비싸게 팔던 프랑스 사람들이 이번에는 와인을 명품으로 바꾸는 데 탁월한 기술을 발휘하고 있다.

와인 역사에서 새로운 장이 열리고 있다. 와인을 명품으로 변화시킨 것이다. 있을 수 있는 일이라고 생각한다.

와인 병당 원가가 많아야 30유로밖에 안 되는 와인을 600유로 어떤 것은 1,000유로를 받는다. 세계 최고급 와인인 부르고뉴의 로마네 콩티(Romanee-Conti)는 가격으로는 제일 비싸지만 생산량이 1년에 5,000병 정도밖에 안 된다. 그러나 보르도의 1등급 그랑 크뤼 클라세 샤또의 와인은 그 생산량이 연간 수십만 병이나 되는 곳도 있으니 엄청난 돈을 벌고 있다. 국내에서도 수익을 올릴 수 있는 이 산업에 투자하는 기업이 나왔으면 좋겠다는 생각이 든다.

지금까지 전통적인 소량 명품과는 다른 패턴의 대량 명품이 탄생하고 있다. 최고급 와인은 이제 명품으로 인식해야 하는 시대에 들어섰다.

와인은 어떻게 보관해야 하나?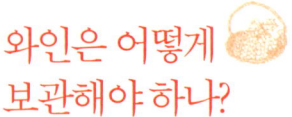

와인 강의를 하면서 "와인을 어디에 보관하고 계시냐?"고 물어보면 얼마 전까지만 해도 대부분이 "거실에 보관하고 있다"고들 대답하였다. 대부분 거실에 있는 진열장에 선물로 받은 양주병들 옆에 보관하고 있다고 하였다.

와인을 진열장에 보관하고 있는 분들에게 "와인을 어떻게 보관합니까?"라고 물어보면 대부분이 "그야 양주병 옆에 같이 세워두죠."라고 대답하였다.

아마도 여러분들 중에서도 이런 분이 있을 것으로 생각된다. 그런 분들께서는 오늘 댁에 돌아가시면 당장 와인을 눕혀 놓으시기 바란다. 왜냐하면 와인 병은 꼭 눕혀서 보관해야 하기 때문이다.

또 다시 "와인을 진열장에 보관하신 지가 얼마나 되셨느냐?" 하고 물어보았을 때 "아마
2~3년은 된 것 같다"고 말
하는 사람들이 많았다.

일반적으로 와인 병을
실내에서 2~3년 동안
세워서 보관하면 와인
은 거의 100% 산화되
어서 마실 수 없는 와인
이 되고 만다. 그래서 이런 사람들에게
는 이렇게 말한다.

"그렇게 오래 보관한 와인은 집에 가셔서 눕힐 필요 없습니다.
그냥 버리세요."

그러면 많은 수강생들은 이 말을 듣고서 아주 낙심하는 기색으
로 묻는다.

"그 와인은 특별한 분에게서 선물로 받아 간직하고 있었던 것인
데 버리지 않고 혹시 요리할 때에 사용하면 안 될까요?"

그러면 저자는 단호하게 말한다.

"요리에도 사용하지 마세요. 요리할 때에 재료를 신선하고 좋은
것으로 준비하여서 만드는데 산화해서 변질된 와인을 거기다 부
어 요리를 망치려 하세요? 그냥 버리세요."

이렇게까지 말을 해주는데도 또 미련이 남아서 묻는다.

"그러면 맛을 조금 본 후에 그냥 마시면 안 될까요?"

그때는 이렇게 말한다.

"버리기 아까워서 마시는 것은 자유이시나 마신 후에 생기는 문제에 대해서는 저는 책임을 못 집니다."

이런 일이 발생하는 것은 와인은 보관을 잘하면 맛이 점점 좋아지고 가치가 더 있다는 것을 들어 보기는 했으나 어떻게 보관해야 하는지는 몰라서 생기는 안타까운 일이다.

와인은 다음과 같은 조건으로 보관해야 한다. 그늘진 곳, 온도가 연중 섭씨 12~15도 정도로 일정한 곳, 습도가 연중 60~80% 정도로 유지되는 곳, 진동이 없는 곳에서 눕혀서 보관하는 것이다.

조금은 까다로운 이 와인 보관 조건은 사실 포도주 공장의 지하와인 저장실의 조건이다. 이 보관 조건이 가장 이상적이고, 유럽에서는 포도주 공장뿐만 아니라 가정집의 조금 깊은 지하실도 이 조건이 잘 맞는다.

그러나 우리나라에서는 아파트에 사는 분들이 많아서 도대체가 이런 조건을 집안 어디에서도 찾기 어렵다. 아파트의 경우 겨울에는 난방이 되므로 실내 온도가 25도 정도 될 것이고 여름에도 에어컨을 가동하지 않으면 30도 정도 되니 이상적인 조건보다 약 10도는 높다.

여름철에 가족들이 집에 있는 시간에는 에어컨을 가동하지만 가족이 모두 외출하는 경우 집에 있는 와인 몇 병 때문에 에어컨을 계속 돌려주는 집은 아마도 없을 것이다. 설사 에어컨을 가동한다고 하더라도 실외 온도와 5도 차이로 가동하니 실내는 거의 섭씨

20도 이상일 것이다. 따라서 집안의 장식장에 와인 병을 눕혀서 보관한다 하더라도 코르크 마개가 다 튀어 나오고 와인은 산화되고 만다.

우리나라에서는 위의 5가지 조건 중에서 가장 문제되는 것이 바로 온도를 맞추기 어렵다는 것이다. 습도도 문제가 되지만 온도가 더 큰 문제이다. 단독 주택에서 사시는 분들도 지하실을 차고나 보일러실 등의 용도로 활용하고 있는 분들이 많으니 대부분의 한국 가정에서는 와인 보관이 어려운 형편이다.

현실적으로는 집안에서 여름철에는 가장 선선하면서 겨울에는 얼지 않는 곳에 보관하는 방법 외에는 없을 것이다. 아파트인 경우에는 난방 코일이 없는 실내 창고 등이지만 이런 곳에서는 제대로 와인이 숙성될 수 없다.

그래서 추천하는 방법이 바로 와인 냉장고(와인 셀러)를 준비하는 것이다. 와인 냉장고는 위의 조건을 상당히 잘 충족하고 있기 때문이다. 와인을 여러 병을 갖고 계신 분들께서는 꼭 와인 셀러를 마련하시기 바란다.

"이거 보시오. 그 비싼 와인 셀러를 사란 말이요? 당신이 무슨 와인 셀러 판촉 사원이나 되시오?"

이렇게 항의하는 분도 있을 것이다. 물론 저자는 와인 셀러 판촉 사원은 아니다. 다만 아파트 등에 사는 분들은 다른 마땅한 방법이 없기 때문에 추천하는 것이다. 혹시 여러분들 중에 와인을 여러 병을 가지고 있고, 또 그중에는 가격은 모르나 점잖은 분이 선물한 와인이라 상당히 고급 같아 보이는 와인을 몇 병 가지고 계신다면 와인 셀러를 준비하실 것을 권한다. 와인을 와인 셀러 속에서 보관하면 와인의 맛이 점점 더 좋아지고 또 와인의 가치도 올라가게 될 것이다.

"와인 셀러를 구입하는데 거금이 들지 않소?"

물론 와인 셀러 가격이 싸지 않다. 10여 년 전에는 약 200병을 넣을 수 있는 와인 셀러의 경우 프랑스제가 약 600만 원 정도로 상당히 비쌌다. 그런데 세월이 지나고 이쪽 분야의 기술이 보편화되어서 지금은 국내 메이커들도 만들고 또 중국에서 수입되고 있는데 품질도 상당히 괜찮은 편이다. 또 가격도 아주 저렴하여서 20-30병을 넣을 수 있는 와인 셀러의 경우 30만 원 내외이다.

와인 셀러를 구입할 때에는 원하는 것보다 적어도 한 등급 큰 것으로 장만하기를 권장한다. 왜냐하면 와인 셀러를 사면 대부분의 사람들은 와인에 관심을 더 가지게 되어 와인을 한 병, 두 병 모으게 된다. 이렇게 하다 보면 금방 와인 셀러가 가득 차게 되어 고민에 빠지는 사람을 여럿 보았다.

"그래 와인 셀러를 구입하면 좋은 줄은 아는데 나는 와인도 몇 병 없고 셀러를 구입할 돈도 없는데 어떻게 하란 말이냐?"

이런 분들도 있을 것이다. 이런 분들을 위하여 다음에서 방법을 알려드리겠다.

와인 셀러 없다면,
어떻게 보관해야 하나

"와인은 잘 보관하면 맛과 가치가 더 좋아진다는데 집에 있는 와인 한두 병 때문에 와인 셀러를 구입하기는 좀 그렇고, 나중에 와인이 많아지면 그때 가서 와인 셀러를 장만할 수도 있겠지만, 당장 지금 가지고 있는 어떻게 해야 할까요?"

저자의 강의를 듣는 분들 중에 이런 분들이 참 많았던 기억이 난다. 아마 독자들 중에도 이런 분들이 있을 것이다.

아파트에서 와인을 보관하게 되면 우선 실내이니 그늘진 곳에 보관하면 되는데 온도가 문제이다. 우리나라의 아파트 실내 온도가 겨울에는 난방을 하면 대략 섭씨 25도 정도가 된다. 여름에는 외기 온도가 섭씨 30도가 넘고 아주 더울 때에는 실내 온도도 거의 30도에 육박한다. 와인의 적정 저장 온도가 13~15도이나 연중 아파트 실내 온도가 적정 온도에서 15도는 훌쩍 넘는다.

거실에 두고 여름철에는 에어컨을 돌리면 시원하게 되지 않느냐는 분들이 있다. 에어컨을 돌릴 때에는 대개 외기 온도와 5도 정도의 차이가 되도록 하는 것이 냉방병에 걸리지 않는다고 하니 여름철의 실내 온도도 25도가 훨씬 넘게 되는데 와인으로 봐서는 조건이 좋지 못하다.

현실적으로 아파트에서는 가장 선선한 곳에 와인을 둘 수밖에 없다. 대체로 난방 코일이 지나가지 않는 곳, 즉 창고, 벽장, 현관 등의 장소이다. 시원한 곳이라고 하니까 베란다를 이야기하는 수강생들이 많았는데 그곳도 좋은 곳이 아니다. 여름에는 30도가 넘고 겨울에는 와인 병이 얼게 되니까.

단독 주택의 경우에는 실내창고나 벽장 등을 생각할 수 있으나 여름과 겨울에는 실내라서 온도가 높다. 지하실의 경우 외부에 노출되어 있고 보온이 되지 않았다면 외부 온도와 거의 같으므로 와인의 보관에 좋지 않다. 실내에 있는 지하실의 경우 상당히 깊이 파서 여름과 겨울의 온도 변화가 별로 없는 경우에는 와인 저장에 사용할 수 있을 것이다.

그 다음 습도의 경우 유럽과 북미, 남미, 호주, 아프리카 등의 와인 산지들은 지하실의 경우 연중 60~80%로 일정하나 우리나라에서는 여름철 고온다습하여서 습도가 높기 때문에 대략 60%가 훨씬 넘으나 겨울철에는 저온건조하여 습도가 약 20% 내외로 아주 낮다. 아파트나 단독 주택이나 습도 문제는 현실적으로 대책이 없

는 아주 어려운 문제이다.

　그 다음 진동 문제는 해결하기 어려운 일도 아니고 또 눕혀서 보관하는 것도 간단한 문제이다. 그러고 보면 우리나라의 경우 온도와 습도 문제가 와인 보관상 해결하기 어려운 문제이다.

　이 문제를 해결하는 방법을 제시하겠다. 가지고 있는 와인이 몇병 안 되는 경우 와인 셀러를 산다는 것은 현실적으로 어렵다. 이경우에 좋은 해결책은 와인을 냉장고나 김치 냉장고에 넣어 두는것이다. 물론 가정용 냉장고 속의 온도가 와인 셀러보다는 상당히낮다.

　대개 냉장고 속의 온도는 섭씨 0도에서 5도 정도로 설계되어 있으나 문을 열었다 닫았다 하면 온도가 조금은 더 높지 않을까 생각한다. 그렇다고 해도 와인의 보관 온도인 13~15도보다는 상당히 낮다.

그래도 냉장고에 넣어 두는 것이 거실이나 실내에 그냥 두는 것보다 훨씬 좋다. 실내에 보관하는 경우 실내의 온도가 높기도 하지만 더 좋지 못한 것이 실내의 온도가 큰 폭으로 올라갔다 내려갔다 하는 것이다.

대부분의 경우 냉장고는 온도가 낮지만 상당히 일정하게 유지할 수 있는 장점이 있다. 온도가 이렇게 낮게 유지되는 경우에는 거의 모든 화학반응의 속도가 늦어지기 때문에 와인의 숙성하는 속도가 아주 늦어진다는 점을 기억하기 바란다. 와인의 숙성 속도가 늦어지기는 하지만 특별한 경우 이외에는 와인의 품질이 나빠지지는 않는다. 따라서 와인을 몇 병 가지고 계신 분들은 걱정하지 마시고 냉장고 속에 넣어서 눕혀 두시기 바란다. 물론 레드 와인의 경우 드실 때에는 미리 꺼내어 마시기 적당한 온도로 상승할 수 있도록 해야 한다.

와인을 냉장고에 넣을 때에 꼭 조심할 점은 와인을 냉장실에 넣어 두어야지 냉동실에 넣으면 안 된다는 점이다. 냉동실에 와인을 넣어 두고 하룻밤을 지나면 와인이 얼어서 와인 병의 코르크가 튀어나와 있든지 와인 병이 깨어져 있든지 할 것이다.

와인의 저장에 냉장고나 김치 냉장고를 이용하시기 바란다. 금방 마실 어린 와인은 아주 악조건이 아니라면 보관에 크게 신경을 쓰지 않아도 된다는 점도 이해하기 바란다.

일단 마개를 따면
다 마셔야 한다?

"와인은 한번 따면 그 자리에서 다 마셔 버려야 합니까?"

많은 분들이 궁금해 하고, 독자 여러분들도 궁금해 하는 것이 아닌가 생각한다.

와인을 한 병 따서 두 사람이 마시는데 두 사람이 모두 주량이 약하여 둘이서 마시기에 양이 너무 많다든지 혹은 사정상 나중에 다시 마셔야 하는 일이 생겼다든지 해서 한 번에 다 마시지 못하는 경우가 있을 것이다. 또 주량이 상당한 분이라고 해도 한 번에 혼자서 한 병을 다 마시기에는 좀 과하다고 생각하는 사람들이 많을 것이다.

아마도 많은 분들이 그런 경우에 코르크 마개를 거꾸로 꽂아서 두었다가 나중에 마시고 있을 것이다. 또 어떤 사람들은 와인은 남

겨 두면 안 된다면서 억지로라도 다 마시기도 한다.

결론을 먼저 말하면 와인의 종류에 따라서는 한 번에 다 마시지 않고 하루나 이틀 두었다가 마셔도 괜찮은 와인도 있다.

와인은 마개를 따서 오래 두면 산화로 인한 변질로 마실 수 없는 상태가 된다. 코르크 마개를 따서 마시고 남은 와인 병의 윗부분에 헤드 스페이스(head space)라는 빈 공간이 생기는데 이 공간에 있는 공기 중에는 산소가 들어 있고 이 산소가 와인 중의 성분들을 산화시켜서 와인의 품질을 나쁘게 한다.

코르크 마개를 따면 바로 이러한 산화반응으로 인하여 와인이 변질되는 것 이외에도 공기 중에 있는 초산박테리아에 의한 초산 발효가 일어난다. 이로 인하여 생기는 초산 등으로 식초 향과 같은 시큼한 냄새가 나는데, 이런 냄새가 와인의 변질을 알아내는 지표의 하나이다. 그러나 이런 품질의 변화는 몇 초 안에 일어나는 것은 아니고 일반적으로 시간이 좀 걸린다.

와인이 남아 있는 양에 따라서 변질의 정도도 달라진다. 예를 들면 병 속의 공기의 양이 많지 않은 경우에는 산소의 양이 적으므로 변질이 많지 않지만 와인이 조금 남아 있어서 공기의 양이 많을 때에는 상당히 빨리 변질된다.

또 와인의 보관 기간에 따라서도 달라진다. 수십 년씩 오랫동안 저장된 와인의 경우에는 일단 코르크 마개를 열면 그때부터 아주 빨리 산화가 진행된다. 반대로 아주 어린 와인의 경우에는 남은 양에 따라 다르나 며칠이 지난 후에도 별로 산화로 인한 변질을 느끼지 못 하고 도리어 맛이 더 좋아지는 경우도 있다.

일정 기간 동안 서서히 산화가 진행되는 것을 바로 와인의 숙성이라고 한다. 따라서 아주 어린 와인의 경우에는 일정 기간 미리 마개를 열어 두어서 산화로 인한 숙성이 일어나도록 해주는 것도 와인의 품질에 좋은 효과가 있다. 그러므로 앞으로는 와인이 좀 남게 되는 경우 무조건 다 마셔야 하겠다고 생각하지 마시기를 바란다.

중, 저가 와인의 경우는 대부분 공장에서 대량 생산하여 미생물 오염 방지와 산화 방지에 노력을 많이 하므로 와인은 건강한 상태이고, 또 큰 탱크에서 저장되어서 공장에서는 숙성이 좀 덜 되었을 가능성이 많다.

이런 와인의 경우 어린 와인은 마개를 따서 마신 후 하루 이틀 지나면 산화로 인한 숙성 효과로 도리어 와인의 맛이 좋아질 수 있다. 이런 와인은 코르크 마개를 따서 일부를 마시고 와인이 남았다고 하드라도 당일에 다 마셔야 할 이유가 없다는 말이다. 그러나 이 경우에도 와인의 양은 아주 소량이고 공기가 많은 경우에는 하루만 지나도 변질될 수 있다는 것을 염두에 두기 바란다.

하지만 앞에서 말한 대로 아주 오래 보관된 와인의 경우에는 남은 와인의 양이 많다고 하더라도 하루가 지나면 변질될 수도 있으니 아주 조심하기 바란다. 왜냐하면 장기간 보관된 와인의 경우 초기에는 와인 병 속의 헤드 스페이스에 들어 있는 산소에 의하여, 그 다음에는 코르크 속에 있는 산소에 의해서, 그 다음에는 와인 속에 녹아 있는 산소에 의해서 산화하면서 와인이 숙성되나 병 속에 남아 있는 산소가 다 소비된 이후에는 산소가 없는 상태에서의 숙성, 즉 환원상태에서 숙성이 오랫동안 일어난다.

이렇게 오랫동안 산소가 없는 상태로 숙성되어 오던 와인은 코르크 마개를 열게 되면 그때부터는 공기 중의 산소에 의해서 급격하게 와인이 산화하게 되어서 와인이 변질된다.

정리하면 마시다 남은 와인의 처리는 와인의 종류와 남은 와인의 양에 따라 다르다. 두었다가 마실 수 있는 와인도 있고, 또 빨리 마셔야 하는 것도 있다.

구체적으로 몇 년이 그 기준이냐는 것은 와인별로 다 다르기 때문에 일률적으로 몇 년으로 말하기가 어렵다. 마시던 와인을 좀 더 보관해도 괜찮다고 생각하는 경우에는 코르크 마개를 거꾸로 막고 냉장고에 보관하다가 마시면 된다. 이럴 때에는 와인 병을 눕혀서 보관할 필요는 없다 그냥 세워서 보관하기 바란다. 이미 공기가 들어가 있으니 병을 눕히나 세우나 마찬가지이다.

눕히는 경우 혹시라도 마개가 빠지면 와인이 쏟아질 수도 있고 또 그보다 더 중요한 것은 뒤집어 꽂은 코르크가 깨끗하지 못한 경우 와인을 적셔서 좋지 못한 향을 주는 경우가 있을 수 있기 때문이다.

와인 병의 바닥이
많이 들어가야 좋다?

와인을 좋아하시는 분들 중에서 관찰력이 좋은 분들은 와인 병 모양이 각각 다른 것을 알게 되고 어떤 병은 바닥 부분이 많이 들어가 있고 어떤 병은 바닥이 별로 안 들어가 있는 것을 알게 된다.

그래서 친구들끼리 이런 이야기를 하면 그중에서 와인의 전문가인 체하는 사람은 "그래 바닥이 많이 들어 간 놈은 좋은 와인이라는 것을 나타내는 것이다."라고 하면서 "와인 병을 볼 때에 상표는 보아도 잘 모르니 와인 병의 바닥을 만져 보고 많이 들어 간 와인을 구입하면 틀림없다."라는 이야기를 하곤 한다. 저자에게도 그것이 사실인지 질문하는 사람이 많이 있었다.

한마디로 이야기하면 와인의 품질과 와인의 병 바닥이 들어 간 것과는 상관이 없다. 싼 와인은 바닥이 많이 들어간 병에 담으면 안 된다는 규정이 없고 또 비싼 와인은 바닥이 적게 들어간 병에 담으면 안 된다는 규정도 없다.

그러나 대체로 비싼 와인은 바닥이 많이 들어간 병에 담고 있는 것이 현실이다. 바닥이 많이 들어간 병은 키도 좀 크고 또 병의 직경도 좀 크다. 또 외관으로 병의 크기가 좀 커 보이고 이런 병의 무게도 바닥이 안 들어간 병보다 더 무겁다. 따라서 바닥이 많이 들어간 병일수록 병의 두께는 두껍고 바닥 부분에도 유리를 많이 사용하기 때문에 병의 단가도 높다.

싼 와인을 바닥이 많이 들어간 비싼 병에 담아서 와인의 생산원가를 높일 이유가 없다. 그래서 싼 와인인 대중주의 경우 대체로 병의 크기도 작고 얇으며 무게도 상당히 가볍다.

고급 와인은 판매가가 높으므로 와인 병에 투자를 좀 더 할 수 있는 여유가 있기 때문에 대체로 장기 보관할 수 있도록 병을 튼튼하게 만들고 디자인 측면에서도 저가 와인들과 차별화하기 위하여서 돈이 좀 들더라도 병의 전체 모양도 품위가 있게 또 바닥도 많이 들어가게 하고 있다.

와인 병의 바닥이 들어가도록 만드는 이유에 대해서 알아보겠다. "와인을 보관할 때에 와인 속의 침전물이 그쪽으로 잘 침전하도록 그렇게 만들었다"고 말하는 사람이 있는데 이것은 사실과 다르다. 왜냐하면 침전물이 병 바닥의 부분에 모이게 하려면 와인 병을 세워서 보관해야 하는데 와인 병은 세워서 보관하지 않고 눕혀서 보관하기 때문이다. 포도주 공장이나 가정이나 어디든지 코르크가 젖도록 와인 병을 눕혀서 보관하고 있다. 이럴 경우 침전물은 바닥이 아니고 와인 병의 누워진 면에 모이게 된다.

유리병의 역사로 보면 아주 옛날에 만들어진 유리병은 지금같이 길쭉하게 생긴 것이 아니고 좀 납작하게 생겼으며 병의 바닥은 거의 모두가 다 들어가 있었다. 그 후에 점점 그 모양이 변하여서 근래에 들어와서 지금의 와인 병과 같이 길쭉한 모양으로 되었다. 옛날에는 건물 등의 바닥이 평평한 곳은 별로 없고 대부분 울퉁불퉁하여서 유리병의 바닥이 평평한 경우 병이 기우뚱하든지, 넘어지게 되므로 바닥이 쏙 들어가게 하여서 세워두기에 안전하게 한 것으로 추측된다.

유리병은 놓을 때 아랫부분에 충격이 가기가 쉬운데 병의 바닥이 평평하면 잘 깨어진다. 바닥이 평평한 병을 들고서 떨어트리면 병의 아랫부분이 동그랗게 깨어져 떨어지는 것을 자주 보았다. 병의 아랫부분을 쏙 들어가게 하여 도너츠같이 만들고 또 자연히 그 부분에 유리가 많이 보강되어 바닥의 충격에 잘 견딘다는 과학적인 설명이다. 와인 병을 지금과 같이 아주 조심스럽게 다루지 않고 조금은 거칠게 다루었던 옛날에는 이런 병 모양이 크게 도움이 되었을 것이다.

그리고 입으로 불어서 와인 병을 만들던 시절에는 병의 바닥이 평평한 것보다 바닥이 볼록하게 올라 온 것이 병을 만들기 쉬웠을 것이라는 말을 전문가들로부터 들은 바 있다.

하여튼 와인 병의 바닥이 많이 들어간 것과 와인의 가격과 품질은 직접 관련은 없다. 그러나 현실적으로 병의 바닥이 많이 들어간 와인의 가격이 일반적으로 비싸고 고급이다.

와인 병의 모양도 좀 알아보기로 하겠다. 와인의 병 모양은 나라별로 또 회사별로 다르고 또 제품별로 다르다. 그렇지만 와인은 어느 지역에서 생산되었느냐에 따라서, 또 어떤 포도품종으로 만들었느냐에 따라서 어느 정도 정해진 룰이 있다.

즉 프랑스에서는 보르도 지방과 랑그독 루시용 지방에서만 보르도 타입 병을 사용하고, 다른 지역에서는 부르고뉴 타입 병을 사용하고, 상파뉴 지방에서는 샴페인 병 등을 사용하고, 독일의 경우에는 목이 좀 길게 뽑아진 와인 병이나 혹은 복스보이텔(Bocksbeutel)이라는 납작한 병을 사용하고 있다.

그 이외의 나라에서도 각 지역이나 회사 나름대로 병의 모양을 결정하는데 주로 보르도 타입과 부르고뉴 타입 병 등이 사용되고 있다.

"2시간 뒤에 갈테니 마개 따 놓으세요"

"어이, 소믈리에 오늘 저녁 7시쯤에 와인 마시러 갈 테니 5시쯤에 코르크 마개를 미리 따 두게나."

레스토랑이나 와인 바에 근무하고 있는 소믈리에들로부터 많이 들어 본 이야기들이다. 와인 코르크 마개를 따서 바로 마시는 것보다 미리 몇 시간 전에 미리 따서 두었다가 마시면 향이 더 좋아지고 맛도 더 부드러워진다는 이야기는 많은 사람들이 알고 있는 사실로 이런 이야기는 주로 외국에서 와인을 접할 기회가 많았던 와인 애호가들이 많이 하는 이야기가 아닐까 생각한다.

미리 개봉하라고 연락받는 와인은 주로 고급 레드 와인으로 소믈리에들은 약 2시간 전에 그 와인을 와인 셀러에서 꺼내어 코르크 마개가 열린 상태로 보관한 뒤 손님이 도착하면 그 와인을 손님에게 가져가서 먼저 맛보게 한 후 일행에게 서빙한다.

"와인의 향과 맛이 상당히 좋아졌어. 와인은 역시 2시간 전에 개봉하는 것이 맛을 좋게 하네."

"아냐, 이 와인은 좀 더 미리 개봉해 두면 더 향과 맛이 좋아질걸세."

몇 시간이냐를 가지고 와인 애호가들 사이에는 서로 자신이 경험해 본 시간이 맞다고 논쟁하는 것을 본 일이 있다. 과연 2 시간 전에 코르크 마개를 개봉해 두면 와인의 맛이 가장 좋아질까? 결론부터 말하자면 '그렇지 않다.'

우선 와인의 맛을 이야기하면 레드 와인은 신맛, 쓴맛, 부드러운 맛이 중요하다. 어린 와인은 특히 신맛과 쓴맛이 강하기 때문에 어린 와인을 마실 때에는 거친 맛을 많이 느낄 것이다. 이러한 어린 와인은 좋은 조건하에서 잘 보관하면 상당 기간이 지나면서 신맛과 쓴맛이 서서히 감소하고 거친 맛이 줄어들어 조화를 이루면서 부드럽게 되는데 이렇게 맛이 좋아지는 현상을 와인의 숙성이라고 한다.

이러한 숙성은 아직도 그 메커니즘이 완벽하게 밝혀지지 않고 있으나 대체로 장기간에 걸쳐서 와인 속의 여러 물질들이 산화와 환원 반응을 통하여서 향이 좋아지고 여러 가지 맛이 부드러워지는 현상으로 알려지고 있다.

마개를 미리 따 두면 병 속의 와인 중에서 가장 윗부분의 작은 부분에서 공기와 접하게 되는데 이 정도의 표면적에서 한두 시간

안에 일어나는 산화 반응은 그리 많지 않으므로 맛이 달라질 정도의 숙성의 효과를 기대할 수는 없다. 따라서 몇 시간 전에 와인을 미리 따 두어 보았자 맛에서의 차이는 없다는 것이 전문가들의 견해이다.

다음으로 와인의 향을 알아보면 와인의 향에는 포도에서 오는 아로마(Aroma)와 장기간에 걸쳐서 발효와 숙성을 거치면서 산화와 환원 반응에 의하여 생기는 숙성 향인 부케(Bouquet)가 있다.

마개를 따둔 와인 윗부분의 작은 표면적에서 일어나는 산화 반응을 통하여 몇 시간 안에 와인의 향을 더 좋게 느낄 정도로는 달라지지 않는다. 더구나 와인 셀러에서 꺼낸 와인은 온도가 약 15도 정도로 온도가 낮기 때문에 산화 반응의 속도도 빠르지 못하다. 따라서 마개를 몇 시간 일찍 열어 두는 것은 향이나 맛에 있어서 생각만큼 좋아지지 않는다.

그런데도 왜 와인을 몇 시간 전에 개봉해두면 맛이 좋아진다고 들 할까? 와인의 향과 맛이 공기의 접촉으로 금방 숙성되어 좋아지는 것은 아니나 와인 셀러에서 13도 전후로 보관하던 레드 와인의 경우 꺼내어서 실내 온도 23도의 장소에 놓아 두면 약 1시간 40분 후에는 와인의 온도가 약 19도 정도로 상승하게 된다. 와인의 온도 19도 정도는 레드 와인을 맛보기에 적당한 온도이다. 우리의 혀와 입안에서 신맛과 쓴맛을 잘 즐길 수 있는 온도이다.

레드 와인을 온도 15도 정도에서 맛보면 온도가 너무 낮아서 향은 별로 없고 쓴맛은 너무 강하게 느끼게 되어서 와인의 맛을 제대로 볼 수가 없다. 상당히 좋은 와인의 맛이 아주 이상하게 잘못된 와인으로 느끼기 쉽다. 또 와인의 향도 온도가 찰 때보다 온도의 상승에 따라서 더 많은 종류의 냄새 입자가 휘발하므로 향을 더 강하게 느낄 수 있게 된다.

이렇게 미리 코르크 마개를 따 두는 것을 와인이 숨 쉰다고 하여 브레싱(Breathing)이라고 한다. 와인을 미리 개봉해 두면 와인이 숙성해서 맛이 좋아지는 것보다 온도의 상승에 따라서 맛을 잘 느끼고 향을 많이 느끼게 되는 것이라고 볼 수 있다.

그런데 주의해야 할 것은 몇십 년을 숙성한 와인은 병마개를 몇 시간 전에 미리 개봉하는 것은 아주 위험하므로 피하는 것이 좋다. 왜냐하면 와인 병을 수십 년 숙성한다는 것은 주로 산소가 없는 환원 상태의 숙성이다. 이러한 장기간에 걸친 환원 상태에서 숙성한 후에 마개를 개봉하면 표면적이 작더라도 급격한 산화 반응을 초래하여서 와인의 맛을 급격하게 변하게 하여 맛이 나쁜 방향으로 변할 가능성이 아주 많아지므로 마개는 미리 따지 않는 것이 좋다.

땅 속에서 수백 년 동안 원형을 잘 유지해 오던 책이나 옷 등이 공기에 노출되자 곧 새까맣게 산화하여서 부식된다는 사실을 TV 등에서 본 일이 있을 것이다. 같은 원리로 와인도 급격히 산화하여 와인을 버리는 수가 있다. 아주 오래된 와인은 공기가 치명적이다.

그러나 어린 와인의 경우에는 아직도 더 오랫동안 산화에 의한 숙성 과정을 거쳐야 하므로 강제로 공기 중의 산소와 접하도록 해 주는 것도 맛과 향을 약간 좋게 해 줄 수 있는 방법이다. 독자들께 서도 시험적으로 어린 와인의 마개를 따서 며칠을 두었다가 마셔 보시기를 바란다. 상당히 맛이 좋아진다는 것을 느낄 수 있을 것이다.

오래된 와인은 코르크 마개를 미리 따 두어서 맛이 좋아지는 것이 아니고 와인 병을 와인 셀러에서 미리 꺼내 두어 실내 온도에서 와인의 온도가 서서히 상승하여 향이 더 많이 휘발하고 맛을 잘 볼 수 있는 온도가 되도록 온도가 상승하도록 해주는 데 의의가 있다. 따라서 레드 와인을 마실 때에는 꼭 와인 병을 미리 꺼내어 두었다 가 온도가 상온 정도로 올라가면 그때 코르크 마개를 따서 마시는 것이 좋은 방법이다.

이물질이 있으면 무조건 불량품?

"와인 살 때는 못 보았는데 자세히 보니 이물질이 가라앉아 있더라고. 요기 보이지?"

와인 숍에서 고객이 구입했던 와인을 들고 와서 손가락으로 병 속을 가리키면서 씩씩거리면서 불평하는 말이다. 이런 일은 흔히 있는 일이라 아마 독자 여러분도 침전물을 본 일이 있을 것이다.

화이트 와인의 침전물은 여러 가지가 있을 수 있으나 대부분 주석산염이다. 화이트 와인은 와인의 특성상 상큼한 맛이 있는데 이 상큼한 맛은 산에서 온다.

와인의 산에는 주석산, 사과산, 구연산 등의 산들이 있다. 그중 주석산은 부드러운 느낌을 주기 때문에 와인에서는 중요한 산으로 추운 지방에서 재배된 포도 등에 많다. 주석산은 포도의 성분인 포타슘(K), 칼슘(Ca), 마그네슘(Mg) 등의 양이온 성분 중에서 특히 포타슘과 화학 반응을 일으켜서 주석산염이라는 결정을 형성한다.

이 주석산염은 와인을 양조할 때에 발효와 저장 공정에서 결정화하여 탱크의 벽 등에 많이 붙는다. 주석산염은 보드라운 설탕같이 보이기도 하고 유리 조각같이 반짝 반짝하기도 하며 오래 눕혀 둔 와인 병의 바닥에 가라앉는다. 주석산염은 인체에는 아무런 해가 없으나 이물질 같아 보이기 때문에 소비자들이 구입하기를 꺼린다.

따라서 주석산염이 들어 있는 와인은 상품성이 떨어지므로 공장에서 이를 미리 제거한다. 제거하는 데 주로 사용하는 방법은 와인을 영하 4도 정도로 냉각해서 1~2주간 두는 것이다. 이렇게 하면 주석산이 포타슘과 결합, 결정화하여 주석산염이 되고 이것을 녹기 전에 여과해서 제거한다.

그러나 주석산염을 미리 제거한 와인이라 하더라도 완벽하게 제거된 것이 아니므로 오랜 저장 기간 혹은 온도를 아주 낮게 보관하면 포타슘이 주석산과 또 결정화하여서 소량 침전하게 된다. 화이트 와인에는 이런 소량의 주석산염이 생길 수 있으므로 소비자들은 아무 염려하지 말고 그런 와인도 즐기기를 바란다. 주석산염이 보이는 와인은 포도의 성분 중에서 주요한 주석산이 많이 제거되지 않은 아주 건강한 와인이라고 생각할 수 있다.

일부 소매점에서 이런 주석산염이 가라앉아 있는 와인은 소비자가 잘 사가지 않으니까 이런 와인을 빨리 처분하려고 특별히 싼 가격으로 세일을 하는 경우가 있다. 만약 이런 와인을 싸게 파는 것을 보거든 얼른 구입하기를 바란다. 다른 하자가 없다면 와인의 품질에는 아무런 이상이 없으므로 싸게 와인을 마시는 행운을 가지게 되는 것이다.

레드 와인의 경우 와인 병이 짙은 녹색 아니면 짙은 갈색이라 그 속에 레드 와인을 담으면 병 속의 와인은 새까맣게 보인다. 따라서 레드 와인은 속에 침전물이 들어 있어도 외관상으로는 보이지 않는다. 그러나 레드 와인도 잘 보이지 않아서 그렇지 침전물이 있을 수 있다.

침전이 있는 와인은 잔에 따를 때에 처음 한두 번째 잔에는 문제가 없으나 병의 마지막 와인이 따라지는 잔에는 침전물이 상당히 들어갈 수 있다. 레드 와인을 마실 때 처음에는 몰랐지만 잔을 다

마실 때쯤 보니 와인 잔의 벽과 바닥에 검은 침전물이 남아 있는 것을 본 경험이 있을 것이다.

레드 와인의 침전물은 대부분 주석산염과 색소 등이다. 레드 와인도 화이트 와인과 같이 주석산염이 생길 수 있다. 그러나 화이트 와인보다는 훨씬 적게 생긴다. 적포도는 대부분의 경우 백포도보다 더운 지방에서 재배하기 때문이다. 더운 지방에서는 포도가 잘 익으므로 당도는 더 높고 산도는 더 낮다. 따라서 주석산이 화이트보다 작으므로 주석산이 많이 생길 수가 없게 된다. 그러나 레드 와인 중에도 북쪽 지방에서 생산되는 와인과 높은 지대에서 재배되는 포도로 만드는 와인은 주석산염이 많이 생기기도 한다.

레드 와인의 또 다른 침전물은 안토시안이라는 색소의 침전이다. 특히 레드 컬러가 짙은 와인의 경우에는 오래 보관해 두면 색소가 서서히 침전하여서 와인 병의 바닥에 침전하게 된다. 색소 침전물은 주석산염과는 좀 다르게 아주 보드라운 흙이나 먼지가 가라앉아 있는것 같이 보인다.

따라서 이런 침전은 와인 병이 약간만 흔들려도 쉽게 떠오를 수 있다. 레드 와인의 색소 침전은 잔에 따를 때에 조심한다고 하더라도 병 속의 와인이 금방 흔들려서 침전이 와인 속에 섞여서 잘 제거되지 않기 때문에 디켄팅을 꼭 해서 서빙을 해야 한다.

예를 들면 레드 와인 중에서 색상이 짙은 보르도의 고급 와인의 경우 대략 7~8 년 정도 지나면 색소가 상당히 침전하므로 디켄팅을 해서 서빙해야 한다. 디켄팅을 하기 전에 상당 기간 눕혀서 보관하여 색소가 단단하게 침전하도록 해야 하며 와인 병을 옮길 때에는 흔들리지 않도록 눕힌 상태로 조심스럽게 옮겨서 디켄팅을 해야 한다.

레드 와인의 경우 색소이든 주석산염의 침전이든 침전물이 있는 경우 디켄팅을 해서 미리 침전물을 하여서 와인을 서빙하는 것이 꼭 필요하다. 이런 침전물이 들어 있는 와인은 일부러 마실 필요야 없겠으나 와인 자체는 정상적인 와인이므로 그냥 마셔도 무방하다.

와인의 종류만큼 다양한 와인 잔

"김 형, 왜 와인 잔은 모양이 다른 거요?"

와인에 눈뜨면서 자주 마시고 동호회에도 가끔 참석하는 와인 애호가들로부터 이런 질문을 가끔 받아 보았다. 여러분들도 와인을 마시러 다니다 보면 업소마다 사용하는 와인 잔의 모양도 다를 뿐만 아니라 크기도 또한 다르다는 것을 알 수 있을 것이다.

아주 옛날에는 음료수를 마실 때에 흙으로 만든 잔을 사용했다고 알려지고 있다. 그 이후 와인 잔은 나무, 가죽, 동물의 뿔, 도자기, 주석, 은, 금 등의 여러 가지 재료로 만들어졌다. 요즘과 같이 볼과 자루와 바닥이 있는 유리로 된 와인 잔은 14세기 경 베네치아에서 만들어졌다고 한다. 그 이후에 와인 잔은 시대와 나라에 따라 여러 가지의 크기와 모양으로 변하여서 지금은 별별 모양의 와인 잔들이 사용되고 있다.

와인 잔은 크기와 모양, 재질 등이 상당히 다르다. 와인 잔은 크게 화이트 와인 잔과 레드 와인 잔으로 구분하는데, 대체로 레드 와인 잔은 화이트 와인 잔보다 크다. 레드 와인의 잔이 큰 것은 와인을 저장고에서 꺼내어서 바로 마시면 와인의 온도가 낮아서 맛을 제대로 즐기기 어렵기 때문이다. 레드 와인을 따르고 마시면서 대화를 하다 보면 시간이 지나 와인의 온도가 서서히 올라가서 향도 더 많이 나오고 또 쓴맛도 제대로 즐길 수 있게 된다. 그래서 레드 와인의 잔은 좀 크게 만들어서 와인을 좀 많이 따르고 천천히 마시도록 하는 것이다.

반대로 화이트 와인의 잔은 좀 작게 만든다. 화이트 와인은 차게 냉각하여서 마시는 것이 좋은 데 와인 잔이 너무 크면 마시는 동안 와인의 온도가 올라가서 화이트 와인의 상큼한 맛을 즐길 수 없기 때문이다. 따라서 화이트 와인의 잔은 작게 만들어서 와인을 적게 따르고 온도가 올라가기 전에 빨리 마시고, 냉각 중인 병 속의 와인을 따르도록 하여 시원한 와인을 마시도록 하는 것이다.

그러면 화이트 와인 잔과 레드 와인 잔의 두 가지만 있으면 되는데 독자들께서도 알다시피 와인 잔은 두 가지가 아니다. 특히 레드 와인 잔을 자세히 보면 큰 것은 엄청나게 커서 와인 한 병이 거의 다 들어가는 것도 있다.

같은 레드 와인 잔이라고 하더라도 크기와 모양은 천차만별이다. 우선 잔의 크기가 다른 것부터 설명을 하면, 대체로 작은 잔은 레스토랑이나 바 등의 업소에서 많이 사용한다. 와인을 비교적 빨리 마시는 분들에게 적합한 잔이다. 작은 잔은 와인을 마시는 도중에 첨잔하기보다는 잔을 한번에 쭉 비우고 다시 마시는 분들이 선호하지 않나 생각한다.

반대로 큰 잔은 아주 천천히 식사나 대화를 즐기면서 와인을 드시는 분들에게 적절하다고 생각한다. 따라서 큰 잔은 대체로 좋은 와인을 천천히 즐길 수 있는 고급 레스토랑이나 바에서 많이 사용되고 있고, 작은 잔은 대중적인 업소에서 많이 사용되고 있는 것이 일반적이다. 또 현실적으로 작은 잔은 비교적 잘 깨어지지 않으므로 업소의 종업원들이 취급에 부담이 적다. 그래서 업소들에서 많이 선호하고 있다.

같은 레드 와인의 잔이라고 하더라도 와인에 따라서 잔 모양이 다른 것이 많은데 이 점에 대해서도 궁금해 하는 분들이 많을 것이다. 포도의 품종과 지역이 다른 와인의 경우, 와인의 향과 맛이 다르기 때문에 와인 잔의 모양도 다르게 된다.

와인의 향이 약한 와인은 와인 잔의 볼 부분을 오목하게 하여 와

인의 향이 잔 속에 잘 모이도록 한다. 피노 누아 품종으로 만든 프랑스 부르고뉴 등 지역 레드 와인들과 같이 향이 약한 와인들은 이런 오목한 모양의 잔을 사용한다. 보르도 포도인 까베르네 소비뇽과 같은 품종은 향이 강하기 때문에 아주 조금 오목하게 된 와인 잔을 사용한다.

그 다음으로 맛이 다르기 때문에 와인 잔의 모양이 다르게 된다. 부르고뉴 레드 와인의 경우 산도가 좀 높은 것이 특징이므로 와인이 혀의 앞부분에 떨어져서 중간과 뒤쪽으로 통과하도록 해야 신맛을 잘 볼 수 있다. 만약 혀의 뒷부분에 떨어져서 바로 목구멍으로 넘어가 버리면 와인의 신맛을 잘 느낄 수 없다. 이렇게 와인이 혀의 앞 앞부분에 떨어지도록 과학적으로 와인 잔의 모양을 디자인하였는데 이것이 바로 잔의 볼 부분을 좀 오목하게 해주는 것이다.

보르도 와인은 부르고뉴 와인보다는 쓴맛이 많은 것이 특징이다. 그래서 잔의 모양이 좀 덜 오목하게 하여 와인이 혀의 중간쯤에 떨어져서 쓴맛을 잘 느낄 수 있도록 한다. 보르도와 부르고뉴 뿐만 아니라 품종 별로 맛이 다른데 이 맛의 특징을 잘 느끼도록 몇 가지의 모양의 레드 와인 잔들이 있다.

비슷한 이유로 화이트 와인의 잔도 포도의 품종에 따른 향과 맛의 차이 때문에 여러 가지 모양과 크기의 잔들이 있다. 샴페인도 마찬가지이다. 신기하게도 같은 와인을 모양이 다른 와인 잔에 따라서 마셔 보면 향과 맛이 상당히 다르게 느껴지는 것을 알 수 있을 것이다.

그 다음으로 와인 잔을 만드는 재질에 대하여 알아보면 과거와는 달리 지금은 와인의 잔으로 주로 유리잔을 사용하고 있다. 유리잔에는 크게 소다 유리와 납 유리의 두 가지가 있다. 유리 그릇, 소주잔, 맥주잔 등으로 대중적이고도 저렴한 가격의 제품들은 대부분 소다 유리로 만든다. 따라서 이런 와인 잔은 잘 깨어지지 않으므로 레스토랑이나 바 등에서 많이 사용되고 특히 저렴한 와인을 서빙할 때 대부분 이런 잔을 이용한다.

납 유리는 산화납 성분이 많이 들어 있어서 얇게 가공할 수 있고 아주 투명하고 반짝반짝 빛이 나며 부딪치면 아름답고 맑은 소리가 나기 때문에 고급 와인 잔으로는 납유리로 된 크리스탈 와인 잔을 많이 사용한다.

와인 잔의 선정은 서빙하는 와인의 격에 맞추는 것이 바람직하다. 리델사에서 생산된 제품을 예로 설명하면 쁘리미어 그랑 크뤼 등급의 최고급 와인을 서빙할 때에는 반드시 그랑 크뤼(소믈리에) 잔을 사용해야 한다. 일반 그랑 크뤼 와인에는 소믈리에 잔이나 적어도 비뉴 잔을 사용해야 한다. 그 아래 등급의 고급 와인 경우에는 비뉴 잔을 사용하는 것이 바람직하다. 이런 와인 잔은 크면서도 얇아서 잘 깨어지므로 취급 시에 특별히 조심해야 한다.

대중적인 일반 와인 잔은 대부분 크기나 모양이 일정하여 화이트 와인 잔과 레드 와인만을 구분한다. 일반 와인 잔도 크기가 너무 작은 것은 품위가 떨어지므로 업소에서 사용 시에는 잔을 잘 선택해야 한다. 그러나 와인업계의 협회나 기업체, 학교 등에서 와인을 테이스팅할 때에 사용하는 잔은 I.N.A.O. 규격 잔을 많이 사용하는데 이 잔은 좀 작으면서 화이트와 레드 와인의 구별 없이 사용하고 있다는 점도 이해해 주기 바란다.

와인을 바꾸어 달라는데
왜 말이 그렇게 많아!

가끔 레스토랑이나 와인 바에서 주문한 와인을 시음한 후에 손님이 "와인이 잘못되었으니 바꾸어 달라."하고 직원은 "이상이 없으니 그냥 마시라."고 실랑이하는 것을 본 일이 있다.

독자들 중에서도 혹시 이런 경험을 해본 사람도 있을지 모르겠다. 대부분의 경우 종업원이 바꾸어 주고 말썽이 끝나지만 어떤 경우에는 피차 양보할 생각이 없는지, 일이 커지는 경우도 있다. 레스토랑이나 와인 바 등에서 상당히 자주 이런 일이 발생하고 또 피차 떨떠름하게 마무리되다 보니 고객들은 "혹시 내가 좀 심했나?" 생각하게 되고 또 종업원들은 대체로 나중에 주인에게 야단을 맞게 된다.

레스토랑뿐만 아니라 와인 숍에서도 문제가 발생하고 있다. 와인을 사갔다가 몇 주 뒤에 와서 와인을 마셔보니 변질되었더라면서 변상해 달라는 사람이 있다. 어떤 사람은 와인도 가지고 오지 않고 무조건 변상하라는 경우도 있다. 집에서 와인을 땄다가 문제점이 있으면 바로 가지고 오든지, 적어도 다음날은 가지고 와서 말을 해야지 몇 주 뒤에 완전히 변질된 것을 가지고 와서 문제를 제기하면 쉽게 타협점을 찾기가 어렵다.

와인의 교환은 원칙적으로 품질이 변질된 경우에만 교환할 수 있다고 생각한다. 업소 측으로 보면 고객이 시음까지 한 와인을 바꾸어 달라고 하면, 코르크 딴 와인을 다시 팔 수도 없는 문제가 발생하게 된다.

와인의 포장이나 상표 등 외관상의 결함은 눈에 보이는 것이니까 보고서 선택을 하지 않으면 된다. 그러나 와인 자체의 결함은 겉으로 보아서 알아내기가 어렵고 사실 시음을 하더라도 개인별로 느낌이 다를 수 있으므로 피차 합의가 어렵다. 그래서 가장 빈번하게 제기되는 문제가 바로 와인이 변질된 경우이다.

이번에는 와인의 변질에 대해서 알아보겠다. 와인은 박테리아에 의하여 변질될 수 있다. 특히 초산박테리아에 의해서 와인의 알코올이 초산 등으로 변질된다. 즉 미생물적으로 완벽하지 못한 공장에서 양조하는 경우 미생물 오염에 의해서 발생한다. 특히 초산 등의 휘발산들은 와인의 양조공정이 오염된 것을 알려주는 지표이기도 하며, 식초같이 시큼한 냄새가 난다. 레스토랑이나 와인 바에서 마개를 딴 와인을 한 동안 보관하면 이런 오염이 생길 수있으나 마개를 따지 않은 와인에서는 거의 생기지 않는 변질이다.

그 외 와인의 변질은, 와인이 산화되는 것으로 공장에서는 산소와의 접촉을 최대한 줄이고 있으므로 공장에서 산화 문제는 거의 없다고 본다. 그러나 코르크가 이상이 있든지, 급격한 온도 차이로 인하여 외부 공기가 와인 병 속으로 들어가서 산화될 수 있다. 산화된 와인에서는 사과 썩는 냄새와 접착제 등의 좋지 못한 냄새가 날 수 있다.

금속 등에 의한 혼탁이 있을 수 있는데 양조에 사용되는 기계장치들에서 녹아나는 것으로 과거에는 철이나 구리 제품을 많이 사용해서 와인을 혼탁하게 하였으나, 요즘은 스텐리스 스틸과 알루미늄을 주로 사용하여서 이런 혼탁은 거의 없다.

단백질의 침전이 있을 수 있으나 포도에는 워낙 단백질의 함량이 적고 또 미리 공장에서 제거하기 때문에 단백질 혼탁 문제는 거의 발생하지 않는다.

산도가 높은 와인의 경우 주석산 염의 침전이 생길 수 있다. 이런 침전 와인은 소비자들이 교환을 요구할 수 있으나, 정상 제품으로 맛에서는 아무런 차이가 없으므로 가능하면 교환을 요구하지 않는 것이 바람직하다.

색상이 아주 짙은 레드 와인의 경우 오래 보관했다가 마시면 와인 잔 바닥에 침전물이 생기는데 이것은 색소가 침전한 것으로 와인을 아주 오랫동안 보관하였다는 증명서이므로 문제를 삼지 말기 바란다. 이와 같이 와인에는 여러 가지 품질 문제가 있을 수 있으나 소비자들이 말하는 품질 문제는 주로 산화 문제와 침전물 등의 문제일 것이다.

와인이 산화하면 화이트 와인은 갈색으로, 레드 와인은 검게 보인다. 또 와인의 향에서 썩어가는 사과의 향이나, 시큼한 식초 냄새가 난다든지 또 용매나 접착제 같은 향이 나는 등 별로 좋지 못한 냄새가 난다. 이런 품질 문제는 정상 와인과 차이가 있으므로 변질된 경우 종업원은 교환해 주는 것이 당연하다. 침전물의 경우 대부분 와인의 변질은 아니고 건강한 와인이므로 특별한 경우가 아니면 바꾸지 않아도 될 것으로 생각한다.

특이하게 자주 생기는 문제는 "내가 지난번에 이 와인을 마셨는데 그 와인과 맛이 다르니 교환해 달라."고 요구하는 경우이다. 이렇게 지난번 마신 와인의 맛과 다르다는 이유로는 교환을 요구하지 마시기 바란다. 왜냐하면 같은 회사, 같은 빈티지의 같은 제품이라고 하더라도 보관 조건과 마실 때의 온도 등에 따라서 맛이 다를 수 있고, 어제 마셨을 때와 오늘 마실 때에 느낌이 다를 수 있기 때문이다.

저 많은 포도를 어떻게 다 씻지?

"저 많은 포도를 어떻게 다 씻어서 와인을 만들지?"

포도 수확시기에 포도주 공장에 견학 오시는 분들이 하는 말이다. 하루에도 수백 톤의 포도가 공장에서 처리되는 것을 보고 많은 사람들이 하나같이 걱정을 한다.

집에서 와인을 만들 때에도 과일 가게에서 잘 익은 포도를 사다가 깨끗하게 씻고 말린 뒤 와인을 만든다. 그러니 공장에서도 당연히 와인을 만들 때에 포도를 깨끗이 씻을 것이라고 생각한다.

그런데 공장에서는 와인을 만들 때에 포도를 씻지 않는다. 물론 포도원에서 수확해서 공장으로 가져온 포도에는 흙이 묻을 수도 있고 또 먼지도 묻어 있을 수 있다. 사실 포도원에 가서 보면 주위가 전부 포도원이거나 숲으로 되어 있는 시골 구릉지들이라 다른 이물질이 묻을 가능성은 별로 없다. 그렇다고 해서 전혀 흙이나 먼지 등이 묻지 않을 수는 없다. 비도 오고 바람도 불어서 흙이나 먼지가 묻을 수 있다.

그러나 공장에서는 포도를 씻고 싶어도 못 씻는다. 그 이유는 첫째 하루에 수백 톤씩 입고되는 포도를 씻으려면 수백, 수천 톤의 물이 필요한데, 이 많은 물로도 포도 송이를 하나하나 깨끗하게 씻을 수가 없기 때문이다. 사람이 포도 송이를 하나씩 들고 그 많은 포도를 다 씻는다는 것은 거의 불가능하다. 포도는 여간 조심하지 않으면 터지기도 하고 손상을 입는다.

또 씻는다 하더라도 포도 송이를 건조시켜야 하는데 수백 톤의 포도를 어디에 놓아서 말리는가? 현실적으로 할 수가 없다. 또 하나의 다른 중요한 이유가 있다. 다른 모든 술은 만들 때에 다량의

물이 들어 간다. 그러나 와인을 포함한 과실주는 양조할 때에 물을 첨가하지 않는다. 자체적으로 과육에 있는 주스로만 와인을 만들기 때문에 물이 첨가되는 것은 금물이다. 포도 송이를 씻고 완벽하게 건조시키지 않으면 포도를 파쇄하고 압착하는 작업을 할 때에 포도 주스에 이 세척수가 첨가될 수가 있다. 그래서 포도를 씻지 않는다.

또 포도를 재배할 때에 농약이나 비료를 사용한다고 알고 있다. 비료를 사용하거나 농약이나 제초제 등을 살포하면 이런 약품들도 포도 송이에 묻어 있을 수도 있을 것이다. 당연히 이런 좋지 못한 성분들을 제거해야 할 것이 아닌가? 언젠가 TV를 보니 야채나 과일은 받아놓은 물이 아니라 꼭 흐르는 물에 씻어야 한다고 하는 것을 본 일이 있다. 최근에는 또 받아 놓은 물에 담가 두어야 비료나 농약 성분이 녹아 나온다고 말하는 것을 본 적이 있다.

하여간 요즘 과일과 채소 등은 깨끗하게 씻지 않고 먹으면 중금속 등이 체내에 축적되어 여러 가지 병이 생기고 특히 아토피의 원인이 된다고도 말하고 있다. 이런 농약의 피해는 TV에 단골 메뉴로 올라오는 국민적인 관심사이다. 이런 농약 등은 당연히 씻어서 제거해야 할 것이다.

그런데 공장에서 와인을 만들 때 이들 농약, 비료 등의 성분들도 씻지 않는다. 아니 현실적으로 씻을 수가 없다. 앞에서 말한 대로 포도를 한 송이씩 들고 깨끗한 물에 헹굴 수도 없고, 또 포도 송이를 물 속에 푹 담가 두면 다른 미생물들의 오염이 우려된다. 더 중요한 것은 세척에 사용한 물을 제거할 방법이 없다는 것이다. 그래서 세척을 하지 못한다. 수천 년 동안 이렇게 와인을 만들어 왔다.

혹시 와인이 많이 생산되는 나라들을 여행하신 분들은 아마도 느꼈을 것이다. 이들 나라들의 포도원에 가보면 포도 나무의 성장기와 숙성기의 포도원에 잡초가 하나도 없이 포도 나무만 있는 것을 볼 수 있다. 즉 와인 산지인 이들의 나라들은 여름철에 고온이고 또 건조하기 때문에 잡초가 자랄 수가 없다. 물론 고온 건조한 곳에서 자라는 포도는 병도 별로 없다. 따라서 포도원에서 거의 농약들을 사용하지 않는다.

물론 소량의 농약을 사용할 수 있으나 농약의 독성은 대체로 2주일 정도면 분해되어 없어지는 것으로 알려져 있다. 또 포도주를 발효하고 숙성하는 기간이 몇 달 혹은 몇 년으로 길기 때문에 농약의 독성에 대하여서는 우려하지 않아도 된다. 또 숙성 기간 중에 와인의 여러 가지 성분들이 화학 반응하여 침전하게 되는데 이때에 분해된 소량의 농약 성분들도 폴리페놀의 형태로 침전하여 제거된다.

그리고 포도 재배에 사용되는 농약 등은 사전에 다 파악을 하고 있기 때문에 각 포도주 공장에서는 정부 연구소나 민간기관에 의뢰하여 와인 속에 농약이 잔류하고 있는지를 사전에 분석하고 있다. 또 식약청 등에서 주기적으로 시중에 판매되는 와인을 수거하여 검사하고 허용치 이상으로 농약이나 비료 성분이 들어 있으면 바로 반품 내지는 폐기 처분한다. 와인에서 이런 성분이 검출되어 판매가 중지된 일은 지금까지 없었던 것으로 알고 있다.

앞서 말한 포도에 묻은 흙과 먼지 등도 일부 와인 양조과정에 혼입될 수 있으나 오랜 숙성 기간을 거치는 동안에 흙 성분은 침전을 하게 될 것이고 먼지 등도 와인 속의 다른 성분들이 침전할 때에 같이 침전하여서 제거가 되고 있다. 뿐만 아니라 와인이 숙성하는 동안에 여러 차례 앙금분리와 여과를 하게 되는데 이때에 완벽하게 제거가 된다. 그러니 독자 여러분께서는 안심하고 와인을 즐기시기 바란다.

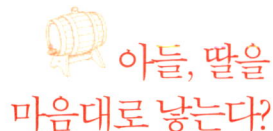
아들, 딸을 마음대로 낳는다?

마주앙 공장에 근무할 때에 와인을 마시면 아들을 낳는다는 이야기가 들려서 와인의 판매를 촉진하는 데 도움이 될 수도 있겠다고 생각한 적이 있다. 그런데 너무 이론적인 근거 없이 이런 이야기를 할 수는 없는 일이라 주변에 있는 산부인과 의사들에게 슬쩍 물어 보았더니, 이론적으로 상당히 타당성이 있는 이야기라고 확인해 주었다.

여성들의 질액이 상당한 산성이어서 난자와 자궁을 잘 보호하고 있으나, 이것 때문에 시원찮은 정자들은 근처에 접근을 하지 못하고 사멸을 해버려서 임신이 잘 안 된다고 한다. 이 임신할 시기에 질액이 알카리성이 되면 정자들이 잘 접근도 할 수 있어서 임신도 잘되고 또 아들을 낳을 확률도 높아진다는 것이다. 나중에 잡지들을 읽어 보는데도 이런 이론을 이야기하는 학자들을 여럿 보았다.

독자들도 잘 아시는 대로 와인은 알카리성 식품으로 알려져 있다. 물론 PH로만 보면 와인은 상당히 산성이다. 그러나 와인 속에는 칼륨, 칼슘, 마그네슘 등 여러 가지 무기물질들이 많이 함유되어 있으며 이들이 체내에서 들어가서 염기성을 띠기 때문에 와인은 알카리성 식품이라고 말한다. 하여튼 와인이 알카리성 식품이니 와인을 많이 마시면 산성 체질이 알카리성으로 변하게 된다. 특히 여성의 경우 알카리성 체질이 되면 아들을 잘 낳는다는 가설이 성립하는 것이다.

그래서인지 마주앙 공장에서 근무할 때에 보면 총각 직원들이 결혼한 후에 돌잔치를 할 때 가보면 눈에 띄게 아들이 많았다. 물론 공주님을 얻은 친구들도 있기는 하였으나 그래도 가설이 어느 정도는 맞는다는 생각을 가지게 되었다.

30여 년 전인 그 시기에는 시중에서 와인이 눈에 잘 띄지 않았고 또 마시는 사람들도 별로 없었던 때라 공장에 근무하는 직원들은 남들보다 와인을 마실 기회가 많았다. 그런데 총각들보다 여직원들이 결혼한 후에 소식을 들어 보면 아들을 낳았다는 비율이 상당히 높은 것을 알 수 있었다.

물론 반드시 와인 때문은 아니고 다른 이유도 있을 수 있다. 하지만 아무튼 와인 때문에 아들을 많이 낳았다는 주관적인 판단에 작은 근거를 가지게 되었다.

아들을 원한다면 와인을 마시되 여자가 많이 마셔야 남자 아이를 낳을 수 있을 것이다. 남편이 매일 혼자 와인을 마시고 돌아다니는 것은 "나는 딸을 더 좋아합니다" 하고 다니는 것과 같다. 아들을 원한다면 퇴근할 때에 와인을 한 병 사서 부인이 기분 좋게 와인을 마시도록 하는 것이 바람직하다고 생각한다.

그런데 이런 가설을 펴고 있는 저자는 딸만 둘이다. 저자 때문에 이 가설을 의심하거나 실행을 포기하지는 마시기를 바란다. 왜냐하면 저자가 이 가설을 알았을 때에는 벌써 딸 둘을 안고 업고 다닐 때였다. 하지만 딸만 둘인 것이 요즘에 와서는 얼마나 다행인지 모르겠다.

꼭 기억해야 할 중요한 점은 인간의 체질은 하루 아침에 변하는 것은 아니고 장 시간에 걸쳐서 서서히 변한다는 것을 알고 평소에 와인을 많이 드시기 바란다.

사실 아들과 딸은 인간이 좌우할 수 없는 일이라고 생각한다.

와인 마실 때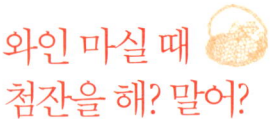
첨잔을 해? 말어?

맥주나 소주를 마실 때에는 여러분은 대체로 잔을 쭉 들이켠 후 잔이 빈 상태에서 술을 다시 따르는 것이 우리의 관습이 아닌가 생각한다. 다른 사람의 잔에 술을 따를 때에도 마찬가지여서 옆사람이 잔에 술을 따라 주려고 하면 얼른 자신의 술잔을 비운 후 술을 받는다. 다른 나라에서도 비슷한 주도가 있는 것으로 알고 있다. 그러나 일본과 같은 나라에서는 술잔에 술이 아직도 남아 있는데 추가하여서 술을 따라주는 것이 주도라고 한다.

와인의 경우에는 어떠한가? 와인도 우리의 풍습같이 와인 잔을 비운 뒤에 와인을 따루어야 할까? 첨잔을 해도 되는 걸까?

한국인들이 주로 마시는 소주는 잔이 작아서 잔을 비우는 것이 뭐 그리 어려운 일이 아니라고 생각한다. 또 맥주잔은 좀 크기는 하나 맥주의 알코올 도수가 4~5도 정도라서 웬만한 사람들은 쭉 들이켜고 빈 잔을 앞에 내어 놓는 데 문제가 없을 것이다. 그런데 와인은 잔의 크기로는 소주잔보다는 엄청나게 크고 또 알코올 도수로는 맥주의 세 배 정도는 되니 와인을 따르기 전에 와인을 쭉 마시고 잔을 싹 비우도록 하기에는 부담스럽다.

사실 와인은 첨잔을 하는 것이 맞다. 이는 우리의 전통적인 주도와는 다른 문화이다. 앞에서 말한 대로 와인 문화는 주로 유럽 상류층의 식사 문화 중 하나이다. 대개의 경우 식탁에 앉아 식사를 하면서 와인을 마시는데 서양의 식사는 보통 여러 시간으로 이어지기 때문에 와인들을 천천히 마시게 된다. 이때 하인들은 둘러보면서 잔이 비워지기 전에 적당량을 추가해 주는 일을 하는데 우리로 말하면 첨잔을 하는 것이다.

와인을 천천히 마시면서 와인의 양이 아주 적어지게 되면 와인

의 온도가 올라가서 적정 온도를 유지하지 못할 수도 있고 또 산화할 가능성도 있어서 와인의 향과 맛이 달라질 수 있다. 따라서 와인의 양을 적정하게 유지되도록 서빙을 하다 보니 첨잔이 될 수 밖에 없는 것이다.

앞으로는 와인을 마실 때에 주저하지 마시고 첨잔을 하시기 바란다. 그런데 우리의 전통 주도와는 다르기 때문에 이것이 좀 익숙하지 않은 분들도 있는 것이 또한 현실이다. 이런 분들은 굳이 잔을 비울 때까지 옆에서 기다리고 있는 분들이 있다. 특히 그런 분이 상사라면 눈치껏 행동하기 바란다. 서양의 와인 문화를 지킬 때는 지키고 또 때와 장소에 따라서는 융통성을 발휘해 나가는 것이 와인 문화를 한국 문화 속으로 토착화해 나가는 과정이라고 생각한다.

재미있는 것은 고집스럽게 서양의 와인 문화를 대중화시키기 위하여 애쓰던 부하 직원도 세월이 흘러 윗자리로 올라가면 회식 자리에서 옛날 일은 쉽게 잊어버리고 병을 들고 돌아다니면서 와인을 따라 준다는 것이다. 그리고 후배들의 잔이 비워지기를 기다리면서 선배들이 하던 대로 "야, 김 과장 잔 빨리 비워!"라는 말을 하게 된다는 것이다.

여러분은 어떠하신가?

와인 코르크
마개를 뽑을 때

  가정에서나 여러 모임에서 와인 병의 코르크 마개를 직접 따 본 사람들은 거의 모두가 힘들었던 기억이 있을 것이다. 와인 병의 캡슐을 제거하고 코르크 스크류의 끝을 코르크에 꽂고 조심스럽게 뽑아보지만 코르크의 중간이 뚝 부러져서 절반쯤은 올라오고 나머지는 병 속에 그냥 남아 있기 쉽상이다. 코르크 스크류를 더 천천히 조심스럽게 어떻게 해보지만 코르크 부러진 놈은 밖으로 잘 나오지 않는다. 신경질이 나서 젓가락으로 부러진 놈을 수셔 넣고 코르크가 와인 위에 둥둥 뜬 상태에서 와인을 따러 마시는데 정말이지 기분이 좋지 않다.

  코르크 마개가 잘 나오지 않는 이유가 몇 가지 있다.

  첫째 코르크 마개의 자체 결함으로 부러질 수 있다. 코르크는 코르크 나무의 껍질로 만든 것으로 코르크 마개를 자세히 보면 깨끗하지 않고 흠집이 많다. 이 흠집은 나무껍질에 살던 작은 벌레 등이 살던 곳으로 또는 어떤 이유로의 크랙 등으로 생긴 것이다.

천연 나무로 만들어진 것이기 때문에 어쩔 수 없이 결함은 있다. 그래서 코르크 마개 중에서 깨끗하고 양호한 상태의 것을 선별하여 활용하고 있다.

두 번째 이유는 와인 병을 보관할 때에 세워서 보관하는 경우 코르크가 말라서 코르크 스크류를 넣을 때에 코르크가 깨어지는 수가 있다.

세 번째 이유는 코르크를 따는 사람의 요령 문제이다. 코르크 스크류의 뾰족한 부분을 코르크에 중심에 오도록 조심스럽게 꽂아서 돌리는데, 돌리다 보면 그만 삐뚤게 내려가서 스크류를 올리면 코르크의 윗부분은 나오고 아랫부분은 병 속에 남아있게 된다.

스크류의 뾰족한 끝 부분을 코르크의 중앙에 조준할 것이 아니라 스크류의 둥근 원이 코르크 중앙에 오도록 꽂아야만 제대로 중앙으로 들어가게 된다. 뽑을 때에도 코르크 스크류가 수직으로 잘 올라오도록 해야 한다. 스크류를 삐딱하게 올리면 코르크는 부러지기 쉽다.

이렇게 조심하는 것도 중요하지만 가장 중요한 점은 적당한 코르크 스크류를 준비하는 것이다. 'T' 자 모양의 스크류는 힘이 너무 많이 들고 또 다리 사이에 와인 병을 고정시키고 코르크를 뽑아야 하므로 보기에 좋지 않다.

가정에서는 '윙' 스크류를 사용하면 힘이 덜 들 것이다. 그러나 레스토랑이나 바의 종업원들이 이런 '윙' 스크류를 사용하는 것은 금물이다. 레스토랑이나 바에서는 꼭 소믈리에용 코르크 스크류를 사용하기 바란다. 소믈리에 스크류는 지렛대의 힘을 이용하므로 쉽게 코르크가 올라오고 또 수직으로 올라오니 코르크가 부러지는 일도 적다.

가능하면 모든 와인 애호가들이 소믈리에용 스크류를 사용하기를 바란다. 옛날에는 소믈리에 스크류의 가격이 2~3만 원으로 고가이기도 하고 또 구하기가 어려웠으나 요즘에는 중국제가 많이 수입되고 있어서 저렴한 가격으로 구입이 가능하다. 또 와인 숍에서 말만 잘 하면 공짜로 얻을 수도 있을 것이다.

코르크 스크류마다 재질은 조금 차이가 있어서 사용 중에 코르크가 아니라 스크류가 부러지는 것도 가끔은 있으나 잘만 사용하면 상당 기간 쓸 수 있다. 코르크를 뽑을 때 생기는 어려움은 소믈리에용 코르크 스크류를 잘 사용하면 거의 해결될 수 있다.

프랑스와 미국의 와인 대결

 와인이라면 누구나 프랑스 와인을 꼽을 정도로 프랑스 와인은 그 명성과 품질과 가격에 있어서 세계 최고로 다른 나라의 추종을 불허하고 있다. 와인 시장에서 수백 년 동안 프랑스 와인의 콧대는 드골 대통령의 콧대만큼이나 높아서 전 세계를 상대로 배짱 장사를 해왔다. 특히 고급 와인의 시장에서는 프랑스 와인밖에 없다고 큰소리 쳐 왔다. 그런데 이런 프랑스 와인의 코가 납작하게 된 세계적인 사건이 있었다.

 1976년 5월 24일 파리에서 이른바 '파리의 심판(Judgement of Paris)'이라는 와인 시음회가 있었다. 미국 캘리포니아 와인 몇 종류와 프랑스 와인 몇 종류를 놓고 상표를 가리고 아주 객관적으로 평가하는 테이스팅이었다. 시음할 와인은 레드 와인 10종(프랑스 4종, 미국 6종)과 화이트 와인 10종(프랑스 4종, 미국 6종)이었다.

11명의 심사위원들은 프랑스인 9명, 영국인 1명, 미국인 1명 등 대부분 유럽 사람들로 구성되었다. 세계 모든 와인 애호가들은 당연히 레드 와인과 화이트 와인 모두 프랑스 와인이 1, 2, 3, 4등을 모두 휩쓸 것으로 예상하고 있었다.

그러나 블라인드 테이스팅을 한 후 결과를 보니 1위는 레드와 화이트 와인 모두 미국 캘리포니아 와인이었다. 심사위원들 거의 가 프랑스인이고 미국인은 한 사람밖에 없었는데 미국 와인이 1등 으로 드러나니 심사위원들 모두가 깜짝 놀라게 되었다.

심사위원 모두가 평소에 프랑스 와인이 최고로 맛이 좋고 우수 하다고 생각하고 또 그런 프랑스 와인을 좋아한다고 하던 사람들 이었는데 이런 결과는 상상 밖이었다. 프랑스 와인은 세계에서 비

교할 와인이 없다고 큰 소리 뻥뻥 치다가 이 결과로 큰 창피를 당하게 되었다.

'파리의 심판(Judgement of Paris)' 결과를 조금 자세히 알아보면 다음과 같다.

〈심사 결과〉

• **레드 와인의 순위**

1위 1973 Stags Leap abernet Sauvignon(미국)

2위 1970 Château Mouton Rothschild(프랑스)

3위 1970 Château Montrose(프랑스)

4위 1970 Château Haut Brion(프랑스)

5위 1971 Ridge Vineyard Monte Belle(미국)

6위 1971 Château Leoville-Las-Cases(프랑스)

7위 1970 Heitz Martha's Vineyard Cabernet Sauvignon(미국)

8위 1972 Clos du Val Napa Cabernet Sauvignon(미국)

9위 1971 Mayacamas Vineyard Cabernet Sauvignon(미국)

10위 1969 Freedmark Abbey Napa Cabernet Sauvignon(미국)

• **화이트 와인의 순위**

1위 1973 Château Montelena Chardonnay(미국)

2위 1973 Meursault Charmes(P.C.) - Roulot(프랑스)

3위 1974 Chalone Vineyard Chardonnay(미국)

4위 1973 Spring Mountain Vineyard Chardonnay(미국)

5위 1973 Beaune Les Clos des Mouches(P.C.)

   - Joseph Drouhin(프랑스)

6위 1972 Freemark Abbey Winery Chardonnay(미국)

7위 1973 Batard-Montrachet(G.C)

   - Ramonet Prudhon(프랑스)

8위 1972 Puligny Montrachet Les Pucelles(P.C.)

   - Domaine Leflaive(프랑스)

9위 1972 Veeder Crest Vineyard Chardonnay(미국)

10위 1973 David Bruce Winery Chardonnay(미국)

이러한 결과 때문에 프랑스 와인 업계에는 큰 소동이 일어났다.

"어떤 놈들이 그따위로 와인 맛을 보았느냐?", "도대체 와인 맛 보는 방법을 알기나하는 인간들이냐?", "그런 놈들이 무슨 와인 전문가이냐?", "프랑스에는 더 좋은 와인들이 있는데 왜 그런 와인으로 시합을 했느냐?"는 등 분위기가 험악하여 시음에 참가했던 프랑스 와인 전문가들은 폭행 위협에 시달릴 정도이었다.

이 사건으로 하늘을 찌르던 프랑스의 명성은 조용히 땅으로 내려오게 되었고, 싸구려로 취급받던 미국을 위시한 이른바 '뉴월드(New World) 와인들은 그 품질을 인정받게 되어 세계 와인 시장의 판도가 바뀌었다(뉴 월드 와인이란 유럽이 아닌 북미, 남미, 대양주, 아프리카, 아시아 등 신대륙에서 생산된 와인을 말함).

뉴월드 와인들은 유럽 와인에 비교될 수 있는 좋은 와인을 만들 수 있다는 자신감을 가지는 계기가 되었다. 이후부터 특히 프랑스를 위시한 유럽 와인들은 중, 저가 와인 시장에서 저가이면서 품질은 괜찮다는 평을 받게 된 뉴월드 와인과의 경쟁에서 밀리는 시대로 들어서게 되었다.

열 받은 프랑스 와인 업계에서는 2년 후에 또 10년 후에 이런 시음회를 열어서 패배를 만회하려 했으나 결과는 매번 프랑스 와인의 패배로 끝이 났다. 문제는 30년 뒤에 더 심각하게 터지게 되었다. 프랑스 와인의 명예를 회복시킨다는 명분으로 1976년 '파리의 심판'의 30년째 되는 날인 2006년 5월 24일 미국 와인과 다시 결투를 하게 되었다. 연전연패하고 있던 프랑스 와인이 자발적으로 이 행사를 주도했다기보다 이런 결과를 활용하기 위하여 미국과 뉴월드 와인 업계에서 충동질해서 하게 된 행사가 아닌가 하는 생각이 든다.

하여튼 이 행사에서는 30년 전, 1976년에 시음하였던 그 빈티지 와인들을 그대로 다시 사용하였으며 너무 기간이 오래된 화이트 와인은 제외하고, 레드 와인만으로 시음하기로 하고, 좀 더 공정하게 하기 위하여 시합을 런던과 캘리포니아 두 군데에서 동시에 개최하기로 하였다.

시음자도 1976년에 시음자로 참가했던 사람 중에 살아 있고 이 분야에서 활동 중인 사람을 포함하여 세계적으로 내로라하는 유명한 와인 전문가들을 공정하게 선정하여 엉뚱한 결과가 나오지 않도록 객관적인 조치를 취하고서 국제적으로 관심이 집중된 가운데 시합을 하였다.

이렇게 설치부심 준비한 2차 시합의 결과도 프랑스 와인의 참담한 패배로 끝났다. 레드 와인의 상위 5위까지를 미국 와인이 차지한 것이다. 프랑스 와인 못지않게 미국 와인도 우수하다는 것이 다시 한 번 증명되었다. 2차 대결의 내용을 자세히 기재하면 다음과 같다.

〈심사 결과〉

• 레드 와인의 순위

1위 1971 Ridge Vineyard Monte Bello Cabernet Sauvignon(미국)

2위 1973 Stag's Leap Wine Cellar Cabernet Sauvignon(미국)

3위 1970 Heitz Wine Cellar Martha Vineyard(미국)

4위 1971 Mayacamas Vineyards Cabernet Sauvignon(미국)

5위 1972 Clos du Val Winery Cabernet Sauvignon(미국)

6위 1970 Château Mouton Rothschild(프랑스)

7위 1970 Château Montrose(프랑스)

8위 1970 Chaâteau Haut Brion(프랑스)

9위 1971 Chaâteau Leoville-Las-Cases(프랑스)

10위 1969 Freemark Abbey Winery Cabernet Sauvignon(미국)

이 두 번째 시합 결과 프랑스 와인은 세계 최고라는 명예에 다시한 번 큰 손상을 입게 되었다. 프랑스 와인 업계의 분노로 인하여 유일하게 두 번 모두 시음자로 참가하였던 프랑스 사람인 크리스티앙 바네케(Christian Vanneque)는 귀국이 위험할 정도로 분위기가 험악하기도 하였다.

이런 시합에 관해서 저자의 견해를 밝히고자 한다.

자연 환경(떼루와)이 상당히 다른 타국에서 다른 포도 품종으로 만들어진 와인을 시음하여서 순위를 정하는 것 자체가 이론적으로 타당하지 않다. 한 나라에도 지역별로 자연 환경이 다르면 와인의 맛이 달라지는데 하물며 프랑스와 미국은 자연 환경은 달라도 많이 다를 수밖에 없다.

다른 자연 환경이라는 것은 토양과 강수량, 일조량, 주야간의 온도차 등 모든 포도의 재배 환경을 말한다. 프랑스에서는 지역별로 자연 환경이 다르기 때문에 그런 자연 조건에서 잘 재배되는 각각 다른 포도 품종을 재배하고 있다. 프랑스와 미국에서 같은 포도 품종을 심더라도 와인의 맛이 비슷할 수는 있으나 꼭 같을 수 없는 것이다.

더구나 미국에서는 적 포도 품종 중의 하나인 까베르네 쇼비뇽 단일 품종으로만 와인을 만들고 프랑스 보르도 지역에서는 까베르네 쇼비뇽, 메르로, 까베르네 프랑, 말백, 쁘띠 베르도 등의 포도를 블랜딩하여서 와인을 만드니 와인의 맛이 다를 수밖에 없다. 특히 미국에서 사용한 포도 품종인 까베르네 쇼비뇽으로 만든 와인은 레드 와인 중에서도 쓴맛이 가장 많은 강한 와인이다.

따라서 일반적으로 까베르네 쇼비뇽 단일 품종인 미국 와인의 맛이 까베르네 쇼비뇽에다 메르로, 까베르네 프랑, 말벡, 쁘띠 베르도 등을 섞어서 만든 프랑스 보르도 와인보다 쓴 맛이 더 많다. 또 기후 때문에 캘리포니아 와인이 알코올이 더 높다. 따라서 두 와인을 비교하면 일반적으로 미국 와인의 맛이 더 쓴맛이 많고 강하게 느끼게 된다.

또 하나는 평소에 바디감이 좋다고 즐겨마시던 와인도 바디감이 조금 더 강한 와인과 같이 마시면 "야, 이 와인이 왜 이렇게 약해?"라고 말하게 되는 것을 경험한 사람들이 많을 것이다.

즉 한 가지 와인을 마시고 난 후에 한참 뒤에 다른 와인을 마시면 둘 다 괜찮은 와인이라고 생각을 한다. 하지만 두 가지 와인을 같이 놓고 비교하면서 마시면 와인의 맛이 둘 다 다르게 느끼고 "둘 중 하나가 맛이 좀 못하다, 뭔가 좀 약한 것 같다." 하고 말을 하게 된다. 비슷한 맛의 와인을 따로 마시면 차이를 잘 모르나 동시에 두 개를 놓고 비교하면서 마시면 강하고 약한 맛의 차이를 쉽게 알 수 있다는 뜻이다. 이런 이유로 와인의 맛을 공부할 때에는 한 가지 와인만을 마시지 않고 적어도 두 가지 이상의 와인을 동시에 비교하는 훈련을 하고 있는 것이다.

프랑스 와인을 단독으로 마시면 평소에 익숙하던 와인 맛으로 "아주 훌륭하다, 혹은 최고다." 하고 마시고 즐기게 되나, 미국 와인을 같이 시음하면 미국 와인은 강하게 느끼고 프랑스 와인은 뭔가 좀 약하게 느끼게 된다. 특히 강한 와인을 먼저 마시고 난 뒤에 조금 약한 와인을 마셔 보면 나중에 마신 와인은 이건 뭐 거의 맹

물 수준으로 싱겁게 느껴진다.

　두 가지 와인을 같이 시음하는 경우 와인을 즐기는 사람들은 대부분 상당히 강한 와인을 선호하게 된다. 우리나라의 와인 애호가들 중에서 소주나 독주를 좋아하는 분들도 이런 경향이 있어서 부드럽고 숙성된 와인은 약하다고 하고 쓴맛이 많은 어린 와인은 맛이 좋다고들 말을 한다. 프랑스 와인을 단독으로 마실 때에는 세계 최고의 와인으로 칭찬을 한다. 그러나 더 강한 와인과 같이 마실 때에는 약하다는 말을 들을 수밖에 없다.

　그렇다고 프랑스 와인이 품질이 못하다는 것은 절대 아니다. 시음한 프랑스 와인들은 재론의 여지없이 훌륭한 와인이다. 프랑스 와인은 프랑스 와인대로의 독특한 맛이 있고 미국 와인은 미국 와인 나름대로의 특징이 있다. 이런 두 와인의 다른 특징을 즐기면 되는 것이지 "어느 것이 좋으냐?" 하고 따지고 할 일이 아니라는 뜻이다.

　미국 와인이 프랑스 와인을 두 번씩이나 다운을 시켰다는 것은 미국 사람들에게는 기분 좋은 일이고 와인을 판매하는데 써 먹을 수 있는 좋은 뉴스이기는 하나 "미국이 프랑스 와인보다 낫다." 라는 뜻은 아니다. 또 "프랑스 와인이 미국 와인보다 못하다." 하는 뜻은 더더구나 아니다. 와인 전문가라는 사람들이 "내가 좋아하는 와인은 아무래도 세련된 프랑스 와인이다."라고 말은 하면서도 실제 비교 시음에서는 강한 와인을 선택하였다는 것, 즉 세련된 와인이 아니라 강한 와인을 선택한다는 것이다.

시합의 목적은 분명 좋은 와인을 선택하는 것으로 판단되나 전문가라는 사람들이 이런 목적과는 다르게 강한 와인을 선택하는 모순을 보였다는 것이다. 왜냐하면 프랑스 와인의 부드러운 맛은 미국 와인의 강한 맛 옆에 서니 힘이 없는 약한 와인이라는 느낌을 주게 되어서 순위가 뒤로 밀리게 된다는 말이다.

　이 시합에 대한 바른 평가는 "역시 프랑스 와인과 미국 와인은 다르다."일 것이다. 국민성과 개성이 각각 다른 프랑스 사람과 미국 사람의 우열을 가릴 수 없듯이 특징과 맛이 다른 프랑스 와인과 미국 와인의 우열을 가리는 것 자체가 잘못된 것이다. 수치로 표현할 수 없는 품질의 가치를 수치화하려는 현대의 상업적인 사고방식이 탄생시킨 어이없는 시합이다.

　"와인의 맛이 좋다 또는 나쁘다."라고 판단하는 기준이 상당히 주관적이다. 설사 분석 데이터를 가지고 있다고 하더라도 그 데이터로 "와인이 좋다 혹은 나쁘다."라고 판단하기는 어려운 일이다. 예를 들면 알코올 도수가 엄청나게 높다고 무조건 좋은 것이 아니고, 또 쓴맛이 엄청나게 많다고 무조건 좋은 와인이라고 할 수 없다. 어느 수준이라야 가장 좋다고 그 기준을 정할 수가 없으니 좋다 혹은 나쁘다는 표현을 하는 것은 옳지 않은 표현이다. "두 와인의 맛이 다르다."라는 표현이 합리적이라고 생각한다.

칠레 와인이
값이 싸서 유명하다?

　와인이 수입 자유화된 이후 1990년대에는 "프랑스 와인이 좋다"
하고 프랑스 와인을 많이 마셨었다. 그러다가 대략 2000년대에 들
어서서 "뉴월드 와인도 좋다"고 알려지면서 뉴월드 와인도 많이
팔리고 있다. 특히 미국에서 생활하다가 돌아온 사람들을 중심으
로 미국 와인을 많이 마시다가 최근 몇 년 전부터는 칠레 와인이
좋다고들 많이 떠들고 있다.

　뉴월드 와인은 유럽을 제외한 남미, 북미, 호주, 아프리카, 아시
아 등의 신대륙에서 생산되는 와인으로 미국 와인, 칠레 와인, 아
르헨티나 와인, 호주 와인, 뉴질랜드 와인, 남아공 와인 등이 있는
데 그중에서 유독 칠레 와인이 좋다고 찾고 있다. 그 결과로 근래
에 들어서는 칠레 와인의 수입량이 프랑스 다음으로 많아지고 있

을 정도이다.

대부분의 사람들이 칠레 와인이 가격 대비 품질이 좋다고 말한다. 맞는 말이다. 왜냐하면 칠레는 자연 환경도 포도재배에 적합하고 후발 개도국으로 인건비가 싼 편이다. 또 외국의 자본이 들어가서 최신 기술로 포도 재배를 하고 최신 시설로 와인을 양조하니 와인의 가격이 저렴하고 품질도 우수하다고 할 만하다.

실제로 칠레에 가보면 자연 조건이 좋을 뿐 아니라 포도 재배하는 기술자들이 칠레 내의 대학이나 혹은 캘리포니아에서 교육을 받은 젊은이들이 많다. 또 포도주 공장에서 일하는 기술자들도 미국이나 프랑스에서 양조 기술을 배워 온 사람들이 현장에서 많이 일하고 있다. 그래서 포도재배 기술도 훌륭하여 비가 아주 적게 오는 지역이지만 관개도 하여서 매년 잘 익은 좋은 포도를 다량으로 생산하고 현대적 공장에서는 선진 양조 기술로 좋은 와인을 만들고 있다.

칠레 와인의 특이한 점은 다른 뉴월드 와인과 비슷하게 중, 저가 와인의 경우 비싼 오크통에서 와인을 숙성할 여건이 되지 못하지만 오크 향이 상당히 있는 와인을 만들고 있다는 점이다. 유럽에서는 저가 와인의 경우 도저히 비싼 오크통에서 와인을 숙성시킬 수 없으나 칠레에서는 저가 와인도 오크향이 나는 좋은 와인을 생산하고 있다.

이런 신기한 기술은 오크통을 만드는 오크 나무의 칩(톱밥 혹은 나무 토막 형태)을 탱크 속에 넣어서 오크 향이 와인 속에 녹아들도록 하여서 와인의 향과 맛을 좋게 하는 것이다.

또 프랑스나 이탈리아 등의 레드 와인에 비해서 칠레 와인은 대체로 신맛이 좀 적기 때문에 국내 와인 애호가들이 맛이 드라이 하다고 하면서 칠레 와인을 선호하지 않나 생각한다. 와인의 맛을 볼 때에 드라이하다는 말은 주로 단맛이 적은 와인의 경우 드라이하다고 표현한다. 그런데 우리나라에서 통용되는 드라이하다는 표현은 단맛이 적은 와인이라는 의미뿐만 아니라 신맛이 적은 와인도 드라이하다고 말한다.

칠레 와인은 자연환경이 유럽과 달라서 대체로 유럽 와인보다 대체로 신맛은 좀 적고 알코올 도수는 높다. 이 점이 칠레 와인을 좋아하는 사람들이 많은 것이 아닌가 하고 생각한다. 이와 같이 품질과 가격적인 면에서 칠레 와인은 다른 나라에 비하여 좋은 여건에 있기 때문에 칠레 와인이 호평을 받고 있다고들 알고 있다.

그런데 칠레 와인이 호평을 받게 된 것은 앞에서 이야기한 이유들보다 정말 중요한 이유가 따로 있다. 19세기 중반에 아메리카 대륙에서 살고 있던 피록세라라는 포도 뿌리 혹벌레가 프랑스, 이탈리아, 독일 등의 유럽 국가들을 위시하여 미국, 호주, 남미 등 전 세계의 포도원을 황폐하게 하는 대재앙의 사건이 있었다.

피록세라 문제는 아메리카 대륙에서 자생하는 포도나무와 유럽 포도나무를 접붙이기하여 해결하였다.

지금도 아메리카 대륙에서 자생하고 있는 포도를 제외하고 지구상의 거의 모든 포도나무들은 그 뿌리 부분을 아메리카 자생 포도나무로, 줄기 부분은 유럽 포도나무로 접붙이기해서 심고 있다.

전 세계의 포도 재배자들이 죽은 포도나무를 뽑아내고 새로 접붙이기한 묘목을 심고 이 어린 묘목들이 자라서 제대로 포도를 수확할 수 있을 때까지 여러 해를 고생하고 있는 동안 칠레에 있던 포도원에서 피록세라의 피해가 전혀 없다는 것은 희한하고도 놀라운 일이었다.

프랑스 보르도 지방에서 레드 와인은 생산하는 데 사용되는 포도 품종은 까베르네 쇼비뇽, 메르로, 까베르네 프랑 등이다. 이들 품종들은 대부분 그 원산지가 보르도로서 수천 년 동안 아니 수만 년 혹은 그 이상 동안 이 지역에서 생존해 왔다고 알려지고 있다. 그러나 지금 이곳에서 재배되고 있는 이들 포도들은 모두가 그 뿌리 부분은 미국에서 건너 온 포도로 접붙이기가 된 것이다. 다시 말하면 과거에는 순수한 유럽 혈통의 포도이었으나 지금은 뿌리가 미국 혈통으로 바뀌었으니 순수한 혈통이라고 볼 수 없다.

접붙이기를 하면 포도의 줄기와 포도송이와 포도 알의 특징은 접붙이기한 윗부분 대목의 영향을 받는다. 예를 들면 사과나무와 배나무를 접붙이기할 때, 윗부분을 배나무로 하고 아래 뿌리 부분을 사과나무로 한다면, 줄기와 가지와 잎은 배나무가 되어서 배가 주렁주렁 달리게 된다. 그러나 뿌리가 사과나무인 이상 달리는 배의 맛은 상큼하고 좋다고 할 수 있을지 모르겠으나 원래의 배와 똑같다고는 보기 어렵다.

이렇게 하여 프랑스뿐만 아니라 이탈리아, 스페인 등의 유럽지역에는 순수한 혈통을 지키고 있는 포도는 거의 없다. 이런 이유로 유럽의 포도 재배 농가들이 칠레를 엄청나게 부러워하고 있다. 자기들은 유럽 포도의 혈통을 지키지 못하고 있는데 저 멀리 남미에 있는 칠레만이 그 포도들의 혈통을 유지하고 있으니 말이다.

유럽에서는 1980년대에 이미 "칠레 와인은 좋은 와인이다."라고 말하고 있었는데 우리나라에서는 소식이 좀 늦어서 2000년대에 들어 와서 칠레 와인이 좋다는 입소문을 타기 시작하였다.

그런데 칠레에서 포도를 재배하는 사람들이 답답하게 생각하는 것이 하나 있다. 왜 칠레에서는 피록세라가 유럽에서 수입된 포도나무를 공격하지 못하는지 그 이유를 모른다는 점이다. 저자도 칠레의 많은 포도 재배자들을 만나 보았으나 그 이유를 시원스럽게 알고 있는 사람이 없었다. 막연히 칠레의 토양에는 특이한 화학물질이 있어서 그렇다거나 또는 칠레의 토양에서 특이한 전자파가 나오기 때문에 피록세라가 살지를 못한다고 말을 하는데 별로 근거가 없어 보인다.

저자가 판단하기에는 국토가 좁고도 긴 칠레는 서쪽 태평양과 동쪽 안데스 산맥의 영향을 받을 수밖에 없는 독특한 기후와 토양의 영향인 것으로 보인다.

요즘 칠레의 대형 포도주 회사들 가운데는 막연히 칠레에서는 피록세라 걱정을 하지 않아도 된다고 믿고 있다가 만일 어느 순간이 벌레가 문제를 일으키는 날에는 포도주 사업을 접어야 하므로 차라리 예방 차원에서 미리 접붙이기를 하는 것이 안전하다고 판단하여 연차적으로 접붙이기하는 회사들이 있다.

포도나무를 접붙이기하는 비용은 크지 않고 접붙이기해서 재배한 포도로 만든 와인의 맛도 유럽 와인과 비슷한 수준이니 판매에 아무런 문제가 없을 것이므로 장래를 대비하는 것이 상책이라고 판단하는 데서 나온 결론이다.

하여튼 현재 대부분의 칠레 포도나무는 세계에서 거의 유일하게 유럽 포도나무의 혈통을 보존하고 있다는 점은 누구도 부인할 수 없는 최대 장점이다.

세계 와인 산업을
주무르는 미국

　20 세기에 들어 와서 미국의 와인 산업이 세계적으로 유명하여지고 또 유럽 국가들에 못지않게 성장하고 있으며 앞으로 세계 와인 산업에서 점점 더 중요한 역할을 할 것으로 예상된다. 그런 미국이 19세기 중반에는 전 세계의 포도밭을 황폐하게 하고 와인 산업을 존폐의 위기에 이르도록 한 일이 있었다.

　유럽의 해양국가들이 신대륙들을 발견하고 많은 이주민들을 보내어서 주인 없는 땅들을 차지하고 개척하도록 하였다. 그 결과 북미와 남미, 호주와 아프리카 등에 많은 사람들이 이주해 가게 되었다. 지금 미국이나 칠레 등지에 있는 오래된 포도원들은 대부분 그 때에 유럽에서 포도 농사를 짓던 사람들이 이주해 가서 만들었던 것이다.

유럽에서 간 이주민들은 자기가 살던 곳에서 포도 묘목을 가져다가 신대륙에서 재배하여 그 포도로 와인을 만들어서 생활을 하였다. 이에 따라 신대륙에서 자연히 와인 산업도 성장하였다.

신대륙에서 포도를 많이 재배하게 되면서 어떤 사람들은 취미로 신대륙에서 자생하던 포도나무 묘목을 가져다가 자기 집 정원에다 심기도 하였고, 또 유럽의 많은 포도 육종학자들이 신대륙의 포도나무들에 관심을 가지고 연구를 하게 되었다. 이렇게 하여 신대륙의 포도나무들이 유럽에 옮겨지기도 하고 유럽의 포도나무들을 신대륙으로 옮겨지는 일이 빈번하였다.

이렇게 포도나무들이 대륙을 옮겨다니면서 포도가 재배되던 중에 19세기 중엽 프랑스를 시작으로 유럽의 포도나무가 다 말라 죽는 대참사가 발생하였다. 처음에는 프랑스 일부 지역에서 생긴 문제이었으나 시간이 지나면서 프랑스 전국으로 퍼지고 독일, 이탈리아, 스페인 등 거의 모든 유럽 국가의 포도원이 황폐하게 되었다. 지금에야 농약이라도 칠 수도 있지만 그 당시에는 변변한 농약이 없던 때라 말라가는 포도나무를 보고 발만 동동 구를 수밖에 없었다.

포도를 더 생산할 수가 없으니 있는 와인만을 팔 수밖에 없었는데 그것도 양이 한정되다 보니 와인의 가격은 올라가고 와인의 재고가 바닥나는 등 와인 시장은 큰 혼란에 빠지게 되었다. 유럽 사람들은 식사 때에 와인이 없다는 것은 상상하기 어려운 일이었다. 또 유럽의 상류층은 거의 매일 사교 파티가 있었는데 와인 없는 파티는 있을 수 없는 일이었다.

와인이 없는 유럽의 문화는 심각한 위기에 처하게 되었다. 어떻게든 해결책을 찾기 위하여 연구를 거듭하던 학자들은 원래 유럽에 있던 포도나무는 다 말라죽었는데 이상하게도 미국에서 가져온 포도나무들은 멀쩡하게 살아있는 것을 발견하였다.

이 모든 참사의 원흉을 알아보니 바로 미국에서 유럽으로 옮겨 온 벌레이었다. 이 벌레들은 원래 유럽에 없던 것으로 미국에서 살던 벌레들이 포도나무를 통해서 유럽으로 옮겨가면서 생긴 일이었다.

이 벌레는 피록세라(phylloxera - 포도뿌리 혹 벌레)로서 희한하게도 미국에서 자생하는 포도나무의 뿌리는 갉아먹지 못하였는데 유럽에 있던 포도나무의 뿌리는 갉아먹기에 좋았던 것이다. 그래서 뿌리에 혹을 만들어 기생하면서 잎의 수액을 빨아서 말라 죽도록 하는 무서운 해충이 된 것이었다.

유럽 포도 뿌리는 이 벌레가 다 공격을 하는데 미국에서 온 포도나무의 뿌리는 공격을 못하는 것으로 보고 찾아낸 해결책이 바로 포도나무 꺾꽂이이었다. 이 꺾꽂이는 포도 묘목의 윗부분은 유럽 포도나무로 아랫부분은 미국 포도나무로 접붙이기하여 심는 것이었다.

실제로 이렇게 간단한 방법으로 황폐화된 유럽의 포도밭을 다시 재건하게 되었다. 전 세계의 포도원을 황폐케 한 것도 미국에서 간 벌레이었고 또 그 해결책도 또한 미국 포도나무이었던 사건이었다. 한마디로 미국이 병 주고 약 주고 한 사건이다.

그런데 이 벌레는 유럽의 포도원뿐만 아니라 미국에 있는 포도원도 황폐화시켰다. 독자분들 중에는 이 이야기를 듣자마자 "미국산 포도나무의 뿌리는 공격하지 못하는 벌레인데 어떻게 미국에 있는 포도원을 황폐화 시킬 수 있는가?" 하고 의아해 하는 분들도 계실 것이다. 이런 이상한 결과가 생기게 된 데는 그럴 만한 사유가 있다.

지금도 미국에서는 미국 자생 포도로 거의 와인을 만들지 않고 유럽에서 수입한 포도 품종을 재배하여 와인을 만들고 있다. 미국 자생 포도들은 독특한 자극적인 향 때문에 미국 동부 지역에서 소량 생산하는 이외에는 와인을 만들지 않고 있다. 즉 미국에서 재배하고 있던 포도 품종은 거의 모두가 유럽 품종이었기 때문에 이 벌레가 공격을 하였던 것이다.

미국의 자생 포도는 주로 생과일용으로 포도 주스와 건포도 등으로 가공하고 있다. 미국뿐만 아니라 남미, 호주, 남아공 등에서도 재배한 포도 품종이 전부 유럽 품종이었으니 이 벌레들의 공격을 받을 수밖에 없었고 포도원이 황폐하게 되었다.

　그런 경험을 한 이후부터 세계 모든 나라에서는 유럽 포도를 심을 때에는 유럽 포도 품종을 단독으로 심지 않고 유럽 포도와 미국 포도를 접붙이기한 묘목을 심고 있다.

　우리나라에서도 재배되고 있는 포도가 대부분 미국 자생 품종이 아니기 때문에 포도를 심을 때에는 접붙이기한 포도를 심어야 한다. 왜냐하면 우리나라에도 이 벌레가 이미 들어와 있어서 유럽 품종의 포도나무를 심으면 이 벌레들이 바로 뿌리를 공격하기 때문이다.

보졸레 누보(Beaujolais Nouveau)는 매스컴의 주목을 받으면서 매년 11월 셋째 주 목요일 전 세계에서 동시에 출하된다. 그런데 매스컴에서 그렇게 떠들고 난리를 치는 이유가 무엇일까?

보졸레 누보에 대하여 알아보기 전에 먼저 보졸레 와인이 어떤 와인인가부터 알아보겠다. 보졸레 와인은 프랑스 보졸레 지방에서 생산되는 와인으로 가메라는 포도로 만들어진 레드 와인이다. 보졸레 지방은 프랑스 부르고뉴 지역의 남쪽에 있으며 상당히 높은 산악지방이다. 이곳에서 재배되는 가메(Gamay)라는 포도 품종으로 만들며 색상이 옅고 과일 향이 강하며 신맛이 많고 쓴맛은 적어서 레드 와인으로는 가벼운 맛이다. 대개 5년 이상은 보관하지 않고 어릴 때에 마시는 와인이다.

저장 기간이 수십 년이 되어서 천천히 판매해도 가능한 프랑스 다른 지방의 와인과는 다르게 보졸레 와인은 오래 보관하지 않는 와인이라는 특징 때문에 공장에서는 생산한지 2~3 년 안에 빨리 팔아 치워야 한다.

모든 와인을 2~3년 안에 팔아 버리는 것은 사실 쉬운 일이 아니다. 그래서 궁리해 낸 것이 바로 가능한 한 어려서부터 빨리 판매하도록 하여 어느 정도의 판매 기간을 확보하는 것이었다.

이론적으로 생각하면 포도 주스의 발효가 끝나서 와인이 되었다 하면 바로 판매를 시작하는 것일 것이다. 다행히도 이런 어린 와인을 마시는 것은 유럽에서는 전통적으로 흔히 있는 일이다. 지금도 유럽의 와인 산지에 가면 포도주 공장 인근의 동네에 사는 사람들이 포도 수확기에 포도주 공장에 가서 막 발효 끝난 와인인 그 해의 새 술을 돈 주고 살 수 있다. 미리 준비한 큰 용기를 가지고 공장에 가서 여과도 안 된, 뿌옇고, 효모 냄새가 풀풀 나는 아주 어린 와인을 사서 "올해의 와인이다" 하고 마시고 즐거워하는 것은 와인 산지들의 오래된 풍습이다.

우리나라에서도 옛날에 주전자를 들고 막걸리 심부름을 가면 막걸리 공장에서 막걸리를 휘휘 저어 주전자에 담아 주었고 돌아오는 길에 주전자 주둥이를 빨아서 막걸리를 맛있게 시음하던 추억이 있다.

와인을 빨리 팔아치워야 하는 절박한 목표를 가진 보졸레 지방의 와인 생산자들에게 이런 풍습이 눈에 띄었고 여기에서 힌트를

얻어 보졸레 누보가 탄생하게 된 것이다.

　그런데 단순히 어린 와인이라고 해서는 그 많은 양의 보졸레를 판매하기 어려우므로 소비자들에게 뭔가를 특색이 있게 어필할 수 있도록 마케팅한 것이 바로 "11월 셋째 주 목요일 전 세계 동시 출하의 이벤트"인 것이다. 사실 보졸레 와인을 11월 첫째 주에 마셔도 상관없고 둘째 주에 마셔도 상관없다. "11월 셋째 주 목요일"이라는 것은 와인으로 봐서는 특별한 의미가 없다.

　11월 셋째 주 목요일에 보졸레 지방에서는 큰 행사를 하고 와인을 출하한다고 선전하지만 사실 포도주 공장에서는 11월 초에 와인을 병에 담아서 각국으로 미리 운송한다. 한국에서도 보졸레 누보 와인을 미리 수입하여서 그날 이전에 와인 가게에 납품을 하고 셋째 목요일을 기다린다. 따라서 그날 이전에 맛보는 사람도 많다. 비밀로 하기로 입을 맞추어서 그렇지.

날짜를 맞추기 위하여서 아시아 국가들은 운송과 통관 기간 등을 감안하면 선박 편으로 수입하여서는 날짜를 맞추기 어려우므로 부득이 비행기로 수입하게 된다. 여기에서 문제가 발생한다. 항공기로 수입하니 운임이 많이 나가고, 이것은 바로 와인 가격에 반영되고 보졸레 누보의 가격을 인상하는 결과를 초래한다. 보졸레 지방에서는 아주 싼 와인이 우리나라에서는 엄청나게 비싼 와인이 되는 것이다.

11월 셋째 주 목요일은 보졸레 지방의 사람들에게는 의미가 있으나 우리가 왜 이렇게 싼 와인을 비행기로 가지고 와서 비싸게 마셔야 하는지 이해하기 어렵다. 11월 셋째 주 목요일을 지키는 것이 꼭 필요하다면 배편으로 수입할 수 있도록 미리 보내어 주고 그렇게 하여 싸게 마실 수 있도록 해야 할 것으로 생각된다.

와인 값보다 운임이 훨씬 더 들어가는 이상한 가격 정책이다. 그리고 전 세계적으로 그 가격대의 와인을 비행기로 수입한다는 것은 보졸레 누보밖에 없다. 미리 와인을 배편으로 수입하기 어렵다면 우리나라에서는 배편으로 수입하여 11월 말이나 12월 초에 보졸레 누보를 마셔도 아무런 탈이 없을 것이다. 이렇게 와인의 가격을 소비자들이 즐길 수 있는 가격대로 책정하여 많이 판매하는 것이 보졸레 지역의 와인으로서도 유익한 일일 것이다.

보졸레 누보 와인은 탄산가스 침용방식인 마세라시옹 카르보니크(Maceration Carbonique)라는 방법으로 발효를 진행하다가 색상이 어느 정도에 이르면 압착하여 껍질과 씨를 제거한 뒤 알코올 발효를 계속한다. 따라서 색상이 약하고 쓴맛은 적으며 과일 향이 강한 와인이 된다. 그래서 보졸레 누보는 일반 보졸레보다 더 훨씬 어릴 때부터 마실 수 있도록 만들어진 와인이다.

이 보졸레 누보가 전체 보졸레 와인의 거의 절반 정도로 판매되어서 나머지 보졸레 와인은 2~3년 안에 판매하는 데 큰 어려움이 없을 것이다. 보졸레 지역의 포도주 생산자들에게는 효자 노릇을 톡톡히 하는 와인이다.

그러면 이 보졸레 누보 와인은 꼭 그 해 안에 다 마셔야 하는가? 그건 아니다. 예로부터 보졸레 누보 와인은 이듬해 봄 부활절까지 마신다고 하는데 이것은 대략 이 시기부터 날씨가 따뜻해져서 보졸레 누보의 상큼한 맛을 즐길 수 없게 되기 때문이다. 그러나 요즘에는 냉장고가 있어서 보졸레 누보를 저온으로 잘 보관할 수 있고 또 시원하게 마실 수도 있으므로 굳이 연말까지가 아니라 상당히 오랫동안 상큼한 맛을 즐길 수 있다.

시중에 "보졸레 누보는 김치로 치면 겉절이이다"라고 하는 사람들이 있다. 이것은 양조학을 이해하지 못하는 것으로 배추 겉절이는 배추에 양념을 넣어서 버물린 상태로 일종의 야채 무침으로 볼 수 있으나 발효가 되지 않았으니 이것을 김치라고는 부르지 않는다. 이에 비하여 보졸레 누보는 알코올 발효를 마치고 정상적인 와인으로 만들어졌으나 단지 숙성 기간이 짧다는 것뿐으로 야채 나물인 겉절이와는 전혀 다른 것이다.

　한국이 보졸레 누보를 전 세계에서 가장 많이 수입하는 것으로 시중에 알려져 있는데 이것도 또한 사실과 다르다. 한국이 수입하는 보졸레 누보의 양은 연간 50만 병 정도로 프랑스에서 생산하는 전체 보졸레 누보 생산량의 1%도 안되는 양이고 이웃 일본에서 수입하는 양의 1/10도 안 되는 양이다. 매스컴에서 많이 수입한다고 소개는 되고 있으나 실제로 별로 많이 수입하고 있지 않는 양이므로 보졸레 누보에 대한 잘못된 일반의 곱지 않은 인식도 바뀌었으면 희망한다.

와인 테이블 매너

와인의 테이블 매너를 잘 모르는 경우 사회생활에서 조금은 불편함을 느낄 수 있다. 와인 테이블 매너 하면 많은 사람들이 자신이 없어 하는 부분이다. 특히 호텔 등의 고급 레스토랑에서 식사를 하는 경우, 경험 많은 일부 사람들을 제외하고는 대부분 불편함을 느낄 것이다. 따라서 레스토랑에서의 와인 테이블 매너와 서양 요리에는 어떤 코스가 있는지 알아보겠다.

우선 레스토랑부터 이야기하면 레스토랑에 들어가서 둘러보니 빈자리가 많이 보여서 아무데나 빈자리에 덜컥 앉아 버리기가 쉬운데 이것은 실례이다. 레스토랑에 입장하면 문 앞에서 기다리다가 웨이터의 안내를 받아서 자리에 앉는 것이 예의이다.

자리에 앉으면 웨이터가 물을 한 잔 가지고 와서 음식 주문을 받을 것이다. 정식 유럽 요리인 경우 대체로 아페리티프(Aperitif), 앙트레(Entree: 야채와 간단한 생선 요리), 메인 디시(Main Dish: 주요리로서 생선 요리, 야채 요리 혹은 육류 요리), 치즈, 디저트(과일, 아이스크림 등 케이크), 커피의 순서로 진행이 되고 각 코스별로 와인을 선택하고 주문해야 한다.

1. 와인의 주문

웨이터가 음식을 주문하고 나면 소믈리에가 와서 와인을 주문하라고 할 것이다. 위와 같이 코스 요리를 먹게 되는 경우 각각의 코스 요리에 적합한 와인을 주문하여야 하는데 각각의 코스에 따라서 주문해야 할 와인은 다음과 같다.

아페리티프 와인으로는 파티 등의 모임인 경우에 초청된 손님이 모두 올 때까지 홀에서 기다리면서 오르되부르(hors d'oeuvre), 카나페(canape) 등의 간단한 음식을 먹으면서 환담을 하는데 이때에는 샴페인이나 드라이 셰리 등을 주문하면 된다.

앙트레는 야채나 생선 등의 간단한 전채요리이므로 주로 화이트 와인이 어울리며 조금은 가벼운 와인이 좋을 것이다.

메인 디시용 와인으로는 메인 디시가 육류이면 레드 와인, 생선이면 화이트 와인을 주문하면 된다. 요리의 종류와 재료에 따라서 다양한 종류의 화이트와 레드 와인이 선택될 수 있다.

치즈에 잘 어울리는 와인은 주로 화이트 와인을 마시고 레드 와인도 가끔 마신다. 서양의 코스 요리에는 메인 디시 다음에 치즈가 나오는 경우가 많다. 치즈를 먹을 때에도 이에 잘 어울리는 와인을 주문할 수 있으나 우리나라의 레스토랑에서는 이 치즈 코스가 생략되기도 하고 치즈 코스가 있더라도 와인을 별도로 주문하지 않는 경우도 많다.

디저트에 잘 어울리는 와인은 단 맛이 좀 있는 포트나 셰리 혹은 단맛이 많은 화이트 와인을 주문하면 된다.

이러한 요령으로 주문하면 되나 각 코스별로 화이트 와인, 레드 와인도 종류가 너무 많고 가격대도 다양하다. 따라서 음식에 잘 어울리는 와인의 주문이 어렵다고 생각되면 그 레스토랑의 음식과 잘 어울리는 와인을 누구보다도 잘 알고 있는 소믈리에의 도움을 청하는 것이 좋다.

또 식사와 와인을 포함해서 그날 예산이 어느 정도 정해져 있다면 주문한 음식을 말하고 예산의 정도를 미리 말하면 소믈리에가 적당한 와인을 추천할 것이다. 본인이 알아서 주문하다가 나중에 계산할 때에 예상보다 많은 금액으로 당황할 걱정을 덜 수 있다.

일행이 여럿일 때 와인의 주문은 대체로 돈을 내는 사람이 한다. 그러나 누구를 접대하는 자리인 경우에는 주빈에게 와인을 주문하도록 청해야 할 것이다. 만약 주빈이 사양한다면 호스트가 주문을 할 수 있다. 이때에는 주빈의 격에 따라서. 또 모임의 중요도에 따라서 그에 걸맞은 적당한 등급의 와인을 주문하는 것이 필요하다.

2. 와인 확인

와인을 주문하면 소믈리에가 와인을 가져와서 주문한 사람에게 와인 병을 보여줄 것이다. 이때 소믈리에가 와인 병을 보여주는 것은 와인병에 부착된 상표의 그림을 구경하라는 것이 아니고 주문한 와인이 맞는지를 확인하라는 것이다.

와인의 이름, 생산자 명, 빈티지 등이 주문한 것과 이상이 없다고 말하면 비로소 소믈리에가 와인 병의 코르크를 딸 것이다.

3. 와인 맛보기

코르크를 딴 후에 소믈리에가 다시 누가 와인 맛을 볼 것이냐고 물을 것이다. 이때에도 와인을 주문한 호스트가 와인의 맛을 볼 수 있으나 손님을 초대한 경우 손님에게 맛보도록 권하는 것이 예의이다. 손님이 직접 맛보기를 사양할 경우 호스트가 맛을 보면 된다. 만약 호스트는 와인을 잘 모르고 일행 중에 와인 전문가가 있는 경우에는 그분에게 와인 맛을 보도록 양보할 수도 있다.

맛보는 사람이 정해지면 소믈리에는 그분의 와인 잔에 와인을 조금 따라 줄 것이다. 이 작은 양으로 와인 맛을 본 후에 이상이 없으면 소믈리에에게 이상이 없다고 말해야 하고 그 이후에 소믈리에는 일행들의 와인 잔에 와인을 서빙할 것이다.

와인의 맛을 보는 것은 와인의 이상 유무를 확인하기 위함이고 만약 이상이 있을 경우 와인의 반품을 요청한다. 와인이 변질된 것이 아니고 지난번 마신 와인과 맛이 다르다는 등의 이유로는 반품을 요청하지 않는 것이 상식이다. 와인을 마시는 날짜, 시간, 장소에 따라서 같은 와인도 다르게 느낄 수 있으므로 꼭 변질된 와인인 경우에만 반품을 요청하기 바란다.

• 와인 맛보는 법

와인 맛보는 법을 잘 모르는 분들을 위하여 자세히 설명하겠다. 와인의 맛을 보는 것은 혀로만 보는 것이 아니라 눈으로 색상을 보고 코로 냄새를 맡고 입으로 맛보고 삼키면서 목에서 느끼는 것 등을 모두 포함한다.

화이트 와인과 레드 와인 모두 와인 잔의 자루 부분을 잡는다.

눈 : 눈으로는 와인의 색상과 그 농도 등을 보는 것이다. 화이트 와인의 색은 흰색이 아니라 황금색이다. 어린 와인은 옅은 황금색에 연록색을 띠고 숙성이 될수록 옅은 황금색, 더 숙성이 되면 짙은 황금색, 더 오래 보관하면 갈색으로 변해 간다. 레드 와인은 어릴 때에는 보라색이 많은 붉은색을 띠고 숙성이 될수록 루비색, 더 오래 보관하면 어두운 붉은색, 그 다음은 서서히 갈색으로 변해 간다.

눈으로 색을 보면 와인의 나이를 알 수 있다. 화이트와 레드와인 공히 갈색이 되면 산화되었으므로 반품을 해야 한다.

코 : 눈으로 색을 본 뒤에 코로 냄새를 맡는데 냄새 맡는 방법은 먼저 와인 잔을 그대로 들고 코로 향을 맡는다. 그 다음 와인 잔을 흔들어 다시 냄새를 맡는다. 와인의 향을 크게 구분하면 과일향, 꽃향, 식물향, 동물향, 향신료 등의 향이 있고, 전체적으로 약 200

종의 향이 있다. 오크통에서 숙성한 와인은 바닐라향, 담배향, 커피향, 구운 향, 버섯향 등도 있다.

입 : 입에서 맛보는 것에는 혀에서와 입 안 전체에서의 느낌이 있다. 혀에서는 단맛, 신맛, 쓴맛을 볼 수 있다. 입안 전체에서는 바디감과 맛의 조화를 본다.

그 다음 와인을 마신 뒤에는 마신 뒤의 느낌과 향과 맛이 얼마나 오래 가는가 등을 알 수 있다.

목 : 와인은 향과 맛이 조화되어 있기 때문에 목에 넘어갈 때에 순하게 넘어갈 것이다. 목에도 맛보는 돌기가 있어서 맛을 볼 수가 있다. 와인의 맛은 눈, 코, 입, 목의 순서로 맛을 보나 사실 와인의 맛을 보는 것은 말같이 쉽지 않고 어렵다.

자료를 읽고 다른 사람의 말을 듣고 또 교육을 받는 것은 이론적으로 줄거리를 아는 데 참고가 되나 실제로 와인의 맛을 보는 것은 본인이 스스로 느껴야 하는 것이고 지식으로 외운다고 되는 것이 아니다. 상당한 훈련을 통해서만이 터득하게 되는 것이다.

와인을 더 알고 싶은 분이나 맛에 대하여 공부하고 싶은 분들은 특별한 훈련이 필요하다. 앞으로 와인이 대중화되면 일반인들도 어느 정도 와인의 맛보는 법을 아는 것이 필요할 것이다.

4. 와인의 서빙

와인의 맛을 보고난 후에 소믈리에에게 와인이 정상이라고 말하면 소믈리에는 테이블에 앉은 손님들을 시계 방향으로 돌면서 와인을 따른다. 여성의 잔에 먼저 따르고 그 다음에 남성들의 잔에 따르고 마지막에는 맛을 본 사람의 잔에도 와인을 따른다. 이때에는 와인 잔에 제대로의 양을 따른다. 즉 큰 잔이면 1/3 정도, 중간 잔은 1/2 정도, 작은 잔은 2/3 정도를 따른다.

와인 병을 잡을 때에는 병 바닥에 쏙 들어간 부분에 손가락을 넣고 따르면 불안하므로 병의 바디 부분을 잡는 것이 바람직하다. 엄지손가락을 병 바닥에 넣고 서빙하다가 병을 놓쳐서 결례하는 일을 여러 번 보았다.

그리고 와인을 따를 때에 병 주둥이 부분이 와인 잔에서 2~3센티 떨어지도록 하는 것이 바람직하다. 와인을 따른 뒤에는 병을 들어 올리면서 병을 좀 돌려주기 바란다. 그렇게 하면 병 주둥이에 있던 와인 방울이 상표로 주루룩 흐르지 않을 것이다. 그 다음 병을 옮길 때에는 병 주둥이 쪽에 냅킨을 갖다 대어서 혹시나 와인 방울이 손님의 어깨 위에 떨어지지 않도록 한다.

와인을 따르는 동안 잔을 잡고 있을 필요는 없고 그냥 두어야 따르는 사람을 도와주는 것이다. 와인을 다 따르면 먼저 옆 자리의 일행과 건배를 하고 마시는 것이 좋다.

건배는 와인 잔 볼의 아랫부분을 부딪치게 하며 이때에는 상대방의 잔을 서로 어긋나게 부딪쳐야 한다. 마치 연인들이 키

스할 때에 서로 얼굴을 어긋나게 돌리고서 키스를 해야 코를 부딪치지 않는 것과 같은 이치이다. 또 너무 강하게 잔을 부딪치면 잔이 깨어질 수 있으니 살짝 부딪쳐서 "짠" 소리가 나도록 하면 된다.

그 다음에 자기 잔의 와인을 맛보는데 와인의 맛을 볼 때에는 앞에서 설명한 요령으로 맛을 본다. 절대로 단숨에 삼키지 말고 눈, 코, 입, 목의 순서로 천천히 맛을 보면서 마시기 바란다. 중요한 것은 이 순서로 폼을 잡고 마셔야 한다는 것이다.

와인을 눈, 코, 입, 목의 순서로 천천히 마시는 사람을 보면 "야, 폼을 보니 와인 전문가 같아 보인다."라고 생각해서 소믈리에가 바짝 긴장을 하게 된다. 의외로 소믈리에들 중에는 와인에 자신이 없는 사람들도 많이 있어서 와인을 잘 아는 사람이 오면 상당히 부담을 가지게 된다. 그러므로 와인을 잘 모르는 사람도 폼만 잘 잡으면 소믈리에들이 와인 전문가로 생각하고 서비스가 달라질 것이다.

와인을 폼 잡고 맛보는 행동은 와인을 처음 마실 때 한 번이면 족하다. 같은 와인을 마시면서 여러 차례 폼을 잡고 순서대로 와인 맛을 보는 것은 세련되지 못한 행동이다.

그러나 새로운 와인을 마시는 경우에는 순서대로 맛을 보아야 한다. 또 식사를 하는 자리에서는 일행들과 이야기를 많이 하는 것이 관습인데 대화에는 관심이 적고 혼자서 와인 맛만 열심히 보고 있는 것도 바람직스럽지 않은 행동이다. 마찬가지로 처음부터 끝까지 와인 이야기만 한다면 옆 자리의 사람을 피곤하게 하는 일이다. 물론 와인을 주제로 하는 모임인 경우에는 당연히 와인을 주로 이야기하게 되겠지만, 아닌 경우에는 와인 이야기는 잠깐하고 공통의 화제로 돌아가기 바란다.

5. 테이블 매너

와인에 관련된 매너 이외의 일반적인 테이블 매너에 대하여 알아보겠다. 의자에 앉을 때에는 동행한 숙녀분이 의자에 앉을 때에 의자를 약간 앞으로 밀어서 편하게 앉을 수 있도록 도와주는 것이 예의이다.

테이블에서는 옆 사람의 포크나 나이프를 사용하지 않도록 조심해야 하며, 포크는 왼쪽의 것을 나이프는 오른쪽 것을 사용하고, 빵은 왼쪽의 것을 물은 오른쪽 것을 사용해야 옆 사람의 것을 사용하지 않게 된다.

와인 잔은 오른쪽에 놓여 있으며 와인을 따르는 사람이 앉은 사람의 오른쪽 뒤로 접근하여 오른손으로 따르게 된다.

빵을 먹을 때에는 대체로 적당한 크기로 뜯어서 버터용 나이프를 사용하여 버터를 발라서 먹는다.

접시 옆에 여러 개의 포크와 나이프가 가지런히 놓여 있으며 나이프와 포크는 음식이 나오는 순서대로 바깥쪽에 놓인 것부터 차례로 사용하면 된다.

냅킨은 접시 위에나 물 잔에 접어서 놓여 있다. 냅킨은 절반으로 접어서 무릎위에 놓고 사용하고 중간에 자리를 뜰 때에는 의자에 놓았다가 다시 사용한다.

식사가 끝나면 구겨진 냅킨을 그대로 테이블 위에 놓으면 되고 냅킨을 깨끗이 접어서 놓을 필요는 없다. 식사 중에 포크나 나이프 등을 바닥에 떨어트릴 경우 냅킨으로 닦아서 다시 사용하지 말고 웨이터를 불러서 새것으로 달라고 해야 한다.

웨이터를 부를 때에는 큰소리로 부르지 말고, 웨이터들이 항상 고객들을 주시하고 있으므로 손을 들어서 표시하면 웨이터들이 다가올 것이다.

왼손에 포크, 오른손에 나이프를 잡는다. 스테이크를 자를 때에는 큰 덩어리를 포크로 잡고 나이프로 작은 덩어리로 잘라서 먹는다. 스테이크 접시를 받자말자 작은 덩어리로 모두 잘라 놓고 하나씩 먹는 사람들도 있는데 여유가 적어 보이므로 천천히 식사하면서 몇 개를 자르는 것이 여유가 있어 보인다.

왼손으로 포크를 잡고 셀러드나 스테이크를 먹게 되나 아주 불편한 경우에는 오른손으로 포크를 잡는 경우도 있다.

특히 국물이 있는 음식을 마실 때에 "후루룩" 소리를 내는 것과 음식을 씹을 때에 "쩝쩝" 소리를 내는 것은 최하의 식사 매너임을 꼭 기억하고 음식물을 먹을 때에는 입을 다물고 먹도록 조심하기 바란다.

수프를 먹을 때에는 수프를 담은 접시를 자기 쪽으로 기울여서 먹지 말고 앞 쪽으로 기울이고 스푼을 내 쪽에서 앞으로 움직여 수프를 담도록 한다. 소금이나 후추 등 테이블 가운데에 있거나 자신의 좌석에서 멀리 있는 것이 필요한 경우 팔을 길게 뻗쳐서 억지로 가져오려고 하지 말고 반드시 옆 좌석에 앉은 분에게 부탁해서 넘겨받도록 해야 한다.

서양 사람들은 식사하면서 코를 푸는 일이 많다. 우리 상식으로는 해서 안 되는 행동으로 보이나 가끔 있는 일이니 이해하기 바란다.

식사 때에는 팔꿈치를 테이블 위에 올리지 않는 것이 예의이므로 이점도 유의할 일이다. 손과 팔까지는 테이블 위에 놓지만 팔꿈치를 올리지는 말기 바란다.

자녀들을 동행하는 경우 식사 중 뛰어다녀서 다른 손님들에게 방해가 되는 일이 없도록 단속하여 파티의 문화에 익숙하도록 교육할 필요가 있다.

같이 식사하는 사람을 살펴보고 식사가 다 끝나지 않았으면 자신도 접시의 모든 음식을 싹 비우지 말고 조금 남겨 놓고 기다리다가 옆 사람이 식사를 마친 경우에 자기 접시의 남은 음식을 마저 다 먹고 접시 위에 포크와 나이프를 가지런히 놓고 냅킨도 테이블에 올려 놓는다.

이상으로 와인과 테이블 매너의 일부를 설명하였다. 물론 서양의 식사 문화와 와인 문화는 복잡하고 많기 때문에 다 기재할 수도 없고 또 우리가 서양 사람도 아닌데 완벽하게 다 알 필요는 없다고 생각한다. 다만 생활에서 알고 있으면 도움이 될 듯한 기본적인 몇 가지만을 설명하였다.

콜럼비아 크레스트 와이너리 (Columbia Crest Winery)

캘리포니아와 함께 미국 와인산업의 쌍두마차 역할을 하고 있는 워싱턴주의 최대 생산자로 자리잡은 콜럼비아 크레스트는 1982년에 샤또 생 미셸 와이너리(Chateau Ste. Michelle Winery)의 리버 릿지(River Ridge)라는 이름으로 처음 시장에 출시되었습니다. 1985년에 지금과 같은 콜럼비아 크레스트 이름으로 첫 와인을 선 보인 후, 비약적 성장을 거듭해 지금은 북미 대륙 최대의 와이너리의 하나로 성장하였습니다.

미국 5대 와인 프로듀서의 하나인 생 미셸 와인 이스테이츠(Ste. Michelle Wine Estates)를 모회사로 하는 이 와이너리는 품질과 대량 생산이란 화두를 절묘히 결합시킨 워싱턴주의 최대 생산자로 세계적으로 명성이 높습니다.

워싱턴주의 주 산지 콜럼비아 밸리에 조성된 이들의 포도밭은 연간 20cm 정도만 비가 오는 매우 건조한 기후와 캘리포니아 보다 더 긴 일조시간, 큰 일교차의 혜택을 튼실히 받아 일명 New World의 과실풍미와 Old World의 산미를 지닌 빼어난 과실을 재배합니다.

이 와이너리가 만드는 최고 와인은 리저브 시리즈로, 여러 포도밭에서 매년 수확된 포도중 가장 양질의 포도만을 소량 선별하여 전체 생산량의 10%를 넘지 않는 범위 내에서 양조하는데, 장기간 저장이 가능하며 Wine Spectator의 Top 100에 수 차례 선정되어 그 가치를 높이 인정 받고 있습니다.

양조의 총 책임은 레이 아인버거(Ray Einberger)라는 거목이 맡고 있는데, 그는 1991년~1993년까지 나파밸리의 오퍼스 원(Opus One)의 양조진으로 이 와이너리의 최고 전성기를 이끌었고, 또한 샤또 무똥 로칠드(Ch. Mouton Rothschild)와 샤또 클레르 미용(Ch. Clerc Milon)에서도 양조를 담당했던 실력파입니다.

- 설립연도 : 1982년
- 소유주 : Ste. Michelle Wine Estates
- 와인메이커 : Ray Einberger(레이 아인버거)
- 홈 페이지 : www.columbia-crest.com

그랜드 이스테이트 멀롯

Grand Estates Merlot

- **원산지** : 콜럼비아 밸리(Columbia Valley)−워싱턴주
- **종류** : 레드와인
- **품종** : 멀롯(Merlot) 약 96%, 나머지 − 카버네 소비뇽(Cabernet Sauvignon), 카버네 프랑(Cabernet Franc)
- **바디** : 미디엄 바디(Medium Body)
- **적정 음용온도** : 16 ~ 18℃
- **잘 어울리는 음식** : 구운 치킨, 미트볼, 스파게티
- **특징**

검고 매끄러운 과일에 코코아 파우더의 풍미가 느껴지는 클래식한 미국 스타일의 멀롯입니다.
오크와 검은 과일 풍미 간의 밸런스가 매혹적인 피니쉬를 연출하는 와인으로 중간 정도 무게감과 촉촉한 탄닌을 지니며 매우 폭넓은 음식 궁합이 가능합니다.

- **가격** : 3만 5,000원 선

2005 빈티지 88 점   2004 빈티지 90 점
2003 빈티지 90 점

Robert Parker.com
2004 빈티지 87 점

Wine Spectator's **TOP 100**
2004 빈티지 (2007 Top 100 71위)
2001 빈티지 (2004 Top 100 52위)

자료 제공 : 〈나라셀러〉

도멘 바롱 드 롯쉴드 (Domaines Barons de Rothschild)

수세기에 걸쳐 프랑스 와인의 5대 샤토가 전 세계 와이너리의 경외와 찬사를 받은 이유는 여러 가지가 있겠으나, 이 세계 최고의 포도원들이 표상하는 고귀함에 대한, 와인 애호가들의 갈망은 긴 세월이 지나도록 변함이 없다. 그중 하나인 라피트 롯쉴드(Chateau Lafite Rothschild)는 프랑스 보르도의 일등급 샤토 중에서도 가장 품격있는 보르도의 자존심이다

1855보르도 그랑크뤼 와인들이 정해졌을 때, 1등 중의 1등(Premier des Premiers)이라는 별명이 붙여졌던 것처럼, 롯쉴드 가문은 보르도 특등급의 명성에 걸맞는 고급 와인의 의미를 계승하기 위해, 라피트 컬렉션(DBR Lafite Collection)을 만드는 것을 결정하였다. 도맨 바롱 드 롯쉴드는 이 라피트 컬렉션을 관장하는 지주 회사로, 이 세기적인 컬렉션에는 보르도의 레정드(Legende) 시리즈뿐만 아니라 세계 최고의 산지에서 생산된 와인들이 포함되었습니다. 그중에는 포르투갈의 킨타 도 카르모(Quinta do Carmo), 아르헨티나의 보데가스 카로(Bodegas Caro) 그리고 프랑스 랑그독 지역의 도맨 도시에르(Domaine d'Aussieres)가 포함되어 있다.

유서 깊은 롯쉴드 가문은 영국과 프랑스를 비롯한 전 유럽에 걸쳐 사업을 확장하였으며, 오늘날 명실공히 세계 최고의 가문으로 꼽히고 있습니다. 라피트 컬렉션의 로고에 그려진 5개의 화살은 전 세계로 뻗어나간 롯쉴드 가문을 상징한다.

이는 마치, 전 세계에서 생산되는 라피트 시리즈의 세계적인 인기를 예언한 듯한 느낌을 전달합니다. 세계 최고의 테루아(Terroir)에서 생산된 다양함과에 결합된 기술력은 신구의 조화를 완벽히 이루어 내고 있으며, 이 같은 라피트의 끊임없는 열정은 명성에 걸맞는 세계적인 와인의 표준이 되었다.

라피트 레정드 보르도 루즈

Lafite Legende Bordeaux Rouge

- **원산지** : 보르도(Bordeaux), 프랑스(France)
- **종류** : 레드와인
- **포도품종** : Cabernet Sauvignon 50%, Merlot 50%
- **바디** : 미디엄 바디(Medium Body)
- **적정 음용온도** : 17 ~ 18 ℃
- **특징**

도멘 바롱 롯쉴드에서 자랑하는 보르도 와인으로서, 어떤 명성 있는 가문의 하우스 와인으로써 전혀 손색이 없는 클래식한 보르도 스타일의 레드 와인이다. 실제로 현재 라피트 롯쉴드 그룹의 하우스 와인으로 각종 연회에 사용되고 있다.

도멘 바롱 롯쉴드의 특급 와인 메이커들이 직접 고른 포도밭 중에서 또 다시 엄선된 포도로만으로 그들의 섬세함과 타닌감, 아로마등을 최대한 균형감 있게 표현하려 했으며, 부담없이 즐길 수 있는 보르도 레드 와인이다.

- **가격** : 3만 9,000원 선

자료 제공: 〈나라셀러〉

몬테스(Montes)

1988년 열정적인 와인메이커 아우렐리오 몬테스, 조화와 긍정의 힘 더글라스머레이, 그리고 알프레도 비다우레, 그들은 칠레가 가진 천혜의 기후와 와인메이커의 잠재력을 모아 오늘날 칠레 프리미엄 와인의 선구자라 불리며 최고의 와인을 만들고 있는 몬테스 와이너리를 세웠다.

• 와이너리에 담긴 풍수지리 사상
몬테스는 풍수설에 입각한 칠레의 유일한 와이너리로 긍정적인 에너지와 조화를 통하여 끊임없는 도전정신과 개척정신을 가진 와이너리 이다.

• 단일 와인 브랜드 1위
누적 판매량 500만 병을 돌파하며 국내에서 단일 와인브랜드로 부동의 1위 타이틀을 차지한 몬테스 알파는 와인은 잘 몰라도 '몬테스 알파'는 안다는 말이 있을 정도로 국내서 높은 인지도를 자랑한다.

• 근육병 재단 기부
한국 근육병 환우들을 위해 후원활동을 실천하고 있다.

• MONTES NEWS
– 2000/2002 미국 레스토랑을 대상 투표에서 칠레와인 1위
– 2001 부산에서 있은 FIFA월드컵 조추첨 행사에서 Main Wine으로 선정
– 2003 칠레 대통령(R.LAGOS) 방한 김대중 대통령 만찬 시 사용
– 2005 APEC 정상 공식 지정 만찬 와인 (2001 Montes Alpha M)
– 하버드 비즈니스 스쿨 / 켈로그 비즈니스 스쿨에서 성공사례 연구
– 2009 삼성경제연구원 SERI CEO에서 '몬테스의 성공비결' 연구 발표
– 칠레정부로부터 훈장 수여
– 2011 오바마 미국대통령 칠레 방문 기념 만찬주 (2007년 Montes Folly Shrah)

몬테스 와이너리 홈페이지 : www.monteswines.com

몬테스 알파 카버네 소비뇽

Montes Alpha Cabernet Sauvignon

- **원산지** : 알파타 밸리(Apalta Valley), 콜차쿠아 밸리(Colchagua Valley)
- **종 류** : 레드 와인
- **포도품종** : Cabernet Sauviognon 90% , Merlot 10%
- **바디** : 풀 바디(Full-Body)
- **적정 음용온도** : 17 ~ 18℃
- **잘 어울리는 음식** : 모든 붉은 육류
- **특징**

칠레 최고의 레드 와인이 만들어지는 콜차구아 밸리의 아팔타 이스테이트(Apalta Estate) 포도로 만들어지며 칠레 와인 역사에 있어 최초의 프리미엄 와인으로 기록되는 중요한 와인이다.

강렬한 느낌을 주는 루비색의 이 와인은 열매 과일, 블랙커런트, 시가 박스, 바닐라와 민트 향 등이 어울어져 부드럽고 우아한 면모를 느낄 수 있다.

적당한 무게와 잘 짜여진 구조는 어릴 때도 마시기 쉬우나 5년 정도 숙성하면 그 진가를 나타나며 15년 정도 숙성이 가능하다.

- **가격** : 4만 3,000원 선

자료 제공 : 〈나라셀러〉

울프 블라스(Wolf Blass Australian Wine At Its Peak)

울프 블라스는 호주의 가장 성공적인 스토리 중 하나이다. 1966년 전설적인 바로사 밸리의 허름한 창고에서 시작하여, 호주에서 다수의 상을 거머쥔 성공적인 호주의 와인 메이커로 성장하였다.

설립자인 울프 블라스가 1961년 호주에 도착하였을 때에, 이미 그는 고향인 독일에서 와인 메이커로 자리 매김하고 있었다.

폭스바겐 비틀을 타고 포도밭을 누비며 첫번째 와인 메이커가 된 그는, 1966년 옛 군대의 허름한 막사에 와이너리를 짓고 '빌야라'라고 지었다. 이는 원주민 말로 수리매(Eaglehawk)라는 뜻인데, 이는 곧 그가 정착한 곳의 상징이 된다.

1974년 와인 메이커 존 글래처(John Glaetzer)를 영입하면서, 1970년대와 1980년대를 울프 블라스의 블랙레이블로 호주의 가장 영예스런 트로피인 지미 왓슨 트로피(Jimmy Watson Trophy)를 1974년부터 1976년까지 거머쥐게 된다.

1980년대 들어서 호주 와인 산업을 대표하는 와인 브랜드로 성장하게 된 울프 블라스는 2001년 영국 엘리자베스 2세로부터 호주 대표 협회의 일원으로 임명되었다.

호주 최다의 판매량, 영국 와인 앤드 스피리츠 컴피티션(Wine and Spirits Competition)의 올해의 최고 와인 메이커 2차례 수상, 미국 AC 닐슨(AC Nielsen) 2005년 1월 조사 가격과 품질에서 1등, 2004 핫 브랜드(Hot Brand)에 선정되는 등, 울프 블라스는 전 세계적으로 호주 최고의 와인으로 널리 인정받고 있다.

울프 블라스 옐로우 라벨 쉬라즈

Wolf Blass Yellow Label Shiraz

- **원산지** : 남호주(South Australia)
- **종류** : 레드 와인
- **알코올** : 13.5%
- **품종** : 쉬라즈
- **숙성** : 프랑스 및 미국 오크통에서 약 10개월
- **컬러** : 짙은 적색
- **적정 음용온도** : 12 ~ 14℃
- **향** : 아로마-가시스, 라즈베리, 자두, 딸기향
- **잘 어울리는 음식** : 구운 양고기, 구운 육류, 오삼 불고기, 매운 갈비찜
- **특징**

  깊고 진한 색이 매력적인 울프 블라스 옐로우 라벨 쉬라즈는 달콤하고 향긋한 라스베리의 향미가 오크통에서 숙성된 맛과 더불어 자두, 향신료와 함께 끈끈하게 어우러져 진한 피니시, 부드러운 질감으로 이어지는 와인이다.

- **가격** : 6만 4,000원 선

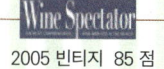

2005 빈티지 85 점

자료 제공: 〈나라셀러〉

베린저 (BERINGER)

1876년 독일계 이주민 베린저 형제가 설립한 베린저는 와인 역사가 길지 않은 미국 와인산업계에 있어서는 실로 살아 있는 역사와 같다.

지난 130년의 세월 동안, 금주령 시기에도 미사주 양조를 허가 받아 중단 없이 지속적으로 와인 양조의 맥을 이어온 미국의 최고 와이너리이다.

그러나 베린저의 중요성은 단지 긴 역사에 있지 않다. 아주 캐주얼한 와인부터 세계적 명품까지 한데 아우르는 방대한 포트폴리오와 도전적이고 실험적인 와인 양조는 베린저를 세계 와인계의 대표주자로 만들었다.

이들은 각 제품 시리즈별로 전담 와인메이커를 두어 최고의 전문성을 기하고 있으며, 와인메이커들을 위한 와인메이커로서 리서치 와인메이커를 별도로 두어 각 와인메이커들이 풀 스케일(Full scale)에서는 해 보기 어려운 각종 실험과 시도들을 대행케 하여 큰 성과를 올리고 있다. 또한 와인 품질에 지대한 영향을 주는 오크통의 안정적 공급을 위해 자체 오크통 제작소를 두고 있는데, 이러한 와이너리는 세계적으로도 한 줌에 불과하다.

베린저는 화이트와 레드 와인 모두가 《와인 스펙테이터(Wine Spectator)》 선정, 올해의 와인(Wine of the Year)으로 선정된 세계 유일의 브랜드이다. 또한 2001년에는 《와인 인슈지애스틱(Wine Enthusiast)》와 《와인 앤드 스피리츠(Wine & Spirits)》지로부터 '올해의 와이너리'로 선택된 바 있다.

이는 창업자 제이콥(Jacob)과 프레드릭 베린저(Fredrick Beringer)에 의해 세워진 탁월함에 대한 신념의 결과라 하겠다.

- 설립 연도 : 1876년
- 소유주 : 트레저리 와인 이스테이츠
- 와인메이커 : 로리 후크(사진)
- 소유 포도원 면적 : 1,050ha
- 홈페이지 : www.beringer.com

파운더스 이스테이트 카버네 소비뇽

Founders' Estate Cabernet Sauvignon

- **원산지** : 캘리포니아(California)
- **종류** : Red Wine
- **품종** : 카버네 소비뇽(Cabernet Sauvignon) + [프티 시라, 카버네 프랑] 소량
- **숙성** : 프랑스 및 미국 오크통에서 약 10개월
- **버디** : 미디엄 버디(Medium-Body)
- **적정 음용온도** : 16 ~ 18℃
- **특징**

  풍부한 맛과 높은 품격으로 중가 캘리포니아 카버네 소비뇽의 본보기가 되는 와인이다.

  풍미의 복합성을 위해 캘리포니아 북부와 중부 해안가에서 자란 카버네 소비뇽 포도를 엄선하여 향과 맛의 조화를 갖추게 된다.

  깊고 진한 빛깔을 지녔으며, 카시스, 차잎, 블랙 올리브, 달콤한 바닐라의 향이 입 안에 상쾌함을 준다. 좋은 원료가 주는 빼어난 과실미와 스파이시한 풍미가 오래 지속 되는 기분 좋은 와인으로 카버네 소비뇽의 전형적인 특징을 잘 보여주고 있다.

- **가격** : 5만 5,000원 선

FOOD & WINE
April 2007
50 Wines You Can Always Trust

미국 전문지 《푸드 앤드 와인(FOOD & WINE)》 선정 – '항상 믿을 수 있는 와인 50선'

자료 제공: 〈나라셀러〉

05

와인
칼럼

🍷 고가 와인은 왜 그렇게 비싼 거야?

"고가의 와인들은 왜 그렇게 비싼 거야?"

이런 질문은 정말 수도 없이 받아 보았다. 와인 한 병에 수천만 원, 수억 원씩 호가하는 와인들이 있다. 도대체 이런 와인은 왜 가격이 그렇게 비싼 것인지, 또 와인 맛은 가격만큼이나 좋은지 일반인들로서는 이해가 되지 않을 것이다.

어디 일반인들만 기가 막히겠는가? 와인 전문가들에게도 너무 고가이어서 "생전에 맛이나 한번 볼 수가 있을까?" "지금부터라도 곗돈을 부어야겠다"는 사람들이 많다.

예를 들면, 프랑스 보르도의 페트뤼스(Petrus)나 1등급 그랑 크뤼 클라세 샤또 와인, 부르고뉴의 로마네 콩티 등의 그랑크뤼 와인, 이탈리아 수퍼 토스칸(Super Toscan) 와인, 피에몬테(Piemonte)의 가야

(Gaja) 와인, 스페인의 베가 시칠리아(Vega Cicilia) 와인, 미국의 스크리밍 이글(Screaming Eagle) 등의 컬트 와인, 칠레의 세냐(Sena), 알마비바(Almaviva), 호주의 그랜지(Grange), 프랑스의 고급 샴페인 등도 병당 수십만 원에서 수백만 원씩 하는 와인들이다. 와인 중에는 물 값보다 싼 와인이 있는가 하면, 이런 와인들은 비싸도 너무 비싸다는 이야기를 많이 한다.

사실 "와인이 값만큼 맛이 좋으냐?" 하는 질문에는 저자도 "그렇다" 하고 선뜻 대답하기가 어렵다. 물론 고가의 와인 맛이 물론 싼 와인보다야 좋을 것이다. 그렇다고 하더라도 맛이 수백 배로 혹은 수천 배로 좋다고 말하는 것에는 저자도 동의가 안 되는 부분이 있다.

고가의 와인은 왜 그렇게 비싼지에 대해 한번 생각해 보기로 하겠다. 비싼 와인은 몇 가지 비싼 이유가 있다.

첫 번째 품질이 좋은 와인이다. 좋은 와인이란 여러 가지로 정의할 수 있으나 품질로만 생각하면 잘 숙성한 좋은 포도를 수확하여 양조와 숙성을 잘한 와인이라고 할 수 있다. 즉 포도의 작황이 좋은 해에, 세계적으로 유명한 품종을 자연 환경이 좋은 지역에서 재배하여, 포도가 아주 잘 익은 후에 수확하고, 공장에서 발효와 숙성을 잘 하고, 특히 오크통에서 숙성한 후에 병에 담고, 그 후에 병 숙성까지 잘한 와인이 일반적으로 좋은 와인이라고 할 수 있다. 이렇게 비싼 포도를 비싼 방법으로 양조하고 숙성한 와인들은 비싸다.

두 번째 오래 숙성된 와인이다. 와인은 일반적으로 오래 숙성하면 맛이 좋아지고 와인의 가치가 올라간다. 와인을 수십 년 보관하면 그 가치가 엄청 올라가는 데 수십 년이 지난 와인은 정해진 가격이 없고, 특히 100년 이상 오래된 와인은 경매로 가격이 결정되는 것이 대부분이다.

100년 혹은 수백 년이 지난 와인은 거의 수천만 원 혹은 수억 원대이다. 물론 수백 년이 지난 와인의 맛은 상당히 약하여서 기대보다는 못하다. 맛은 별로이면서도 비싼 이유는 희소 가치 때문이다.

세 번째로 와인의 브랜드 밸류이다. 유명한 회사에서 생산된 와인은 무명의 회사에서 생산된 와인보다 어릴 때부터 비싸다. 특히 세계적으로 유명한 회사의 와인은 어린 와인인데도 가격은 엄청나게 비싸다.

유명한 회사 포도밭 바로 옆에 있는 포도밭에서 재배된 포도의 경우, 옆의 포도원에 비가 올 때면 그 포도원에도 같이 오고, 구름이 낄 때도 같이 구름이 끼고, 또 토양도 비슷하여 자연 조건이 별로 다르지 않고 또 양조 방법도 비슷하게 하지만 와인을 만들어 놓으면 가격은 엄청나게 차이가 난다.

이와 같이 바로 이웃 포도원이지만 와인의 가격이 달라지는 것은 생산회사의 브랜드 밸류가 다르기 때문이다. 이러한 브랜드 밸류는 와인의 품질과는 다르게 평가되는 무형의 가치이다. 비싼 와인의 가격은 물론 품질도 좋아야 하고, 숙성도 오랫동안 잘 되어야 하나 더 중요한 것은 이런 무형의 가치에 의해서 더 크게 좌우 된다.

브랜드 밸류는 하루 아침에 만들어지는 것이 아니다. 오랫동안 포도 재배와 와인의 양조에 기여한 노력이 인정이 되고 와인 산업에 기여한 공로를 업계와 소비자들에게서 인정을 받아야 얻어지는 것이다. 지금까지 프랑스에서는 오랜 기간에 걸쳐서 와인의 브랜드 밸류가 형성되어 왔으나 요즘은 하루 아침에 마케팅을 잘해서 브랜드 밸류를 획득하여 와인을 비싸게 파는 경우도 있다. 전통적인 와인 문화로 보면 이렇게 품질은 별로이면서 마케팅의 도움으로 갑자기 유명해지고 가격이 비싸지는 것은 바람직하지 않다는 주장들이 많다.

아주 고가로 팔리고 있는 와인들은 위의 세 가지 이유 중에서 특히 세 번째의 브랜드 가치가 가장 크게 반영되어서 비싼 것이다. 프랑스의 로마네 콩티 등의 와인은 2~3년 숙성한 후 판매해도 바로 수백만 원을 호가한다. 일반 와인은 몇 십 년이 되어도 몇 십만 원에도 구입할 사람이 별로 없는데 말이다.

비싼 와인은 비싼 이유가 있다. 좋은 품질의 와인과 오래된 와인은 나름 수긍이 가는 품질적인 가치가 있으나, 브랜드 밸류로 비싼 와인은 가격과 와인 맛에는 많은 괴리가 있을 수 있다는 점을 이해하기 바란다.

와인 시장은
대기업의
무덤이다

2012년 5월 초에 LG 상사가 와인 전문 수입유통회사인 '트윈와인'의 사업을 접고 회사를 정리한 것으로 알려졌다. LG 그룹은 2007년도에 와인 수입회사를 설립하고 사업을 시작한 지 약 5년만에 사업을 청산한 것이다. 2007년에 시작된 미국발 금융 위기 등으로 인하여 국내 와인 시장은 지금까지도 부진을 면치 못하고 있어서 '트윈와인'은 제대로 사업을 해보지도 못하고 문을 닫은 것으로 보여 애석하게 생각한다.

'트윈와인' 사태는 국내 와인 시장에 몇 가지 시사하는 점이 있기 때문에 이에 대하여 알아보도록 하겠다.

1. 국내 굴지의 그룹에서 하는 와인사업이 어떻게 실패하는가?

중소 수입회사들도 사업을 잘 하고 있는데, 그룹에서 하는 와인회사가 어떻게 실패할 수 있는가? 아니 간단히 생각해서 그룹의 임직원들과 그룹회사들의 자체 수요만을 생각해도 사업이 크게 성장할 수 있을 것 같은데 왜 망하는가?

여기에는 망할 수밖에 없는 이유가 있다. 첫째, 사업을 시작할 때에 사업 타당성 검토부터 잘못되었다는 것이다. 기업들에서 신규 사업을 할 때는 자문도 받고 회사의 전문가들이 돌다리를 두드리듯이 검토에 검토를 거듭한 후에 투자를 한다.

그런데 와인사업에 투자할 때에 제대로 사업성 검토를 하지 못하였던 것 아닌가 생각된다. 왜냐하면 와인 산업은 국내에서 관심을 받지 못하고 있는 사업이라 회사 내에 전문가들이 없었을 것이고, 따라서 사업 검토를 제대로 하지 못하였을것으로 추측된다.

사업의 시작은 제대로 된 검토보다 와인을 좋아하는 오너의 의사에 좌우되는 경우가 많지 않았나 생각하는 사람들이 많다. 이렇게 대기업들의 와인 사업은 시작부터 잘못되었을 가능성이 있을 것으로 추측된다.

둘째 회사 내에 와인의 전문가들이 없는 상태에서 정해진 경영과 영업 방침도 잘못 결정되었다고 생각한다. 그래서 막상 와인을 수입하여 영업을 시작하고 보니 와인이 안 팔리는 것이다. 내수 시장을 목표로 하는 대기업들은 제품을 유통 경로를 통하여 소비자에게 팔면 되는데 와인 사업은 대기업에서 미는데도 안 되는 것이다.

내수 시장에서 대기업의 전략은 대부분 몇 개 주요 브랜드의 대량 생산과 판매일 것이다. 맥주, 소주, 막걸리, 라면, 우유 등등의 상품들은 제품의 종류가 몇 가지 안 되니 대충 다 아는 것이고 소비자가 선택하는 데 아무런 문제가 없으므로 제품을 알리는 데 어려움이 없다.

그러나 와인 시장은 전혀 다르다. 와인은 종류가 너무 많아서 소비자들이 알아서 선택을 하기가 어렵다. 여러분들도 주류 전문점이나 마트에 가서 와인을 사려고 보면 와인을 고르는 일이 쉬운 일이 아니라는 것을 실감하고 있을 것이다. 와인 종류는 너무 많고 소비자들의 와인 지식은 너무나 한정되어 있다.

기사를 보면 '트윈와인'에서 수입한 와인의 종류가 약 3,000종이나 된다고 한다. 왜 그렇게 많은 제품을 수입해서 판매해야 했는지 이해가 잘 가지 않는다. 솔직히 '트윈와인' 회사 직원들도 자사 제품을 다 알기가 어려운 일이 아닌가? 직원들도 잘 모르는 판에 소비자들이 무슨 수로 '트윈 와인'을 알고 찾겠는가?

와인 병 뒷면의 백 라벨에 여러 가지가 적혀 있는데 그중에 수입회사 이름이 깨알같이 작은 글자로 적혀 있어서 맨눈으로는 잘 보이지 않는다. 진열되어 있는 수백 병의 와인 병을 전부 뒤로 돌려 놓고 백 라벨에서 '트윈와인'을 찾아내서 와인을 살 수는 없는 일이다. 아무리 굴지의 그룹에서 와인을 수입해서 판매하더라도 시장의 진열대에 올려 두면 그룹에서 수입한 와인이라고 차별화할 수 없기 때문에 중소기업에서 수입한 와인과 똑같이 선택하기 어려운 와인이 되고 만다.

그룹 임직원들이 와인을 다 좋아하는 것도 아니고, 또 강제로 와인을 구입하라고 강요할 수도 없을 것이다. 명절 때에 거래처에 선물을 하는 것도 한두 번은 와인을 선물할 수 있겠지만 그룹 내에서 생산되고 팔아야 하는 제품도 많은데 매년 명절 때마다 자사 와인을 활용하라고 할 수도 없으니 그룹에서 팔아 주는 것도 생각만큼 많지 않았을 것이다.

시장에서는 찾아 주는 사람도 별로 없고 그룹에서 팔아 주는 것도 많지 않으니 와인의 매출이 부진할 수밖에 없고, '트윈와인'도 폐업을 하게 되는 것이다.

2. 와인 사업을 하고 있는 다른 그룹 회사들은 어떠한가?

롯데나 신동, 나라 등의 회사들은 와인사업을 한 지가 꽤 오래되었다. 그후에 SK, 현대, 동아제약, 매일유업, 동원, 하이트 등에서도 와인 수입 사업을 하고 있다. 다른 그룹의 와인 수입회사들도 '트윈와인'과 똑같은 정책으로 와인 사업을 하고 있는 것으로 보인다.

즉 이들 회사들도 와인 산업의 특수성을 이해하지 못하고 기존의 사고방식으로 접근하고 있는 것으로 보인다. 와인은 다른 주류나 식품과는 다르게 영업해야 함에도 불구하고 같은 방법으로 영업하고 있다는 것이다.

대기업으로서의 이점은 많지 않고 도리어 불리한 점은 많다. 대기업들은 계획 자체가 통이 크다. 일종의 대기업 병이라고나 할까, 조직을 다 갖추어서 움직이니 시장의 변화에 신속한 대응이 어렵다. 또 무엇보다 중요하다고 생각되는 것은 대기업에서는 사업을 주도하는 사람이 없다는 것이다. 중소기업은 오너가 직접 결정하고 추진하는데, 대기업에서는 오너가 직접 챙길 수가 없고, 또 그룹 내에서는 여러 가지 주력 상품에 집중하기도 힘든 판에 작은 와인 사업을 챙기는 사장도 없을 것이다. 당연히 임원들도 관심이 적을 것이고, 담당자만 열심히 뛰고 있지만 뜻대로 되지는 않는다.

따라서 대기업의 와인 사업은 중소기업이 하는 것보다 효율적이지 못하다. 와인 산업과 관련이 없는 그룹들이 와인 산업의 특성을 잘 이해하지 못하고 진출하였다가 실패한 예는 외국에도 있다. 1977년 미국의 코카콜라 회사가 신규 사업으로 와인 사업을 하기로 하고 여러 개의 포도주 공장을 매입하여 미국에서 두 번째 큰 와인 회사가 되었다.

콜라는 주류는 아니지만, 마시는 음료로 납품처가 비슷하다. 레스토랑 등에 콜라와 와인을 같이 납품하면 여러 면에서 시너지 효과가 있는 사업이라고 판단하였을 것이다. 그런데 몇 년 후 와인 사업을 포기하고 모든 와인 공장을 다 팔아 치워 버렸다. 코카콜라가 와인 사업을 포기하게 된 이유 중의 하나는 콜라 하나 가지고 세계에 판매하는 코카콜라 임직원들의 사고방식이 와인과는 전혀 맞지 않았기 때문이다.

콜라 사업은 거래처를 확보하고 소품종 대량 판매 전략이 아니겠는가? 그런데 와인은 종류가 너무 많아서 직원들이 제대로 다 알기도 어렵고 직원들이 와인을 모르고 거래처에 가면 영업은 고사하고 무시를 당할 수밖에 없다.

소비자들도 진열장에서 코카콜라 회사의 와인을 알아낼 수도 없었다. 코카콜라의 경영진들이 생각하던 것과는 와인 시장이 전혀 다르고 수익도 나오지 않으니 와인 사업을 접을 수밖에 없었을 것이다.

이들 와인 공장들을 매입한 회사가 바로 위스키 회사인 캐나다의 시그램 사였다. 1983년에 시그램이 와인 사업을 하게 된 것도 코카콜라와 비슷한 연유였던 것으로 보인다. 위스키 사업에서 돈을 많이 벌고 신규 사업을 검토하다가, 당시에 한참 미국에서 소비가 증가하던 와인 산업에 관심을 가지게 되었다. 특히 위스키나 와인은 다 같은 주류이므로 주류 사업을 해본 경험을 살려서 와인 사업에 진출하면 틀림없이 성공할 것으로 판단하였을 것이다.

코카콜라가 소유하고 있던 포도주 공장들을 모두 인수하여서 시그램 와인은 미국에서 두 번째 큰 와인회사가 되었다. 그런데 이 시그램도 몇 년이 못 되어서 이들 포도주 공장들을 모두 매각하였다. 시그램의 와인 사업 부진도 코카콜라와 비슷하였다.

위스키도 종류가 몇 안 되어 소품종 대량 판매되는 제품이고, 와인은 다품종 소량 판매로 시장에 접근하는 방법이 전혀 다르다는 것을 간과한 것으로 보인다.

1987년은 미국의 와인 산업이 상당히 부진할 때라 더더욱 경영이 어려웠을 것이고 아마도 매각할 때는 제값을 받지도 못하고 회사를 넘겼을 것으로 판단된다.

우리나라도 와인산업에 진출한 그룹들이 와인과 전혀 다른 분야의 기업들이므로 코카콜라보다, 또 시그램보다 더 주류 산업 특히 와인 산업을 잘 안다고 말하기 어려울 것으로 생각된다. 아마도 현재 와인 시장에서 고전 중일 것으로 판단된다. 와인 시장에 진출한 대기업들은 우선 국내의 와인 시장을 키우는 데에 주력하고, 나아가서 자사의 시장 점유율을 높이는 데서 해결점을 찾아야 할 것이다.

저자는 외부의 대기업이 와인 산업에 진입하여서 사업이 성공한 예를 발견하지 못하고 있다. 대기업이 와인 사업에서 성공하려면 전통적인 마케팅으로는 어려울 것으로 보인다. 특별한 마케팅을 해야 한다고 생각한다. 와인 산업에 적합한 마케팅을 하지 않고 지금과 같은 상태로 와인 사업을 한다면 손실을 피할 수 없을 것이다. 어쩌면 외국의 사례와 같이 빨리 와인 사업을 접는 것이 바람직하다고 생각할 수도 있을 것이다.

우리나라
와인 산업의
르네상스

와인을 접하는 것은 그리 간단한 일이 아니다. 우선 와인이 우리 나라의 술이 아니고 서양 술인 데다가 같은 서양 술인 맥주나 위스키 등과는 다르게 마실 수 있는 기회가 많지 않다. 이렇다 보니 아직도 우리나라에서 와인을 마시는 인구는 별로 많지 않다.

매스컴이나 인터넷에서 와인에 관하여서 많이 떠들고 있고 또 와인 관련 행사들도 많아지고는 있다. 그런데 와인 행사에 가면 오는 사람들은 대체로 와인 업무 관련 담당자들이나 와인을 좋아하는 애호가들이기 때문에 이 행사에서 보던 얼굴들을 저 행사에서도 보게 된다.

과거에는 TV 드라마를 보면 주인공들이 기분이 좋을 때에는 맥주나 양주 등을 마시고, 기분이 나쁠 때에는 소주를 병째로 벌컥 벌컥 마시는 것을 자주 보았는데 요즘에는 레스토랑이건 집에서건 와인을 마시는 장면이 많이 노출되고 있다. 하지만 아직도 와인을 마셔 보지 못한 사람들이 많고, 또 한두 번 와인을 마시기는 하였으나 술 하면 바로 소주나 맥주 등을 생각하는 사람들이 대부분이다.

저자는 16년 전 마주앙 공장장을 그만두고 서울에서 와인 숍을 시작했다. 그 시기에 와인에 관심을 가지고 저자와 친하게 지내셨던 분들을 되돌아보면 그분들은 새로운 문화에 대한 관심을 가지고 도전하는 용기 있는 분들이 아니었나 생각한다. 사실 그 당시에 늘 마시던 맥주와 소주 이외의 다른 술을 생각한다는 것 자체가 쉬운 일은 아니었을 것이다. 따라서 그때 와인에 관심을 가지는 것 자체가 뭔가 새로운 것에 대한 호기심을 가지는 성격이 아니고는 어려운 일이었다고 본다.

또 막상 와인에 호기심을 가지고 와인에 한번 도전해 보겠다고 생각은 하더라도 실제로 와인을 배운다든지 혹은 와인 바에 가본다든지 행동에 옮기는 것은 주위의 눈을 의식하지 않을 수 없으므로 그 당시에는 나름대로 결단이 필요했던 일이라고 생각한다. 저자는 와인을 마시다 자연스레 주위에서 와인을 마시는 사람들과 관심사를 공유하게 되고, 동호인 모임에도 참석하여 활동을 하다 적지 않은 사람들이 와인을 즐기고 있구나 하는 생각을 가지게 되었다.

인터넷이 활용되면서 사회 전반에 많은 변화를 가져오게 되었는데, 와인의 문화도 인터넷 동호인 모임 등을 통하여 급격하게 확산되었다. 저자가 판단하기에는 사회적인 모임과 활동 중에서 이렇게 순수하게 와인이라는 주제를 가지고 각계의 사람들이 자발적으로 참여하고 즐기고 활동한 것은 우리나라 유사 이래 처음이 아니었나 생각한다.

저자는 이 시기를 한국의 제1기 와인 르네상스라고 생각한다. 이때는 와인을 마시는 데 돈도 솔솔 나가게 되고 와인을 마실 때마다 와인의 이름이 뭔지, 빈티지는 언제인지 등을 기억하려고 애쓰며, 잊지 않으려고 테이스팅한 내용도 수첩에 적고, 상표도 떼어서 노트에 스크랩하고, 상표를 스크랩한 노트를 아주 귀하게 들고 다니면서 슬쩍 옆 사람에게 보여주면서 마신 와인의 종류를 자랑하기도 하였다.

옛날에 상표를 떼는 테이프가 없을 때는 병을 물속에 담가서 상표를 분리하기도 하고 어떤 사람은 아예 마신 와인 병을 들고 집으로 가지고 가서 모아 두는 분들도 있었다. 이 글을 읽는 분들 중에서는 자기 이야기를 한다고 하는 분들도 있을 것이다. 요즘에는 거의 모든 사람들이 마신 와인의 병에다가 핸드폰을 들이 대고 찰칵 찍어서 간단히 개인 홈페이지나 블로그에 올리고 있다. 시대가 참 많이도 변하였다. 이렇게 열심히 공부(?)하신 분들은 대체로 나라별로 유명하다는 와인은 어떻게라도 맛보려고 하고 프랑스 보르도의 그랑 크뤼 샤또들 이름도 많이 기억하는 등 거의 전문가의 수준으로 실력도 향상하였다.

와인을 맛보는 것도 처음에는 마시는 와인의 색상, 향, 맛, 느낌 등을 하나 하나 짚어가면서 상당히 학구적인 자세로 맛을 보았고, 와인 맛보는 자리라면 빠지지 않고 찾아다니면서 다른 사람보다 하나라도 더 많이 맛보고 기록을 남기려고 애를 썼는데 이 시기에는 정말 와인에 대하여서 많이 공부하는 시기이었다. 이 시기에는 와인 애호가들의 와인 실력이 직업적으로 일하는 소믈리에들도다 앞서기도 하여서 소믈리에들이 와인 공부를 하도록 하는 자극제가 되기도 하였다.

자신감을 가진 사람들은 인터넷 동호인 모임을 주도하면서 적극적으로 와인의 사회활동을 하는 시기였다. 많은 사람들이 동호회에 참석하면서 와인 문화가 대중화되었고 사회적으로도 와인에 관심을 가진 사람이 많다고 판단한 매스컴에서 적극 취재하던 시기이었다. 동호인 모임과 매스컴의 주목 등으로 사회적인 관심은 많았으나 실제로 와인의 소비량은 미미한 수준이었다. 하지만 우리가 와인을 너무 많이 마시는 것이 아닌가 하는 우려가 있을 정도로 와인에 대한 관심만은 과열되었던 시기이었다.

1997년부터 약 10년 동안 우리나라에서 와인 산업과 문화는 양적으로는 크게 성장하지는 못하였지만 인터넷 활용 세대에 의해서 제1기 와인 르네상스기를 맞고 있었다고 생각한다.

그런데 2007년 이후 미국의 금융위기 사태를 만나면서 우리나라도 경제가 위축되는 시기를 맞이하게 되었다. 경기의 침체로 인한 시민들의 지출이 줄어들게 된 시기에 출현한 막걸리의 약진이 있었다. 세월에 따라서 맥주, 위스키, 소주 등이 많이 팔리는 때가 있었다. 시대에 따라서 막걸리도 많이 팔릴 때가 있겠지만 막걸리가 조금 더 팔리니까 와인 판매가 줄어들게 된 것은 와인 시장이 워낙 영세하고 작기 때문이라고 생각한다.

세계화 시대에 우리나라에서도 과거의 술이었던 막걸리가 느닷없이 두각을 나타내게 되었지만, 이는 일시적인 패션으로 볼 수 있다. 시간이 지나면 또 멀어지는 시기가 오게 될 것으로 보인다. 모든 제품이 부침이 있는데 특히 막걸리는 지나간 우리의 술이었으므로 제품과 품질과 문화가 세계화하지 않으면 국제화된 소비자들의 관심을 끌기가 어렵지 않을까 생각한다.

이러한 경제위기를 지나면서 많은 동호회가 없어지고 또 그 활동이 위축되고 말았다. 우리나라의 와인 산업으로 보아 애석한 일이 아닌가 생각한다. 그때 그 동호회와 회원들이 다시금 활동을 재개하고 그 뒤를 이은 젊은 세대들도 와인을 사랑하는 시기가 다시 와서 우리나라의 와인 산업이 더 발전하는 계기가 되었으면 하는 바람이다. 우리나라의 경제가 침체할수록 경제가 회복될 수 있다는 기대감이 커지게 되고 와인 산업도 다시 르네상스를 맞고 있다고 생각한다.

제2기 와인 르네상스는 SNS의 활용과 더불어 시작하였다. 컴퓨터 앞에 앉아서라야 가능했던 인터넷 활동이 스마트폰 덕택으로 언제 어디서나 인터넷 접속이 가능하여서 동호회의 회원들과 접촉이 가능하게 되었다. 뿐만 아니라 스마트폰은 편리하게 활용되는 도구들이 많고 또 동영상으로 현실감과 생동감이 있는 정보의 전달이 가능하게 되었다.

저자도 페이스북을 사용하고 있는데 2010년 말에 시작한 페이스북의 친구가 계속 증가하여 2012년 중에 거의 10,000명이 넘을 것으로 보인다. 지금은 개인이 수만 명의 와인 동호인들과 같이 정보를 교류하고 와인을 즐기고 도움을 줄 수 있는 단체를 운영할 수 있는데 과거 제1기 르네상스까지의 기간에서는 불가능하였던 일이다. 지금은 구글이나 인터넷 와인 잡지 등을 통해서 세계적인 와인 시장의 동향과 정보 등을 볼 수 있다.

저자는 지금 경기가 어려워서 와인의 소비는 위축되고 있지만 밤이 깊으면 새벽이 오듯이 경제도 언젠가는 오르막이 올 것으로 생각한다. 앞으로 다가올 와인 소비 증가의 시대는 SNS가 적극 주도하는 제2기 와인 르네상스가 될 것이다. 와인의 판매는 기존의 유통 경로보다 새로운 인터넷을 활용한 판매가 폭발적으로 증가할 것으로 예상되고 와인 바의 영업도 소비자 위주의 형태로 변화하게 될 것이다. SNS를 이용한 와인의 시장과 소비자들이 사실 어떻게 변해나갈지를 지금은 짐작하기 어렵지만 분명한 것은 지금까지의 와인 문화와는 다르게 변해 갈 것만은 확실하다.

아직까지 아날로그 시대에 머무르고 있는 와인 수입회사들이 나름대로 시장에 대처하기 전에 시대의 변화에 의해서 와인의 대중화와 와인의 문화가 우리의 문화에 다가설 것으로 예측된다.

06

포도와
양조

양조용 포도의 품종

와인을 만드는 포도를 양조용 포도라고 말한다. 레드 와인은 양조용 적포도로 만들고, 화이트 와인은 양조용 백포도로 만든다. 아주 옛날에 인류의 조상들은 포도를 다른 과일이나 곡류와 같이 먹고 살았다. 이 시대에는 양조용이니 과일용이니 하는 구분이 없었다. 나중에 포도를 과일로 먹기도 하고 또 와인을 만들어 먹기도 하였는데 수천 년을 지나면서 서서히 포도를 두 가지로 구분하게 되었다.

즉 어떤 포도는 그냥 과일로 먹기에 좋은 포도가 있고 또 어떤 포도는 그냥 먹기는 별로인데 와인을 만들어서 마셔보니 맛은 기가 막히게 좋은 포도가 있는 것을 알게 되었다. 이렇게 세월이 지나면서 서서히 생과일용 포도(table grape)와 양조용 포도(wine grape)로 구분하게 되었다.

와인은 양조용 포도로만 만들고 있다. 물론 생과일용 포도로도 와인을 만들 수는 있다. 그러나 이런 생과일용 포도는 대체로 신맛이 너무 적다든지, 향이 너무 약하든지 혹은 너무 자극적이라든지, 포도알이 너무 크다든지, 색상이 약하든지 하는 연유로 와인을 만들어 봐야 양조용 포도로 만든 와인과의 품질 경쟁에서 이길 수가 없다. 따라서 생과일용 포도는 신선 과일로 또는 주스나 잼 혹은 건포도 등으로 이용되고 있을 뿐이다.

우리가 여름철에 자주 먹는 새까만 포도는 '캠벨어리'라는 품종으로 우리나라의 대표적인 생과일용 포도이다. 우리나라에서 상업적으로 재배되고 있는 포도는 구한말 일본 사람들이 가지고 와서 재배한 것으로 초기에는 와인 양조는 고려하지 않았으므로 생과일용 포도가 도입되었던 것으로 보인다.

양조용 포도는 1960년대 말에 일본에서 도입되었는데 이때에 도입된 포도는 주로 프랑스와 미국 품종 사이에서 육종된 하이브리드 품종이었다. 우리나라에서는 세계적으로 유명한 양조용 포도 품종은 아니지만 양조용 포도를 재배하였으나 그나마도 1990년대에 아주 일부를 제외하고는 모두 뽑아내고 포도원들을 폐원한 경험이 있다.

독자들이 기억해 두면 도움이 될 만한 양조용 포도 품종을 몇 가지 적어 보면 다음과 같다. 화이트 와인을 만드는 포도 품종으로 샤르도네(Chardonnay), 리슬링(Riesling), 쇼비뇽 블랑(Sauvignon Blanc), 세미용(Semillon) 등이 있고, 레드 와인을 만드는 포도품종으로 카베르

네 쇼비뇽(Cabernet Sauvignon), 메를로(Merlot), 피노 누와(Pinot Noir), 시라
(Syrah), 산지오베제(Sangiovese) 등이 있다. 세계에서 좋다는 와인은
대부분 이런 품종으로 만들고 있다.

　포도의 색상과 향이 대부분 이 껍질에 있기 때문에 이들 포도는
포도알이 대체로 좀 작고, 껍질이 좀 두껍다. 우리나라에서도 와인
을 생산하려면 세계적으로 유명한 양조용 포도를 재배하고 국산
와인을 만들기를 희망한다.

포도는 어떤
자연 환경에서
잘 자랄까?

포도가 살아가는 데 필요한 환경이란 여러 가지를 말할 수 있다. 이 환경에는 기후와 토양 등의 자연 환경과 포도의 품종 선택, 생산량 조절, 포도 수확 시기와 방법 결정 또는 병, 충해의 방지 등과 같은 인위적인 환경이 있다. 이 모든 것을 다 포함하여서 환경이라고 한다.

요즘에 들어서 많이 이야기되고 있는 테루아(Terroir)라는 것은 토양을 뜻하는 의미로 사용되었으나, 넓은 의미로 사용될 때는 기후, 토양, 포도밭의 방향과 경사도, 포도원 주위에 있는 강, 호수, 주변 동식물 등 포도 재배에 영향을 주는 모든 것을 일컫는다.

자연 환경이 우호적일 때에 포도는 잘 자라게 된다. 그런데 포도가 줄기와 잎이 무성하게 잘 자라는 것, 즉 식물 성장을 잘하는 것도 중요하지만 그 이상으로 필요한 것은 결실을 잘 해야 한다는 것이다. 줄기와 잎만 무성하다든지 포도송이는 크고 포도알도 많은데 단맛이 적다든지 또 산도가 너무 낮은 포도가 달린다면 이것은 좋은 포도라고 할 수 없다.

우리가 필요로 하는 좋은 포도를 생산할 수 있는 그런 자연 환경이 필요하다. 기후적인 면에서 보면 아주 추운 지역과 아주 더운 지역에서는 좋은 와인을 생산할 수 없다. 이런 지역을 제외하고 온화한 기후에 포도가 성장하는 동안에는 비가 적당히 오고 숙성하는 기간 동안에 건조한 기후가 이상적인 기후이다.

우리나라와 같이 여름철에 장마와 태풍으로 비가 많이 내리는 기후에는 포도의 숙성이 잘 되지 않으므로 만약에 포도를 재배한다면 특히 포도의 숙성기에 비가 적게 오는 곳을 선택해야 할 것이다. 포도의 재배에는 온도가 높을수록 좋을 것 같지만 사실은 그렇게 높은 온도가 필요하지 않다. 포도의 당도가 올라가는 숙성기간 동안 대략 섭씨 26도 정도면 충분하다. 온도가 더 높으면 도리어 광합성에 방해가 된다.

포도도 과수의 하나이므로 아주 비옥한 땅에서 잘 재배될 것으로 많은 사람들이 생각하고 있다. 과일뿐만 아니라 모든 식물은 비옥한 토질에서 잘 자란다. 어디 식물뿐인가? 동물도 영양을 많이 섭취하면 잘 자라게 된다. 녹색식물들은 생장에 필요한 탄수화물을 얻기 위하여 공기 중의 탄산가스와 뿌리에서 흡수한 물을 가지고 햇빛의 도움으로 엽록소가 광합성을 한다. 이렇게 광합성을 해서 만든 포도당과 과당을 중합 혹은 축합하여서 큰 분자인 여러 가지 형태의 당질을 만들어서 자신이 성장하고 결실도 하면서 살아간다. 따라서 포도원은 햇빛이 잘 드는 곳이 좋고 경사가 좀 있은 곳이 좋다.

광합성을 할 때에 필요한 물은 뿌리에서 흡수하는데 물을 흡수할 때에 물에 녹아 있는 여러 가지 성분의 무기물질, 유기물질들을 같이 흡수한다. 이런 유기물질과 무기물질들은 비가 와서 흘러온 성분들로 지면과 가까운 곳에서 흡수되며 인근에 있는 포도원들은 대체로 비슷비슷한 성분을 보이고 있다. 표토층에 있는 토양은 점토, 모래, 자갈 등으로 구성되어 있다. 점토질이 상당히 많은 토양은 물을 흡수할 수 있어서 좀 축축하며 온도가 좀 낮다.

메를로 같은 품종은 이렇게 온도가 좀 낮은 땅을 좋아하고 카베르네 쇼비뇽은 토양이 잘 건조하고 낮의 태양열을 흡수하여 밤에도 포도원의 온도를 좀 높여 주는 자갈과 모래가 많은 토양에서 잘 재배되고 있다. 따라서 모래, 자갈, 점토가 적절히 있는 토양이 좋은 곳이다.

악조건이
최고의 와인을
🥂 만든다

프랑스의 보르도 지방은 포도 산지로 유명한데, 그 지역에서도 메도크(Madoc), 생테밀리옹(Saint-Emilion), 포므롤(Pomerol) 등의 지방은 최고의 포도 재배지역으로 인정받고 있다. 특별히 그 지역에서 생산되는 최고급 와인은 그랑 크뤼 끌라세(Grands Crus Classé) 샤또 와인이라고 부르는데, 그중에서도 가장 고급 와인은 프리미에르 그랑 크뤼 크라세(Premier Grands Crus Classé) 등급의 와인이다.

이런 와인을 생산하는 포도원은 좋은 자연 환경을 가지고 있다. 기후는 가까운 인근의 포도원과 크게 다를 것이 없다. 그러나 각각 포도원의 토양은 주로 모래와 자갈이고 그 외에 점토질 등의 토질이 잘 조화되어 있다. 사실 포도원으로서 자갈, 모래는 우리나라에서 보면 상당히 척박한 토양이다. 비가 오면 며칠 안에 다 말라 버리고 건조해지니 포도의 뿌리가 땅 속에서 수분을 찾으러 다니다 보면 넓고도 깊은 곳으로 뻗어나갈 수밖에 없다. 그러니 비옥한 땅에서 재배된 포도나무는 주변 가까운 곳에서 영양 성분들을 쉽게 섭취한다.

대체로 표토에 가까운 곳의 토양에는 영양소의 종류도 좀 단순하고 인근의 포도원과 비슷비슷한 성분들이라서 큰 특징이 없게 된다. 그러나 포도나무가 뿌리를 멀리 또 깊게 뻗어 내린 땅 속 깊은 곳의 토양인 심층토와 심층암은 상당히 다양할 수 있기 때문에 흡수하는 성분들이 인근 포도원의 성분과는 다른 점이 많은 아주 특징이 있는 성분을 흡수하게 된다.

이러한 현상은 부르고뉴에서 더욱 두드러져서 부르고뉴의 최고급 포도원은 일반 고급 포도원과는 상당히 다르다. 첫째는 남쪽 또는 동남쪽으로 향하고 있어서 일조 시간이 길다. 그러면서 상당히 높은 언덕 위쪽에 위치하고 있다. 일반적인 고급 와인을 생산하는 포도원은 평지에 있어서 비가 오면 언덕 위에서 흘러내리는 빗물이 평지로 다 모이게 되어 있다. 이 빗물은 언덕 위에 있는 토양 성분들을 씻어서 내려오므로 평지에 있는 포도원은 상당히 비옥한 토질이라고 볼 수 있다.

따라서 이런 곳에서 재배되는 포도나무는 주위에 여러 가지 영양소들이 상당히 많으므로 뿌리가 굳이 힘들게 땅 속 깊이 또 멀리 갈 필요가 없는 것이다. 이런 곳의 포도나무는 좀 게을러져서 그 근처에서 필요한 것을 금방 조달하고 살면서 포도송이를 만들고 포도알이 숙성하게 된다. 이런 포도알은 주변에서 쉽게 구할 수 있는 성분들만을 함유하게 된다.

그런데 산 위쪽 언덕 위에 있는 고급 포도원은 여건이 좀 다르다. 우선 경사도가 심한 곳에 포도를 심었기 때문에 비가 오면 하루 이틀 사이에 땅은 말라 버리니 포도나무는 살기 위해서 수분을 찾아서 뿌리를 멀리 또 깊이 뻗어 갈 수 밖에 없다. 어떤 경우에는 작은 포도나무가 뿌리를 땅 속으로 20~30미터씩 뻗어나가게 된다. 나무가 스스로 살기 위하여서 몸부림을 치는 것이다.

그러다 보면 뿌리가 땅 속의 여러 가지 암반층과 토양층을 지나가게 되는데 이런 곳에 있는 다양한 성분을 흡수하여서 포도를 만들게 되므로 평지에서 달린 포도알보다는 수확량이 적지만 포도알의 성분은 상당히 다르게 될 수밖에 없다. 이렇게 다양한 성분을 가진 포도로 만든 와인은 그 맛과 향이 사뭇 다르게 되고 이런 복합적인 향과 맛을 가진 와인이 최고급 와인이 되는 것이다.

정말 최고급 와인은 비옥한 토양이 아니라 아주 척박한 토양에서 재배되어서 스스로 살기 위해서 몸부림치고 있는 포도밭에서 생산되는 것이다. 이것은 인생과도 비슷하지 않는가? 순탄하게 살아 온 사람은 순탄하게 살아가는 정도에 만족한다. 하지만 아주 어려운 역경에 처한 사람 중에 역경에 좌절하지 않고 살아남기 위하여서 몸부림을 치는 사람은 그 의지와 힘으로 언젠가는 크게 성공할 수 있을 것이다. 역경은 최고급의 명품을 탄생시키게 되는 것이다.

또 회사들도 운영해 나가는데 여러 가지 어려움을 만날 수밖에 없고 그럴 때마다 좌절하지 않고 이를 뚫고 나가는 의지와 행동이 있을 때에 최고의 회사가 될 수 있는 것이다.

이 책을 읽는 모든 독자들도 꼭 포도와 같이 역경을 이겨내고 꼭 최고급 와인인 명품 같은 인생이 되기를 기원한다. 또 여러분의 회사들도 꼭 이런 최고급 포도원의 포도들처럼 주변 환경을 도전으로 받아들이고 역경을 이겨 내어서 세계 최고급 명품 회사가 되시기를 기원한다.

집에서 와인을 만들려면 어떻게 해야하나?

외국에서는 집에서 술을 담근다는 이야기를 많이 들어보지 못하였는데 우리나라에는 술을 집에서 담그는 사람들이 많은 듯하다. 전통주로 알려진 대부분의 술들은 일단 발효 후에 이를 증류하여서 알코올 도수를 높이는 방법을 사용하여 술을 만드는데 이렇게 전문적으로 술을 만드는 사람들이 아니더라도 일반 가정에서 인삼을 소주에 넣어서 만드는 인삼주를 위시하여 약초의 뿌리를 사용한 술과 매실이나 과실을 소주에 담가서 만들기도 한다. 또 지네니 뱀 등의 동물을 소주에 담가서 만들기도 한다. 이렇게 집에서 담그는 술들은 대부분 소주에다 재료를 담가서 만든다.

이런 풍습으로 포도주도 집에서 담그는 사람들이 많다. 집에서 포도주를 만드는 것을 보면 대체로 그 방법이 비슷하다. 잘 익은 포도를 사다가 물로 깨끗이 씻고 좀 말린 다음에 이 포도를 커다란 유리병에 넣고(포도알은 터트리지 않고) 여기에다 설탕과 소주를 상당량 넣고 주둥이를 천으로 막아 두면 서서히 거품도 나오면서 겨울철이 되면 위에 맑은 술이 뜨고 아래에는 포도알이 가라앉게 된다.

겨울철에 위에 있는 맑은 술을 떠서 마시면 달콤한 게 아주 맛이 좋아서 "입에 짝짝 달라붙는다."라고들 표현한다. 포도주 공장에서 근무할 때에 견학 온 사람들 중에서는 자랑스럽게 집에서 포도주 만드는 것을 이야기하면서 "제대로 포도주를 만드는 방법을 가르쳐달라."고 하는 사람들이 많았다.

그런 경우에 "공장에서는 와인을 그런 방법으로는 만들지 않고요. 그렇게 만드는 포도주를 제대로 된 와인이라고 할 수 없습니다."라고 대답하였다. 그러면 지금까지 오랫동안 와인을 집에서 담가서 마셨는데 그것이 제대로 된 와인이 아니라고 하니까 상당히 섭섭해 하는 눈치들이었다.

공장에서 와인을 만들 때에는 소주를 넣지 않는다. 소주를 많이 넣으면 발효가 제대로 일어나지 않으므로 포도 주스 성분의 상당 부분이 그냥 있다.

공장에서는 침전, 앙금분리, 여과 등을 거쳐서 와인을 맑게 하지만 집에서는 이런 공정이 거의 불가능하다. 공장에서는 와인이 산화하지 않도록 조심을 하지만 가정에서는 와인이 산화하는 것을 막기가 어렵다. 공장에서는 미생물적으로 완벽하게 처리하지만 가정에서는 미생물의 오염을 막기가 어렵다.

설탕과 소주를 많이 넣으면 발효를 제대로 할 수 없으므로 와인이라고 보기가 어렵고, 그냥 포도 주스에 설탕과 소주를 탄 것 정도의 술이라고 말할 수 있다. 또 이런 술은 산화로 인하여서 빨리 변질되고 만다.

위의 사실 외에 가정에서는 포도 껍질에 붙어 있는 야생 효모로 발효하도록 하지만 공장에서는 야생 효모를 사용하지 않고 배양 효모나 건조 효모를 사용하고 있다.

또 와인을 만드는 데 무엇보다 중요한 것이 포도의 품종인데 집에서 사용하는 포도는 생과일용 포도인 캠벨이 대부분이지만 공장에서는 양조용 포도로 와인을 만들기 때문에 와인의 맛이 전혀 다르다.

집에서 포도주를 만드는 것은 돈도 좀 들어가고 무엇보다 정성이 들어가고 조금은 힘들고 어려운 작업이다. 이렇게 만들어 보아야 제대로 된 와인이 될 수가 없다. 따라서 집에서 와인을 만드는 수고와 시간과 돈을 지출하시지 말고 그냥 와인을 사서 드시는 것이 좋지 않을까 생각한다.

와인은 어떻게
만들까?

공장에서는 와인을 어떻게 만드는가? 와인을 즐기는 많은 분들이 자세히는 몰라도 대충은 알고 싶어 한다. 막걸리나 소주 맥주를 만드는 방법은 상당히 복잡하지만 와인을 만드는 방법은 의외로 간단하다.

막걸리, 소주, 맥주 등 곡류로 만드는 술은 보리나 쌀이나 밀을 가만히 두면 술이 되는 것이 아니고 물에 담그는 등 여러 가지 복잡한 공정을 거치면서 가수분해되어 곡류의 속에 있는 전분이 달콤한 맛이 나는 맥아당으로 변하도록 해야 한다. 전분 상태로는 발효가 되지 않으므로 꼭 맥아당이나 포도당, 과당 등이 되도록 만들고 그 다음에 효모를 첨가하여 발효를 하는데 와인은 그럴 필요가 없다.

와인은 포도알이 터지기만 하면 발효해서 와인이 되는 신기한

술이다. 포도 껍질에는 수많은 효모
가 붙어 있는데 껍질이 손상을 입으
면 이 효모가 껍질 속으
로 들어가서 당분을
먹고 알코올을 만든
다. 포도의 달콤한 성
분이 바로 포도당과 과당이며
이들은 발효가 가능한 당이다. 효
모는 일종의 미생물인데 희한한 녀석
이라 포도의 달콤한 당분을 먹고 알코올을 내어 놓는다.

집에서 여름철에 포도를 먹어 본 경험이 많을 것이다. 포도송이
를 사다가 물로 씻고 물이 빠진 뒤에 잘 익은 포도알을 먹으면 달
콤하고 맛이 좋다. 그런데 포도알이 터진 것을 먹어 보면 그 맛이
단맛은 없고 그냥 시큼털털하다고 느꼈을 것이다.

이것이 바로 와인이다. 포도가 와인이 되었기 때문에 포도의 단
맛은 없어지고 그 대신 알코올이 생겨서 그런 맛이 나게 되는 것
이다. 포도의 껍질이 터졌을 뿐인데 혼자서 바로 와인이 되어 버린
것이다. 이렇게 간단한 원리로 와인이 되니 와인을 처음으로 만든
것은 원숭이일 것이라는 말이 나왔다.

원리는 원숭이가 만들었다는 방법을 지금도 사용하고 있는데 공
장에서는 단지 대량 생산하기 위하여 여러 가지 기계와 탱크를 사
용하고 또 미생물적으로 완벽하게, 또 와인이 산화가 적게 되도록

하기 위하여서 공정을 관리하는 것이다.

화이트 와인을 만드는 방법을 간단하게 알아보면 화이트 와인은 원료로 양조용 백포도를 사용하여 와인을 만드는데 첫 단계가 농장에서 수확한 잘 익은 포도송이를 공장에 가지고 와서 좋은 포도송이를 선별하여 포도송이에서 줄기를 골라내고 난 후의 포도 알을 터트린다.

그 다음에 이 파쇄된 포도를 압착하여서 주스를 받아내는데 여기까지의 공정을 담금 공정이라고 한다. 이 주스를 탱크에 담고 배양 효모를 적당량 넣어서 온도를 낮게 저온(섭씨 15도 정도)으로 발효시키면 대체로 2주에서 3주일이면 발효가 끝나서 와인이 된다. 이 공정을 발효 공정이라고 한다.

발효 기간 동안 많은 양의 탄산가스가 발생하고 또 상당량의 열이 발생한다. 따라서 이 탄산가스 때문에 지하실에서 발효하는 경우에는 안전에 특히 유의해야 한다. 옛날에는 지하실에서 탄산가스로 질식하는 사고가 많이 발생하였다.

이렇게 발효가 끝난 어린 와인은 우리가 마시는 와인과는 전혀 다르게 막걸리같이 뿌옇고 탁하다. 이 어린 와인을 그냥 두면 효모와 기타 고형물들이 침전하게 된다. 위에 뜨는 상등액은 다른 탱크에 옮기는데, 이 상등액도 비슷하게 뿌옇다. 이 와인을 또 정치해 두면 다시 침전물이 가라앉게 되는데 위에 뜨는 상등액을 또 다른 탱크로 옮긴다. 이런 작업을 앙금 분리라고 하는데 발효한 후에 겨울 내내 이런 앙금 분리 작업을 계속하다 보면 와인은 점점 맑아지고 깨끗해진다.

이후에는 숙성 공정에 들어가는데 숙성 기간은 포도주 공장의 필요에 따라서 결정이 된다. 사실 와인의 숙성은 숙성 공정에서 시작하는 것이 아니고 발효한 뒤에 와인이 되면 그때부터 숙성이 시작이 된다. 숙성이 끝난 와인은 몇 차례의 여과와 청징 작업을 거쳐서 와인을 병에 담게 된다. 와인을 병에 담아서 바로 상표를 붙이고 출하를 할 수도 있고, 필요에 따라서는 와인 병을 포도주 공장에서 일정기간 숙성을 시킬 수도 있다. 이런 숙성을 병 숙성이라고 한다. 고급 와인은 어느 정도의 병 숙성 기간을 거치기도 한다.

레드 와인을 만드는 법을 알아보면 원리는 화이트 와인과 상당히 다르다. 레드 와인은 색상이 상당히 중요하다. 적색이 진한 것이 바람직하고 불그스름하게 옅은 색은 좋지 않다. 그런데 이 붉은 색상은 식용 색소를 넣어서 만드는 것이 아니라 결국 포도에서 나와야 한다. 포도의 붉은색 색소는 주로 껍질에 들어 있는데, 화이트 와인과 같이 압착하여서 껍질을 제거해 버리면 와인 속에 붉은 색이 많이 들어갈 수 없다.

따라서 레드 와인의 경우에는 씨, 껍질과 주스를 같이 발효하게 된다. 이렇게 하면 껍질 속의 색소가 와인으로 많이 녹아들어 가서 붉은색이 진해지게 된다. 붉은색뿐만 아니라 껍질과 씨에 들어있는 타닌 성분도 같이 와인에 녹아들게 되어서 쓴맛이 많이 나게 된다. 그래서 레드 와인은 붉고 또 쓴맛이 많다.

레드 와인도 화이트 와인과 같이 잘 익은 양조용 적포도송이를

수확하여 공장에 가지고 와서 좋은 것을 골라낸다. 그리고 이 포도
송이에서 줄기를 골라 낸 후에 파쇄를 하며 터트린 포도알을 그대
로 발효한다. 발효 탱크에서 효모를 넣고 발효를 시작하면 포도껍
질이 수면 위로 뜨고 씨는 아래로 가라앉는데, 이렇게 위로 뜨는
껍질을 주기적으로 수면 아래로 넣어 주든지 아니면 가운데의 주
스를 펌프로 뽑아서 위에 뜬 껍질 위에 뿌려 준다. 이렇게 뿌려주
면 건조하던 껍질이 젖게 되고 적셔진 껍질에서 붉은색이 우러나
와서 와인이 점점 붉어진다.

이렇게 적셔 주는 것을 마세라숑(Maceration)이라고 한다. 알코올
발효는 온도를 좀 높게 하고 3~4일로 빨리 끝내고 난 후에 온도를
낮추어서 마세라숑을 계속하게 된다. 이렇게 약 1개월 정도 마세
라숑을 계속하면 와인의 색상은 점점 진해지다가 나중에는 아주
짙은 색이 된다. 색이 진해질 뿐 아니라 씨와 껍질 속의 타닌 성분
도 와인 속으로 들어가서 쓴맛도 많아지게 된다. 이렇게 색상을 진
하게 한 후에 압착을 하여 씨와 껍질을 제거하여 와인을 만든다.
이후에 앙금을 분리하고 필요한 기간 숙성을 하고 또 필요한 경우
에는 병에 담아서 병 숙성을 추가로 더 시킨 후에 출하하게 된다.

잘 익은 포도는 색상도 진하고 당도도 높으므로 포도의 단가가
높다. 이렇게 고가의 포도로 만든 와인은 비싸게 팔 수 있으므로
양조를 잘 하여 생산된 와인을 비싸게 판매한다. 대부분의 색상이
진한 와인은 알코올도 높고 쓴맛도 많고 가격도 상당히 높을 가능
성이 많다.

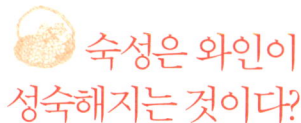

숙성은 와인이
성숙해지는 것이다?

처음 발효가 끝난 어린 와인은 바로 마시기에는 조금은 부적당하다. 어린 와인은 침전물과 부유물질이 많고 색상도 레드 와인의 경우에는 자줏빛이 아주 강한 적색이고 화이트인 경우에는 아주 연록 색을 띤 아주 옅은 황금색이다. 향에서는 과일 향이 강하여서 좋으나 아무래도 효모 향도 강하게 느껴진다. 맛도 신맛과 쓴맛이 강하고 조화가 부족하다. 이런 와인의 맛을 좀 거칠다고 표현한다.

숙성 기간 동안 와인 속에 있는 여러 가지 성분들이 산화와 환원 반응 또 에스테르화 반응을 통하여서 와인의 맛이 부드러워지는 것으로 알고 있으나 아직까지 와인이 어떠한 물리 화학적인 반응을 거치면서 숙성이 되는지 정확한 메커니즘이 밝혀지지는 않고 있다. 대체로 신맛이 나도록 하는 산은 주석산염으로 침전하거나 알코올과 화합하여 감소하고, 쓴맛이 나도록 하는 타닌 성분은 산화물과 침전 등으로 감소된다.

오래 숙성하면 포도의 향인 아로마 이외에 숙성향이 나타나서 점점 진해지고 특히 오크통에서 숙성된 와인은 오크통에서 나오는 향인 나무향과 오크통을 가공할 때에 생기는 가공향 등이 숙성향으로 나타나며 이런 부케(Bouquet)가 있는 와인이 좋은 와인이라고들 말한다.

이렇게 장기간 보관하면서 맛이 부드러워지고, 복합적으로 다양한 향이 많은 부케가 생성이 된다. 어린 와인은 세월이 지나면서 이러한 변화로 맛이 점점 좋아지는데 강한 레드 와인의 경우 맛이 숙성되는 데에만 10~15년이 걸리고, 이런 상태를 20~30년을 유지하다가 그 이후에는 와인의 힘이 점점 약해져서 맛은 떨어지게 된다.

와인의 일생은 사람과 비슷하다는 생각이 든다. 사람은 10대 후반과 20대 초반의 청년들은 육체적으로는 강하나 사회생활에서 정신적으로 수양이 부족한 연령이라 왕성한 혈기 때문에 여기저기에서 부딪치기도 하고 말썽을 부릴 수도 있다. 나이가 들어 중년층이 되면 육체적으로는 젊을 때 같지 않으나 정신적으로는 원숙해져서 얼굴과 성격이 원만하게 되고, 노년이 되면 육체적으로나 정신적으로 점점 노쇠해진다. 이러한 사람의 일생은 와인의 일생과 비슷하다고 생각된다.

그런데 우리는 너무 어린 와인을 많이 마시고 있지 않나 생각한다. 대체로 2~3년된 와인들을 많이 마시고 있는데 이 정도의 기간이면 대부분의 와인은 제대로 숙성이 되기 어려운 나이이다. 특히 보르도의 그랑 크뤼 클라세 등의 강한 와인들은 이 정도의 나이로는 정말 마시기에 너무 어려서 거칠기 때문에 제대로 숙성된 향과 맛을 보기가 어렵다. 이런 강한 와인들은 대체로 10~15년 정도는 지나서 마시면 적당하다.

어린 와인을 마시려면 어려서도 마실 수 있는 와인들을 즐기는 것이 바람직하고, 맛이 강한 와인들은 가능하면 숙성이 되고 난 뒤에 마셔야 제 맛이 난다. 비싼 돈을 주고 마시기에는 아직 어린 와인을 마시는 격이 된다. 물론 강한 와인을 10년 정도 지난 뒤에 마시려면 와인 값이 비싸지는 흠이 있으니 별 도리가 없으나 가능하면 강한 와인은 어릴 때에 싼값으로 구해서 가지고 있다가 숙성이 된 후에 마시는 것이 더 가치가 있는 일이라고 생각한다. 와인의 맛은 강하고 거친 맛을 즐길 수도 있으나 조화되어서 부드러운 맛의 와인이 좋은 와인이라고 볼 수 있다.

오크통에서
숙성하면
고급 와인?

　와인은 발효한 후에 숙성 과정을 거치게 되는데 이 숙성 과정 중에서 병에 담기 전의 숙성은 공장에서 이루어진다. 어린 와인이 숙성되는 데는 여러 해가 걸린다. 와인의 종류에 따라서 다르나 가볍게 마시도록 만든 와인은 대체로 1년 안팎으로 숙성한 뒤에 병에 담아서 출하를 하고 고급 와인은 대체로 2~3년 안에 병에 담아서 병 숙성을 시킨다.

　병에 담기 전에 숙성하는 방법은 대중적인 와인의 경우 대부분 대형 스테인리스 탱크나 알루미늄 혹은 플라스틱 탱크에서 숙성을 하게 된다. 이들 탱크의 재질은 화학적으로 안정하고 탱크에 와인을 가득 채워 두면 공기 중의 산소가 와인과 접촉할 기회가 별로 없으므로 와인을 어린 상태로 상당 기간 보관이 가능하다. 이런 큰 탱크에서 숙성을 시키면 와인이 변질되어서 품질이 나빠지는 일은 별로 없으나 대신 맛이 부드러워지는 등의 숙성이 잘 되지 않는다. 따라서 이런 와인들은 대체로 어린 상태로 시판이 되므로 와인이 좀 거친 맛이 있다. 이런 방법은 비용이 적게 드는 공정으로 중, 저가 와인은 대부분 큰 탱크에서 짧은 기간을 숙성시킨다.

그러나 고급의 와인의 경우에는 와인을 숙성시킬 때에 오크통을 많이 사용하고 있다. 와인을 오크통에서 숙성하면 오크통의 여러 가지 성분들이 와인 속에 녹아들게 된다. 오크통에서 숙성하면 색상이 진해지고 오크통 나무의 향이 와인 속에 들어가서 숙성향을 좋게 해 준다. 와인 속에 녹아드는 오크향은 크게 두 가지이다.

첫째로는 오크통도 나무로 만드니 나무향이 있고 둘째는 오크통을 만들 때에 나무판자가 둥글게 잘 휘어지지 않으므로 통의 바깥에 물을 뿌려 주고 속에서는 불을 지펴서 오크통의 내부를 그을려 만든다. 이렇게 오크통을 가공하는 과정에서 나무 성분이 타거나 그을려 나오는 스모크, 캬라멜, 커피 등의 향이 와인 속에 들어가게 된다.

그 다음 맛에서는 오크통에서 우러나오는 타닌 성분 등이 와인 속에 들어가서 와인의 쓴맛을 더 강하게 해주는 역할을 한다. 이 외에 오크통의 나무를 통하여서 또 오크통을 이루는 판자의 이음새 사이로 와인이 증발하게 되는데 이렇게 와인이 증발하면 그 빈 공간에는 공기가 채워지게 되고 이 공기 중의 산소가 와인을 산화시키는 역할을 한다. 와인에 적정한 양의 산소가 서서히 녹아드는 것으로 인하여서 산화되는 것을 숙성이라고 말한다. 탱크 속에서 저장하는 와인보다도 숙성의 속도가 빠른 효과도 있다.

이렇게 탱크에서 숙성하는 것과 오크통에서의 숙성은 여러 면에서 차이가 있다. 특히 오크통에서 숙성해서 오는 향은 탱크 숙성에서는 생기지 않는 향으로 더 오래 숙성을 하면 이러한 부케(숙성향)은 점점 강해지고 와인 애호가들이 이런 향이 있는 와인을 고급 와인이라고 호평을 하고 와인의 가격도 비싸다. 그런데 이런 오크통 자체의 가격이 상당히 고가이므로 고가의 와인만이 오크통에 넣어서 숙성을 시킬 수가 있다. 저가의 와인을 오크통에 넣어서 생산 원가를 높여서 싼값에 판매하다가는 회사가 문을 닫아야 할 판이다.

그런데 오크통은 너무 오래 사용하면 나무에 있는 성분이 없어져서 오크통에 넣는 효과를 볼 수가 없다. 오크통은 새것이라고 하더라도 대략 3년 정도면 와인 속으로 녹아들 성분이 다 빠져나가서 그 이후에는 오크통에서 저장하는 효과가 거의 없어지게 된다. 오크통에서 와인이 숙성되는 기간은 회사별로 달라서 어떤 회사는 6개월, 어떤 회사는 1년, 어떤 회사는 1년 반 등으로 다르나 대부분 2년을 넘지 않는다.

2년을 오크통에서 저장한다고 하더라도 2년을 새 오크통에서 숙성하는 와인은 그야말로 한 병에 수백만 원 하는 와인이나 그렇고, 그 정도 가격으로 팔 수 없는 와인들은 2년을 오크통에서 숙성하더라도 새 통에서는 2년을 넣어 두지 않는다. 새 오크통 하나의 가격이 대략 60만 원으로 비싼 편이라 새 통에서 1년, 헌 통에서 1년 혹은 새 통에서 6개월, 헌 통에서 1년 반 하는 식으로 한다. 프랑스 보르도의 랑 크뤼 클라세 샤또 와인들도 100 % 새 통을 사용하는 곳은 몇 곳이 안 된다. 대체로 3년이 지난 오크 통은 다른 공장에 팔아버리던지 혹은 그냥 술통으로 사용하는데 오래 사용된 오크 통을 사다가 와인을 몇 달 넣었다가 꺼내어서 오크 숙성했다고 광고하는 와인들도 있다.

어떤 회사들은 이런 오크 통을 구입해서는 통을 해체하여서 내부를 대패로 밀고 다시 오크 통을 만들어서 와인을 숙성시키기도 하는데 아주 새통보다는 못하겠으나 약간의 효과는 볼 수가 있다.

고급 와인은 오크통을 사용하여 숙성을 하기도 하나 중, 저가 와인은 이 오크통을 사용할 여력이 되지 않는다. 그래서 궁리해 낸 것이 오크 통을 만드는 판자를 사다가 이것을 토막으로 혹은 톱밥이나 대패밥 모양으로 만들어서 이것을 큰 저장 탱크 속에서 숙성 중인 와인에 집어넣어서 오크 향과 맛이 와인에 들어가도록 하는 일이 많다. 이런 것을 오크 칩이라고 하는데 미국, 칠레, 호주 등의 뉴 월드의 포도주 회사들이 오크 칩을 많이 사용하고 있다. 와인들 중에서 코에서 오크향을 상당히 맡을 수 있으나 맛에서는 아직 어린 와인의 거친 맛을 느낄 수가 있는 그런 와인은 대부분 이런 오크칩을 사용한 와인이라고 볼 수 있다. "오크 통에서 숙성한 와인은 고급 와인이다."라는 말은 대체로 맞은 말이다.

병 속에서도
와인의 맛은
좋아진다

많은 사람들이 와인은 공장에서 저장하는 동안 숙성이 되고 일단 와인을 병에 담으면 그때부터는 와인이 더 숙성되지 않는다고 생각하고 있다. 이것은 대단히 잘못된 생각이다. 와인의 숙성은 크게 보면 발효가 끝난 뒤부터 바로 시작되며 공장에서 탱크나 오크통에서 하는 숙성과 병에 담아진 뒤의 숙성으로 나눌 수 있다.

병에 담기 전의 숙성은 공장에서 저장하는 동안 앙금 분리와 청징, 여과 등의 여러 가지 공정을 거치게 되고 이러는 동안에 와인은 공기와 접촉을 하게 되어서 주로 산화 반응에 의한 숙성이 된다. 탱크 속에 있을 동안에는 크게 산화될 기회가 적으나 오크통에 저장하면 오크통의 나무와 판자 사이를 통하여서 공기가 들락거릴 수가 있어서 산화에 의한 숙성이 많이 일어난다.

대부분의 공장에서는 다음 해에도 발효를 하고 와인을 만들어야 하므로 탱크나 오크통을 많이 비워 두어야 한다. 따라서 적당한 숙성기간이 지나면 와인을 병에 담고 이 병들을 지하실에 보관하고 있다가 주문에 의해서 상표를 붙여서 출하를 하게 된다.

와인을 병에 담으면 처음에는 와인의 윗부분에 있는 빈 공간(헤드 스페이스)에 있는 공기 중의 산소가 먼저 와인을 산화시키고 그 다음으로 코르크 마개 속에 들어 있는 공기 중의 산소가 와인을 산화시키므로 이때까지는 산화반응에 의한 숙성이 일어난다. 그 다음에는 공기가 없으므로 산화에 의한 숙성보다는 산소가 없는 상태의 숙성 즉 환원 상태에서 숙성이 일어나게 된다. 이와 같이 와인은 병 속에서도 숙성을 계속하게 된다.

온도가 수시로 변하는 경우에는 온도의 차이로 인한 와인의 부피가 늘어나거나 줄어들게 되고 이럴 경우 헤드 스페이스가 압력을 받던지 혹은 감압 현상이 일어나게 되어서 자연히 외부의 공기가 들락날락하면서 와인이 산화된다. 그러나 지하실의 경우 연중 13~15도 정도로 상당히 일정하고, 또 습도도 60~80%로 잘 유지된다. 와인 병을 눕혀서 보관하면 공기가 들락날락할 일이 없다. 따라서 산화 반응이 별로 일어나지 않는다고 생각할 수 있으나 엄밀히 보면 작지만 계절별로 온도의 차이가 있을 수 있다.

이러한 미세한 온도의 차이로 인하여서 미세한 양의 산소가 와인 속으로 들어가게 되는데 이렇게 소량의 산소가 서서히 와인을

산화시키면 와인의 맛을 좋게 해주므로 이러한 산화는 숙성이라고
한다.

사실은 공장에서는 산화되기 쉬운 숙성보다는 병 숙성이 더 중
요하다. 왜냐하면 맛이 강한 고급 와인들은 앞에서 말했듯이 어린
와인이 숙성되는 데 10년에서 15년이 걸린다. 그런데 와인은 발효
가 끝나고 대부분이 2년 안에 병에 담기므로 나머지 숙성 기간은
병 속에서 숙성할 수밖에 없다. 따라서 병 숙성이 더 중요하다는
것이다.

특히 공장 지하실에서의 병 숙성은 숙성 조건이 아주 양호한 편

이나 일반 소비자들의 집에서의 경우에는 보관 조건이 완벽하지 못하여서 잘못하면 와인이 산화되어서 맛을 버릴 수가 있다. 자신이 구입한 것이든지 혹시 선물로 받은 귀한 와인이 몇 병 있다면 잘 보관해야 한다. 대체로 와인은 잘만 보관하면 와인의 가치는 금리보다도 더 올라간다는 사실을 알아두시기 바란다. 꼭 기억할 것은 보관 조건을 잘 유지하는 경우에만 오래 될수록 좋다.

그러나 위스키나 꼬냑 등은 일단 병에 담아 버리면 그 이후에는 맛이 더 좋아지지 않고 서서히 나빠진다. 그래서 "발렌타인 30년 짜리를 구입해서 진열장에 세워둔 지가 10년이 넘었으니 이제는 맛이 엄청 좋아졌을 것이다."라고 생각하고 흐뭇해 한다면 이것은 큰 오산이다. 점점 더 산화하여서 품질이 나빠질 뿐이다. 와인만이 보관할수록 좋아진다. 상당히 오랫동안.

인간은 와인 맛을 좋게 할 수 없다?

"와인의 맛과 품질은 오직 자연만이 결정할 수 있다."라고 말하면, "어떻게 인간이 할 수 있는 것이 아무것도 없다고 단언하느냐?"라고 반론을 제기하는 사람들이 있을 것이다. "와인에는 고급, 저급, 고가, 저가 와인 등의 구분들이 있는데 고급과 고가의 와인은 뭔가를 특별하게 양조해서 되는 것이 아닌가?"

일견 맞은 말 같은데 고급, 고가의 와인이라 하더라도 와인의 품질을 결정하는 데 인간이 할 수 있는 것은 별로 없다. 와인의 특징은 원료인 포도에서 결정되며 좋은 와인은 좋은 포도에서 만들어진다. 좋은 포도는 기후가 적당한 지역의 포도밭 중에서 남향하고 경사도가 상당히 있으며 여러 가지 성분의 토양이 있어서 포도의 생장에 적절한 곳에서 생산된다. 이런 포도원에서는 일기가 좋은 해에 당도와 산도가 상당히 높고 또 포도알이 작아서 껍질의 비중이 커서 색상과 향이 좋은 포도가 달리게 되는데 이러한 포도로 만든 와인은 최고급 와인이 된다.

그런데 자세히 살펴보면 이러한 좋은 포도가 되는 데에는 인간이 할 수 있는 역할이 전혀 없다. 당도와 색상을 좋게 하기 위하여서 햇빛과 비와 온도 등이 적당해야 하는데 이것은 인간이 할 수 있는 것이 아니다. 또 적당한 산도를 위하여서는 온도와 주야간 온도의 차이가 적절해야 하는데 이것도 인간이 할 수 있는 것이 아니다. 또 포도의 성분 중에서 여러 가지 무기질은 뿌리에서 흡수하는데 뿌리가 토양과 암반 속으로 멀리 또 깊이 뻗어가는 데 인간이 해줄 수 있는 것이 아무것도 없다.

이와 같이 잘 익은 좋은 포도를 만드는데 인간이 아무것도 할 수 없다. 비료를 주고 농약을 치고 풀을 뽑고 하는 등의 일은 인간이 할 수 있으나 이런 일은 거의가 포도의 생산량을 늘리기 위한 작업들이고 이런 일을 해야 포도의 품질이 좋아지는 것은 아니다. 병충해가 없으면 이러한 일을 할 필요성이 줄어들 것이다. 인간의 힘으로는 자연 환경을 바꿀 수 없기 때문에 기껏해야 그 해의 자연 환경에서 생산되는 포도의 품질이 유지되도록 땀을 흘리는 정도가 고작이다.

그 다음으로 그런 품질의 포도로 와인을 양조하는 과정에서 인간이 할 수 있는 것이 무엇인가? 와인의 양조 과정은 와인은 포도 속의 당인 포도당과 과당을 효모라는 미생물이 발효시켜서 알코올을 가진 와인이 되고 이 와인이 숙성되면 제품화하는 것이다. 발효 과정은 효모 스스로가 알아서 하기 때문에 인간이 해줄 수 있는 것은 온도를 관리한다든가 하는 것은 효모가 잘 활동하도록 옆에서 도와주는 것이다. 숙성 기간 동안에 앙금 분리를 한다든지 여과를 한다든지 또 청징을 한다든지 하는 과정은 와인을 빨리 맑게 하기 위한 방편이다.

와인이 숙성되는 것도 스스로 되는 것이어서 공장에서만 되는 것이 아니고 병에 담겨진 뒤에도 와인의 종류에 따라서 기간이 다르게 숙성된다. 이 숙성도 인간이 숙성을 좌지우지할 수 있는 것은 아니다. 어떤 사람들은 "오크통에 넣어서 숙성을 하면 와인의 맛이 좋아지고 고급이 된다"라는 말을 하는데, 오크통에 와인을 넣으면 색상과 향과 맛의 변화가 오는 것은 사실이다.

그러나 와인의 자체로만 본다면 이러한 오크에서 오는 성분들은 이질적인 것으로 이러한 오크의 성분이 가미된 것을 인간이 선호하는 것일 뿐이다. 사실 오크통의 향은 와인에서 올 수 있는 향과는 크게 다르고 또 맛도 상당히 다르다고 볼 수 있다.

언제부터 오크 통의 향과 맛 등에 가치를 두게 되었는지는 정확하지 않으나 아주 옛날에는 오크통이라는 것은 단지 와인을 담아두는 통에 불과하였을 것이다. 아주 옛날에는 요즘과 같이 스텐리스나 알루미늄, 플라스틱, 콘크리트로 만든 통 등이 없었다. 큰 통이라는 것은 토기나 자기로 만들었고 그 다음에는 나무 술통으로 변천해 오면서 큰 나무통은 술을 보관하는 통으로는 적당한데 운반하기에 불편해서, 또 공장에서도 여러 가지 용도로 작은 통이 필요하여서 작은 술통을 사용하였으며, 이것이 나중에는 오크통으로 변해 왔었다고 짐작하고 있다.

아주 단단한 재질의 나무인 오크나무가 많이 있는 지역에서는 오크통을 사용하였고 그런 나무가 별로 없는 지방에서는 다른 나무로 술통을 만들어 사용하였던 것이다. 나중에 오크통에 담았던 와인의 향이 괜찮아서 좋은 평가를 받게 되었고 이런 향을 찾다 보니 새로 만든 오크통에서 가장 많이 우러나오는 것을 알게 되었다. 그래서 비싼 와인은 새로운 오크통에다 담는 것이 원칙으로 되어 버렸다. 세월이 지나면서 오크향에 대한 평가가 좋아지니까 점점 오크통을 많이 사용하고 있을 뿐이다. 오크통에서 숙성하여서 오는 색상, 향과 맛은 와인 자체의 품질은 전혀 아닌 이질적인 것이다.

이렇게 따져보면 포도의 재배와 와인의 양조와 숙성에 이르기까지 인간이 할 수 있는 것은 별로 없고 다만 인간은 옆에서 걱정스러운 눈길로 지켜보고 있다는 것이 바른 표현일 것이다. 해와 물과 바람이 어루만져 포도알에 생명을 담아 주고 세월의 흐름은 각 와인에 역사를 담아서 와인을 숙성시킨다고 생각한다.

산타리타 메달야레알 카버네소비뇽

Medalla Real Cabernet Sauvignon

칠레 와인의 아이콘으로 명실공히 칠레 3대 브랜드 중의 하나이다.

알코올 : 14%

용량 : 750ml

포도 품종 : 95% Cabernet Sauvignon, 5% Cabernet Franc

와인 종류 : 레드 와인

탄산 분류 : 스틸(Still)

당도 : 드라이(Dry)

제조사 : 산타 리타(Santa Rita)

원산지 : 칠레, 마이포 밸리(Maipo Valley)

컬러 : 진한 루비색

향 : 블랙커런트, 블루베리와 블랙배리와 같은 검은 과실의 향과 시가 박스냄새 및 스파이시향

전반적 느낌 : 입안에서는 부드럽고 잘 익은 타닌을 느낄 수 있으며 튼튼한 구조감이 긴 여운을 남기게 한다.

잘 어울리는 음식 : 붉은 육류 요리, 잘 숙성된 치즈, 토끼, 거위간, 오리, 소의 혀 등과 잘 어울린다.

수상 내역 및 특징 :

• Wine Spectator : 2006(91 Points, Top 100와인 57위, GREAT BUY 선정), 2005(91 Points), 2004(91 Points, Top 100와인, 49위),

• Wine Advocate (Robert Parker) : 2006(87 Points), 2005(87 Points),

• KOREA WINE CHALLENGE 2010 GOLD MEDAL : 2007

가격 : 4만 4,000원 선

자료 제공: 〈롯데주류〉

반피 끼안티 클라시코

Banfi Chianti Classico DOCG

반피는 '토스카나의 그랑 크뤼' 로 불리우는 토스카나 와인을 세계화시킨 이탈리아 프리미엄 생산자이다.

알콜올 : 13.0%

용량 : 750ml

포도 품종 : 산지오베제(Sangiovese)

와인 종류 : 레드 와인

탄산 분류 : 스틸(Still)

당도 : 드라이(Dry)

등급 : D.O.C.G

제조사 : 반피(BANFI)

원산지 : 이탈리아, 토스카나(Toscana), 키안티

컬러 : 루비레드

향 : 체리, 자두, 바이올렛

전반적 느낌 : 신선하면서 균형이 잘 잡힌 전형적인 키안티 클라시코의 특성이 잘 표현된 와인이다. 산지오베제의 특성이 매력적으로 표현되어 적절한 산도와 타닌의 조화가 인상적이다.

잘 어울리는 음식 :

파스타, 피자 등 거의 모든 이탈리아 요리, 다양한 육류와 무난하게 조화된다.

수상 내역 및 특징

현대적인 생산설비와 전통 양조법으로 세계적으로 기술과 품질을 인정받고 있는 반피의 베스트 셀링(Best Selling) 와인이다.

가격 : 6만 3,000원 선

자료 제공: 〈롯데주류〉

펜폴즈 프라이빗 릴리즈 쉬라즈까버네

Penfolds Private Release Shiraz Cabernet

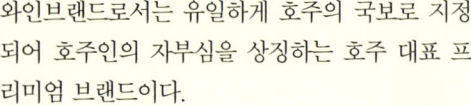

와인브랜드로서는 유일하게 호주의 국보로 지정되어 호주인의 자부심을 상징하는 호주 대표 프리미엄 브랜드이다.

알코올 : 13.5%

용량 : 750ml

포도 품종 : 54% 쉬라즈, 46% 까버네소비뇽

와인 종류 : 레드 와인

탄산 분류 : 스틸(Still)

당도 : 드라이(Dry)

제조사 : 펜폴즈(Penfolds)(Foster)

원산지 : 호주, 바로사 밸리(Barrosa Valley)

컬러 : 짙은 진홍빛 레드

향 : 베리류 과실향과 스파이시한 프렌치 오크향

전반적 느낌 : 호주의 전형적인 포도품종인 쉬라즈, 까버네소비뇽을 사용하여 다양한 음식에 어울립니다. 펜폴즈 프라이빗 빈 와인은 어느 레스토랑, 호텔에서든 와인리스트의 기본이 되는 아이템으로 추천할 수 있다. 달콤한 잘 익은 베리류의 과실 풍미와 은은한 담배잎 향이 잘 어우러지며 스파이시하고, 잘 숙성된 부드러운 타닌과 함께 우수한 퀄리티의 레드 와인 풍미를 선사한다.

잘 어울리는 음식 : 붉은 육류 요리, 치즈

수상 내역 및 특징 : 펜폴즈의 대표적인 캐주얼 와인으로 전 세계 어느 레스토랑에서도 만나 볼 수 있는 인기 와인

가격 : 4만 5,000원 선

자료 제공 : 〈롯데주류〉

옐로우테일 핑크 모스카토

[yellow tail] Pink Moscato

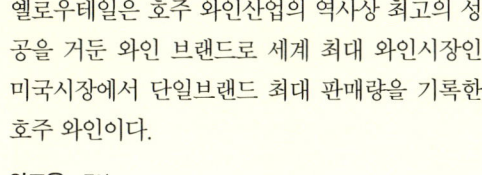

옐로우테일은 호주 와인산업의 역사상 최고의 성공을 거둔 와인 브랜드로 세계 최대 와인시장인 미국시장에서 단일브랜드 최대 판매량을 기록한 호주 와인이다.

알코올 : 7%

용량 : 750ml

포도 품종 : 모스카토(Moscato)

와인 종류 : 로제(Rose) 와인

탄산 분류 : 스파클링(Sparkling)

당도 : 스위트(Sweet)

등급 : 버라이탈(Varietal)

제조사 : 옐로우테일(yellow tail)

원산지 : 호주, 뉴사우스웨일즈

컬러 : 핑크색

향 : 딸기, 솜사탕, 꽃향

전반적 느낌 : 부담스럽지 않은 당도와 과일향에 가벼운 스파클링이 가미되어 와인 만으로도 충분히 기분좋게 즐길 수 있는 모스카토 로제 와인이다.

잘 어울리는 음식 : 식전주, 복숭아 같은 과즙이 많은 과일, 아이스크림

수상 내역 및 특징 : 블루오션(Blue Ocean)의 대표적 성공사례 와인, 미국시장 단일브랜드 최대판매 호주와인

가격 : 3만원 선

자료 제공: 〈롯데주류〉

07

와인을
보는 눈

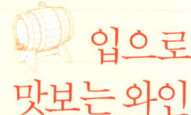
입으로
맛보는 와인

　와인을 보는 눈도 세월에 따라서 변한다. 와인의 초보 단계에서는 와인을 마시는 것이 우선이다. 와인의 맛을 아는 데에는 상당한 시간이 걸린다. 거의 매일 이 와인, 저 와인을 마시지 않는 이상 저자가 경험한 바로는 적어도 2~3년은 마셔야 와인의 특징을 알 수 있을 정도가 되지 않을까 생각한다.

　초보 단계에서 제대로 와인을 맛보는 법을 이론적으로 배우는 것이 중요하고, 그 다음으로는 와인 맛보는 요령으로 자주 마시면서 각각의 맛이란 것에 대해서 나름대로 본인이 터득을 하는 것이 중요하다. 책에 기재되어 있는 와인 맛보는 방법에 관한 글을 수십 번을 읽고 달달 외운다고 해서 맛을 잘 볼 수 있게 되는 것은 아니다.

특히 향과 맛은 책을 읽는다고 그것이 바로 나의 실력이 되지는 않는다. 왜냐하면 와인의 향과 맛에 대한 것을 정성적으로나 정량적으로 책에서 설명을 할 수 없어서 대체로 좀 추상적인 표현을 쓰고 있기 때문이다. 따라서 저자가 생각하는 것을 글로 표현하여 독자에게 그대로 전달할 수 없으므로 책을 읽어봐도 뭔 말을 하는지 알 수가 없다.

초보 단계를 거치면서 눈, 코, 입으로 와인의 향과 맛을 알아내는 능력이 생기게 되면 지난번에 마셨던 와인과의 맛을 비교하면서 각각 와인의 맛이 다른 점을 알게 된다. 화이트 와인과 레드 와인의 차이점, 포도 품종별 와인 맛의 차이점, 오크 숙성한 고급 와인과 탱크 숙성한 와인의 차이점, 어린 와인과 오래 숙성된 와인의 차이점, 가벼운 와인과 풀 바디한 와인의 차이점, 조화되지 않은 와인과 조화된 와인의 차이점 등을 알아가면서 점점 전문가의 수준이 되어간다.

와인의 맛은 자주 와인을 마셔야 알 수가 있다. 또 와인의 맛을 이야기하는 것도 와인을 많이 마셔 본 사람이라야 자신감을 가지고 말할 수가 있다. 와인은 눈으로 색의 종류와 짙기를 보고, 코로 포도의 과일향, 꽃향, 식물향, 동물향, 향신료 향 등의 향과 숙성향 등을 알아보고, 혀로 단맛, 신맛, 쓴맛을 느끼는 것이다. 입안 전체에서 느껴지는 바디감과 코에서 재확인되는 향과 이들 향과 맛의 지속성, 또 목으로 넘어가는 느낌 등을 감상하는 것이다.

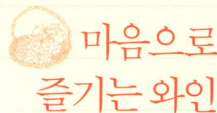
마음으로
즐기는 와인

와인을 눈, 코, 입, 목으로 만족하는 단계는 각각 와인의 특징을 알아내는 감각 기관의 판단에 따르는 단계이다. 그 다음 단계에서는 "와인이 나에게 어떻게 다가오고 어떤 느낌과 의미가 있느냐?" "이 와인이 나를 얼마나 즐겁게 해주느냐?" 하는 단계이다.

와인의 맛이 좋다 나쁘다 하는 것은 상당히 주관적이고 개인적일 수 있다. 다른 사람은 와인 맛이 별로라고 하는데 나는 괜찮다고 말할 수 있는 것이다. 이렇게 평가할 수 있는 단계가 되기 위해서는 초보과정을 꼭 거쳐야만 하고 자주 와인의 맛을 보아야 한다.

와인을 사서 마시는 이유는 와인의 맛이 어떤지 분석하고 테이스팅하기 위함이 아니라 와인을 마시면서 즐기기 위함이다. 즉 와인은 시음의 대상이기도 하지만 그보다 더 중요한 것은 와인이 나를 즐겁게 해 주어야 한다는 것이다.

대체로 저가의 어린 와인은 거칠기 때문에 나를 즐겁게 해주기 어려울 수도 있다. 그러나 이런 와인은 빨리 숙성되기 때문에 빨리 마실 수 있는 좋은 점도 있다. 비싼 고급 와인은 어릴 때에 마시는 것보다 오래 숙성된 후에 마셔야 제대로 즐길 수 있다.

유럽 사람들은 많은 사람들이 와인을 마실 때에 저가 와인을 주로 마신다. 이것은 저가 와인이 가격도 저렴하고 또 어려도 숙성이 빨리 되므로 마시기가 좋을 수 있다는 생각일 것이다. 와인을 마시는 일이 거창한 일이 아니고 생활의 일부분이니 매일 비싼 고급 와인을 마실 수가 없는 이유도 있지만, 더 중요한 것은 가격을 떠나서 마시기 적합한 와인을 마신다는 것이다.

고급 와인은 대부분 특별한 경우가 아니면 마시지 않고 창고에 보관하고 있다가 혹시 귀한 손님이라도 방문하면 그때 내어 놓는 것이다. 이때에는 비싼 와인이라고 하더라도 어린 와인을 내어 놓는 일은 거의 없다. 당연히 잘 숙성된 오래되고 좋은 와인을 내어 놓는다.

이런 와인들을 마실 때에는 물론 시음하는 과정을 거치지만 그 와인이 마음으로 즐겁게 느껴져야 한다. 물론 이러한 마음으로 즐거움을 느끼는 것은 꼭 비싼 와인이 아니라도 좋다. 저가 와인이지만 마셔 보니 가격 대비해서 의외로 맛이 괜찮다고 하면 그것으로 좋은 것이다. 와인을 마시는 즐거움 중에 하나가 가격 대비 맛이 좋은 와인을 만났을 때이다. 이럴 때는 정말로 즐겁고도 기쁨을 느

낀다.

　고급 와인이지만 아직도 숙성이 안 된 아주 어린 와인을 마시고 맛이 좋다고 하는 사람들도 많이 보았다. 이런 사람들이 와인 맛보는 요령을 모른다고 비난할 수는 없다. 왜냐하면 사람에 따라서는 거칠고도 강한 와인을 좋아할 수도 있으니까.

　그러나 와인의 맛은 숙성을 거치면서 와인 속의 여러 성분들이 감소 혹은 증가하면서 거친 맛이 줄어들고 부드럽고 숙성된 맛을 가지는데 대부분의 사람들은 이런 와인을 좋아하고 있다. 맛이 괜찮다고 하는 것은 개인의 취향에 따라서 다르나 대체로 와인이 숙성되어서 단맛, 신맛, 쓴맛이 조화를 이루는 와인이라고 생각한다. 와인을 좋아하는 사람들은 이러한 부드러움을 사랑하는 것이다.

　조용한 저녁에 혼자 앉아서 촛불을 켜고, 좋아하는 음악을 틀어 놓고 와인을 마시는데 와인의 색상과 향과 맛이 잘 숙성되어서 즐거움을 주는 와인이라면 정말 기분 좋은 일이다. 기분 좋을 정도가 아니라 행복감을 느낄 것이다. 이런 와인은 꼭 비싸야 할 이유는 없다. 물론 시끄러운 와인 바나 레스토랑에서 여러 사람들과 같이 와인을 마시면서도 이런 행복감을 느낄 수도 있다. 저가의 와인은 저가 와인대로 고가의 와인은 고가의 와인대로 와인이 주는 즐거움과 행복감은 다를 수가 있다. 독자들께서도 와인을 마시고 분석하고 평가만 하려고 애쓰지 말고, 그 와인이 주는 즐거움과 와인이 주는 행복감을 느껴보시기 바란다.

　와인 애호가들은 처음에는 여러 가지 와인의 맛을 보려고 열심히 노력한다. 그 다음에는 "내가 좋아하는 와인은 이 스타일이야" 하면서 어느 회사의 몇 년도 산 와인이 자신의 입맛에 꼭 맞는다고 말하게 된다. 와인 애호가들이 나름대로의 좋아한다는 와인들은 필자가 보기에는 대부분 조화를 이룬 와인들이었다. 물론 개인의 맛보는 능력과 취향에 따라서 부드럽다고 하는 맛이 조금씩은 다르다. 그러나 대체로는 조화가 잘된 와인을 말하고 있다.

　와인의 조화된 맛을 즐기는 단계에서는 자신이 좋아하는 스타일의 맛에만 푹 빠져서 한동안 그런 와인을 탐닉하고 지난다. 그러다가 시간이 지나면 조화되지 못한 와인 중에서 그럭저럭 괜찮다고 생각되는 와인들이 제법 있다는 것을 서서히 알게 된다. 와인에 대한 너그러운 마음이 생기게 되는 것이다.

이때부터 와인의 맛을 조금 다르게 보게 된다. 각각의 와인 맛이 다른 점을 인정하고 나라별로, 지역별로, 회사별로, 품종별로, 연도별로, 등급별로 다른 점을 알게 된다. 와인 맛이 각각 다르다는 것은 당연한 것이고 또 와인은 그래야만 하는 것이다.

화이트 와인과 레드 와인의 맛이 다르고, 고가의 와인과 중저가 와인의 맛이 다르다는 것을 알게 되고, 탱크 숙성과 오크 숙성의 맛이 다르다는 것, 오래된 와인과 어린 와인의 맛이 다르다는 것, 빈티지별로 맛이 다르다는 것, 정상 와인과 산화되거나 오염된 와인의 맛이 다른 것 등을 알게 된다.

자신의 입에 맞는 맛이 조화된 좋은 와인이 아니더라도 특징이 있는 와인이면 좋다는 생각이 들게 되고 와인은 맛보고, 즐기기 위한 대상으로만 생각하는 것에서 더 발전하여, 와인 그 자체를 보게 되는 것이다.

어린 와인은 신맛과 쓴맛이 강하므로 좋고 잘 숙성된 와인은 상당히 강하면서도 조화되어 힘이 있고 오래 숙성된 와인은 부드럽고 감미로운 맛이 있다. 어느 와인이 더 좋으냐를 떠나서 각각 다른 맛이 있고, 특징이 다른 것을 감상하게 되는 것이다. 오크통에 숙성한 그랑 크뤼 클라세 샤또 와인은 잘 익은 포도가 가지는 풍부한 향과 오크향 등이 어우러진 복합적인 향이 오묘하고, 탱크 숙성한 고급 와인에는 와인과는 관련이 없는 인공적인 향인 오크향이 없이 순수하게 포도에서만 오는 충분히 농익은 과일향이 풍만하고,

숙성을 오래하지 않은 와인에서는 풍만한 과일향이 두드러진다.

일부 기온이 너무 높기만 한 지역에서는 포도가 다 익을 때까지 두지 못하고 다 익지도 못한 상태에서 어쩔 수없이 수확되어서 색상도 옅고 신맛도 떨어지는 와인이 생산된다. 이런 와인은 힘이 좀 약하기는 하나 빨리 숙성이 되고 저렴하니 매일 큰 부담 없이 마실 수 있어서 좋다. 늘 비싸고 좋은 와인을 마시려면 경제력이 따라주어야 하지만 서민들에게는 이런 와인이 있어서 얼마나 다행인가?

보르도의 포도들은 대서양의 영향을 받아 온화한 기후와 자갈 모래 등의 토질에서 재배된 카베르네 쇼비뇽, 메를로, 카베르네 프랑, 말벡과 프티 베르도 등의 포도들을 블랜딩하여 색상이 진하고, 여러 가지 과일향이 강하고, 타닌 맛이 많은 와인이 되는데 이것을 다시 오크통에 숙성시켜서 쓴맛을 더 많게 한 와인이다. 그래서 다른 어떠한 와인들보다 아로마와 부케가 강하면서 쓴맛도 많아서 바디감이 많은 와인이다.

부르고뉴 포도들은 대륙성 기후의 영향을 받아서 추운 겨울과 더운 여름을 지나게 되고, 석회와 점토질이 많은 토질에서 잘 자라는 레드 품종을 재배하는데 거의 피노 누아 단일 품종을 사용한다. 일반적으로 색상이 좀 옅으며 신맛이 많고 쓴맛이 좀 적은 와인이 많다. 단일 품종을 사용하므로 피노 누아만의 과일향이지만 오크 통에서 숙성하여 상당히 복합적인 향이 있고 쓴맛과 신맛이 많은 강한 와인이 된다.

보르도 와인이 여러 가지 포도를 블랜딩하고 오크 숙성도 오래 해서 화장을 많이 하였다고 말한다면, 부르고뉴 와인은 한 가지 포도만을 사용하고 신맛이 많은 올곧은 강직한 와인이라고 말할 수 있겠다.

프랑스만 하더라도 이 외에도 많은 와인 생산지역이 있어서 각 지역별로, 동네별로, 품종별로, 회사별로, 연도별로 수많은 와인이 생산되고 있다. 어디 프랑스뿐이겠는가? 이탈리아, 스페인, 포르투갈, 독일, 미국, 칠레, 아르헨티나, 호주, 남아공 등의 여러 나라에서 지역별로, 동네별로, 회사별로, 품종별로, 연도별로 수많은 와인이 생산되고 있는데 이 모든 와인이 모두 맛이 다르고 특징이 다르다.

고급 와인은 그대로 좋고 저가 와인은 저가 와인대로 가치가 있다. 와인은 마실 때마다 다른 맛이고 새로운 경험이다. 굳이 비싼 와인이 아니라도 특징이 다른 와인을 만나는 것이 나를 기쁘게 한다. 최고급 호텔에서 비싼 스테이크도 좋다. 동시에 우리나라 제주도, 남해안, 서해안 동해안에 있는 작은 식당에서 정갈하게 준비된 해산물 요리도 마찬가지로 좋다. 내륙 지방에서도 산나물과 육류 등으로 만든 요리와 김치, 된장도 기가 막히게 맛이 있는 요리이다. 우열을 가리는 것보다 각각 그 특징이 다르다는 표현이 맞을 것이다.

저자는 와인도 비싸건 싸건, 고급이건 저급이건, 오래된 와인이건 어린 와인이건, 프랑스 와인이건 칠레 와인이건, 그 자체를 하나의 와인으로 받아들이는 것이 좋다고 생각한다.

외국의 잘 알지 못하는 곳에서 재배된 포도의 뿌리가 땅속에서 뽑아 올린 물과 공기 중의 탄산가스를 가지고 포도잎의 엽록소의 도움을 받아 햇빛의 태양 에너지를 화학 에너지로 변환하여서 포도당과 과당을 만들어서 포도알에 담았다가 살아 있는 아름다운 와인으로 승화하여 멀리 나에게까지 와서 자신을 소개하는 것은 얼마나 드라마틱하고 역사적인 사실인가.

사실 저자는 와인을 마실 때마다 이런 생각을 하면서 감사한 마음을 가지고 마시고 있다. 와인의 맛을 볼 줄 알게 되어서 감사하고, 와인 맛을 볼 수 있는 건강이 있어서 감사하고, 저렴한 와인이라도 마실 수 있는 형편이 되어서 감사하고, 무엇보다도 멀리서 온 이 와인이 내 앞에 있어서 감사하게 생각한다. 그것이 몇 천원 가격이든 몇 만원 가격의 와인이든 상관없이.

점점
멀어지는 와인

"와인은 마시고 즐기면 되는 것이지 머리 아프게 공부를 할 필요가 있는가?"

와인과 더불어 생활해 오면서 언제부터인가 문득 이런 생각이 들게 되었다. 와인을 마시고 즐기기 위하여 수십 년을 공부하고 노력할 필요가 있을까 싶었다. 그러면 지금까지 와인 공부를 하고 살아온 것이 헛것이 아닌가? 그럼에도 결론은 "와인 공부하고 맛보려 애쓰지 말고 그냥 마셔라."이다.

조금 자세히 설명하면 와인에 관한 이론적인 지식과 와인을 맛보는 법을 배우고 와인을 수십 년 마셔오고 있는데, 지금까지 배우고 공부한 것이 결국 오늘 내가 마시는 와인을 잘 즐기기 위하여 필요한 여러 가지 정보를 습득한 과정이라고 생각한다.

외국의 와인 생산지를 여행하고 또 포도주 공장을 방문하는 것도 결국 각 나라와 지방의 특징을 통하여 와인을 좀 더 알기 위한 노력이라고 생각한다. 그러나 이렇게 외국의 와인 주산지를 여행하여 개별 포도주 공장을 방문하고 지역적인 특징과 자연환경, 포도 품종 등을 배우고, 그러한 여건에서 생산된 와인의 맛을 본다고 하더라도 그 와인의 특성을 다 알 수는 없는 노릇이다.

잠깐 여행하면서 그 지방의 와인을 또 특정 회사의 와인을 다 안다는 것은 불가능한 일이다. 잠깐이 아니라 1년을 묵으면서 돌아다녀도 와인을 안다고 할 수 없을 것이다. 아니 10년을 살면서 포도밭에서 일을 하면서 와인을 만들었다고 하여도 다 알 수는 없고, 그곳에서 살고 있는 사람들도 그 지방의 와인을 다 안다고는 할 수가 없을 것이다.

어떻게 기후와 토양과 포도나무와 포도를 다 안다고 할 수 있겠는가? 다 아는 것은 불가능하다. 또 그러한 자연환경에서 생산된 포도의 종류도 너무 다양하다. 인간은 도무지 이러한 다양한 모든 와인을 다 마셔볼 수가 없다. 사실 지구상에 있는 와인을 다 마셔본다는 것은 불가능하고 또 그 맛을 다 기억할 수가 없으니 와인을 안다고 말할 수가 없을 것이다. 뿐만 아니라 한 해가 지나면 또 셀 수 없는 종류의 와인이 생산되니 감히 와인의 맛을 안다고 이야기할 수 없을 것이다.

또 와인은 그렇다고 치더라도 나 자신은 어떠한가? 나 자신도 와인을 아침에 마실 때와 저녁에 마실 때에 와인의 맛이 다르게 느껴지는 것을 늘 경험하고 있다. 어제 마신 와인을 오늘 마시면 상당히 다른 와인으로 느껴지니 나의 감각기관 자체가 일정하지 않고 변하고 있다는 것을 알게 되었다.

어디 그뿐인가 나의 눈, 코, 혀, 입의 세포들이 상대적으로는 조금은 차이를 구별할 수 있으나 절대적인 측정 능력은 별로라는 것이다. 사람은 누구나 다 불완전한 감각기관을 가지고 있어서 와인의 맛을 완벽하게 볼 수가 없다.

기계로 측정하거나 시약으로 측정하는 것은 절대치를 얻을 수 있지만 기계가 아닌 인간이 감각기관을 가지고 무슨 수로 정성적으로 완벽하게 분석하고 정량적으로 측정할 수가 있겠는가? 그에 비해서 와인은 하나하나 너무나도 다른 것이다. 색상이 다르고 아로마가 다르고 또 부케가 다르고 단맛, 신맛, 쓴맛이 다르고, 바디감이 다르고, 숙성이 다르다. 어디 그뿐인가 그 출생지가 다르고, 품종이 다르고, 생산 연도가 다르고, 포도원의 향이 다르고, 경사도가 다르고, 토양이 다르고, 나무의 수령이 다르고 등등 다른 것이 너무 많다.

또 발효와 숙성과정과 유통 경로를 거치면서 변해 온 과거 역사와 현재 와인의 특징과 와인의 맛, 가치 등을 우리가 다 알 수 없고, 수많은 환경에서 생산된 와인으로 아무리 공부하고 경험하고 노력했다고 한들 와인 한 방울이 가지고 있는 특징을 다 알 수는 없을 것이다.

세상에는 어느 누구도 와인 한 병을 마시고 그 와인을 다 안다고 말할 수 있는 사람이 있을 수가 있겠는가? 아무리 공부하고 경험하고 맛을 본다고 하더라도 와인은 알 수가 없다고 생각한다.

세월이 지날수록 와인을 안다는 것이 더 어려워지는 것을 느끼고 있다. 내가 알려고 했던 와인은 점점 더 멀어지고 힘들게 느껴지고 점점 확실하게 다가오는 것은 "내가 아는 것이 너무나 적다"라는 사실이다. 어차피 지구상에는 와인을 안다고 말할 수 있는 사람은 지금까지 없었고 앞으로도 없을 것이다.

와인이 저급이든 고급이든 또 저가이든 고가이든 관계없이 와인은 각각의 특징이 다르다. 이러한 모든 특징을 알 수가 없다.

"와인, 알려고 하지 말고 즐겨라."

에필로그

"어떤 특별한 인연으로 와인을 시작하게 되었나요?"

와인에 관련하여 만나 본 사람들 중에서는 이런 질문을 하는 분들이 많다. '마주앙'을 개발하고, 마주앙 공장장도 하고, 미국에 서 포도주를 공부하고, 독일에서 포도주 대학도 다녔고, 프랑스에서는 소믈리에 공부를 하는 등 거의 40년 전부터 와인 산업에서 일해 오고 있다면 뭔가 나름대로 특별한 계기가 있었을 것이라는 생각들을 하는 모양이다. 그런데 그런 분들이 저자의 대답을 듣고 나서 좀 맥이 빠진다는 표정을 짓는다.

"어쩌다 보니 그렇게 되었습니다."

뭔가 좀 재미있는 답변을 듣게 될 것이라는 생각을 하고 잔뜩 기대를 하고 있었는데, 돌아온 대답이 의외였으니 맥이 빠질 만도 하다. 하지만 사실이다. 저자가 와인을 시작할 때에는 와인과 와인의 문화에 관한 지식을 전혀 가지지 못한 상태에서 결정하였다. 그 당시에는 와인이라는 것이 국내에 정식으로 수입이 되지 못한 때라 시중에서는 와인이 보이지 않았기 때문에 와인에 관한 지식이나 정보를 가질 수가 없는 때이었다.

저자도 마찬가지이어서 대학을 졸업하고 오비맥주에 입사하여 신제품 개발 부서에 일하고 있어서 와인에 대해서는 문외한이었었다. 따라서 저자가 이것저것 알아보고 와인이 상당히 괜찮아 보여서 와인을 할 수 있었던 것은 아니다. 또 저자가 희망해서 와인을 하게 된 것이 아니고 회사에서 이 사업을 하라고 지시를 받았기 때문이었다. 그때도 회사에서 하라면 할 수밖에 없는 것이 직장생활이라 알지는 못하지만 시키니까 하게 된 것이 바로 와인 사업이었다.

사실 맥주 공장에서 와인을 처음 만들어서 맛을 보고 느낀 것은 "시큼시큼한 것이 맛이 뭐 이래!" 하는 느낌이었고, 솔직히 '진로 포도주'보다 맛이 없다는 생각을 할 정도이었다. 이렇게 와인을 시작하였는데, 와인을 즐기면서 보니 "와인의 맛은 정말로 다양하구나!" 하는 것을 알게 되었고 그 맛의 다양성이 맘에 들었다.

맥주나 소주는 대량생산이고 또 품질의 균일화가 필요한 제품이라 잘 만든 맥주들은 맛이 똑같다. 그러나 와인은 각 와인별로 와인의 맛이 모두 다르니, 맛을 보면서 특징을 알아보아야 하니, 맛보는 훈련도 필요하고 와인에 관해서 공부를 해야 하는 등 다른 주류와는 전혀 다른 술이고 문화이다.

처음에는 멋도 모르고 시작하였지만 와인을 마시고 공부를 하면 할수록 그 매력에 빠져들게 되었고 지금까지 와인 산업에서 일하게 되었다.

다른 술들은 배우지 못해서 못 마시는 일이 없다. 그냥 마시면 되는 것이 다른 주류들이다. 그러나 와인은 모르면 마시기가 어렵고 또 모르면 접근하는 것 자체가 어렵다. 많은 사람들이 다른 일을 하면서 와인을 즐기고는 있지만 직업적으로 와인 쪽에서 일한다는 것은, 그것도 평생 동안 한다는 것은 와인에 대하여 특별한 애착이 없이는 어려운 일이라고 생각한다.

물론 사람들 중에는 자신이 별로 좋아하는 일은 아니지만 먹고살기 위하여 마지못해 어떤 일을 하는 사람도 있을 수 있을 것이다. 그런 사람들은 그 분야에서 전문가가 되거나 또는 그 분야에 기여하기는 어렵다고 생각한다. 느낌이 한번 오면 미친 듯이 그 분야에 몰두하고, 그것으로 먹고살 수 있는지 없는지 따져보지도 않고 수십 년을 그 일을 매달리다 나중에는 다른 일을 쳐다보지도 않는 사람들이 있는데, 저자도 비슷한 케이스가 아닌가 생각한다.

다행히도 와인은 일생동안 일하면서도 후회가 되지 않을 정도로 흥미가 있고 재미있었다. 머리 아프게 일을 하는 다른 직종과는 다르게 와인은 마시고 즐기면 되는 것이니까. 앞으로도 계속 와인을 즐기면서 일하고 와인과 더불어 살아갔으면 하고 소망한다. 이 책을 읽는 독자들도 와인을 즐기면서 즐거운 삶을 사시기를 바란다. 와인을 공부하지 말고 즐기면서.